CONTORNOS DE UM SISTEMA DE PROTEÇÃO DOS TRABALHADORES EM PLATAFORMAS DIGITAIS

CAROLINE LEÃO

Copyright © 2024 by Editora Letramento
Copyright © 2024 by Caroline Leão

Diretor Editorial Gustavo Abreu
Diretor Administrativo Júnior Gaudereto
Diretor Financeiro Cláudio Macedo
Logística Daniel Abreu e Vinícius Santiago
Comunicação e Marketing Carol Pires
Assistente Editorial Matteos Moreno e Maria Eduarda Paixão
Designer Editorial Gustavo Zeferino e Luís Otávio Ferreira

Conselho Editorial Jurídico

Alessandra Mara de Freitas Silva	Edson Nakata Jr	Luiz F. do Vale de Almeida Guilherme
Alexandre Morais da Rosa	Georges Abboud	Marcelo Hugo da Rocha
Bruno Miragem	Henderson Fürst	Nuno Miguel B. de Sá Viana Rebelo
Carlos María Cárcova	Henrique Garbellini Carnio	Onofre Alves Batista Júnior
Cássio Augusto de Barros Brant	Henrique Júdice Magalhães	Renata de Lima Rodrigues
Cristian Kiefer da Silva	Leonardo Isaac Yarochewsky	Salah H. Khaled Jr
Cristiane Dupret	Lucas Moraes Martins	Willis Santiago Guerra Filho

Todos os direitos reservados. Não é permitida a reprodução desta obra sem aprovação do Grupo Editorial Letramento.

Dados Internacionais de Catalogação na Publicação (CIP)
Bibliotecária Juliana da Silva Mauro - CRB6/3684

L437c   Leão, Caroline
           Contornos de um sistema de proteção dos trabalhadores em plataformas digitais / Caroline Leão. - Belo Horizonte : Casa do Direito, 2024.
           296 p. : il. ; 23 cm.
           Inclui bibliografia.
           ISBN 978-65-5932-469-9
           1. Capitalismo de plataformas. 2. Relações de trabalho. 3. Trabalho sob demanda. 4. Autonomia e subordinação. 5. Direito coletivo. I. Título.
                                                             CDU: 349.2
                                                             CDD: 344

Índices para catálogo sistemático:
1. Direito do trabalho 349.2
2. Direito trabalhista 344

LETRAMENTO EDITORA E LIVRARIA
Caixa Postal 3242 – CEP 30.130-972
r. José Maria Rosemburg, n. 75, b. Ouro Preto
CEP 31.340-080 – Belo Horizonte / MG
Telefone 31 3327-5771

É O SELO JURÍDICO DO
GRUPO EDITORIAL LETRAMENTO

AGRADECIMENTOS

A condução da pesquisa para a elaboração deste livro foi uma atividade desafiadora. Superada graças ao apoio especial de pessoas e instituições as quais divido o resultado obtido.

À professora Carla Teresa Martins Romar, presente e importante nessa trajetória como orientadora de minha dissertação do mestrado, pela acolhida ao longo da elaboração dessa pesquisa, pela confiança no projeto apresentado, pelos ensinamentos para o desenvolvimento do trabalho e pela disponibilidade e atenção no curso da orientação.

Ao professor Leone Pereira, fundamental pela minha opção de vida pelo Direito do Trabalho, pelas conversas sobre o tema pesquisado neste livro, por todo o seu apoio em minha vida acadêmica, estímulo aos estudos e pela atenciosa leitura de meu trabalho.

Aos professores Adalberto Martins e professora Fabíola, membros de minha banca de qualificação, pelos comentários e correções que estimularam relevantes reflexões para a continuidade de minha pesquisa.

Aos meus primos, em especial ao Lucas Henrique, pelas conversas sobre o tema pesquisado, pela separação minuciosa de decisões interessantes em minha pesquisa e pelas inúmeras horas de conversas sobre ideias que conformam este trabalho.

Aos meus tios, Célia Alves de Oliveira Santos e Marcelo Silvério dos Santos, por todo o carinho e compreensão nas minhas ausências e pelo suporte e ensinamentos de vida.

Por último e claramente não menos importante, à minha mãe Tiana Maria Leão Araújo e meu irmão Herbert Suede Leão Neto, pelo amor, carinho, conforto nos momentos difíceis, pelo estímulo para seguir minha pesquisa e inspiração para irmos em frente e realizar este sonho. E ao meu pai Francisco Gervásio que onde estiver, tenho certeza de que está olhando por nós e feliz com este trabalho, em uma área de estudos que lhe era tão cara.

"Em todo trabalho há proveito"

Provérbios 14:23

RESUMO

ARAUJO, Aparecida Caroline Leão de. **Contornos de um sistema de proteção dos trabalhadores em plataformas digitais.**

Em um contexto de transformações de padrões de consumo, meios de produção e matérias primas, em que se consolida uma nova forma de capitalismo pelo uso de modernas tecnologias, que nos desafia com uma verdadeira disrupção dos conceitos construídos pelo direito tradicional, é necessário desenvolver estudos que compreendam as dinâmicas de trabalho e o papel do Direito do Trabalho. Partindo da premissa que o Direito do Trabalho, visto sob a temática constitucional de Direito Social, tem como pressuposto fundamental a inserção do trabalhador na economia capitalista, visando melhorar sua condição social e econômica, pretende-se responder se o Direito do Trabalho atual possui recursos para a proteção dos trabalhadores que desempenham suas atividades por meio de plataformas. Para tanto, investiga-se as características dessas formas de trabalho, combinando revisão de literatura e análise das principais decisões judiciais dos tribunais trabalhistas brasileiros e estrangeiros que versam sobre o tema, produzidas até o momento da pesquisa, identificando-se os argumentos que subsidiam a autonomia ou a subordinação no trabalho digital, bem como modelos que propõe, tal como o trabalho autônomo economicamente dependente da Espanha, a criação de uma terceira via protetiva, que possibilitaria uma melhor regulamentação às novas formas de trabalho que se encontram em uma zona grise. Identificamos que existe um dilema regulatório dessas relações de trabalho, que apresentam certa autonomia, mas que ainda se encontram sujeitas à forte ingerência no modo como o trabalho é realizado, por meio das tecnologias digitais, que pertencem às empresas de plataformas. Nesse sentido, concluímos a pesquisa propondo uma releitura do Direito do Trabalho, discutindo-se a necessidade de sua ampliação interpretativa, deixando de tutelar apenas o trabalhador subordinado, fortalecendo e reformulando as entidades sindicais, permitindo-se assim o surgimento de uma normatização mais específica, que conseguiria chegar às mais diversas relações de trabalho, até mesmo ao trabalho desenvolvido no capitalismo digital de plataformas.

Palavras-chave: Capitalismo de plataformas; Relações de Trabalho; Trabalho sob demanda; Autonomia e Subordinação; Direito Coletivo.

ABSTRACT

ARAUJO, Aparecida Caroline Leão de. **Contours of a worker protection system on digital platforms.**

In a context of transformations of consumption patterns, means of production and raw materials, in which a new form of capitalism is consolidated by the use of modern technologies, which challenges us with a true disruption of the concepts constructed by traditional law, it is necessary to develop studies that understand the dynamics of work and the role of Labor Law. Starting from the premise that Labor Law, seen under the constitutional theme of Social Law, has as a fundamental assumption the insertion of the worker in the capitalist economy, aiming to improve his social and economic condition, it is intended to answer whether the current tools of Labor Law protect workers who perform their activities through platforms. To this end, the characteristics of these forms of work are investigated, combining literature review and analysis of the main judicial decisions of the Brazilian and international labor courts that deal with the subject, produced until the moment of the research, identifying the arguments that subsidize autonomy or subordination in digital work, as well as models that it proposes, such as the economically dependent autonomous work of Spain, the creation of a third way of protection, that would enable better regulation of the new forms of work that are found in a grise zone. We identified that there is a regulatory dilemma of these labor relations, which present a certain autonomy, but which are still subject to strong interference in the way work is carried out, through digital technologies, which belong to platform companies. In this sense, we conclude the research proposing a rereading of Labor Law, discussing the need for its interpretative expansion, no longer protecting only the subordinate worker, strengthening and reformulating the union entities, thus allowing the emergence of a more specific standardization, which could reach the most diverse labor relations, even the work developed in the digital capitalism of platforms.

Keywords: Plataform Capitalism; Labor relations; On-demand work; Autonomy and Subordination. Collective Law.

LISTA DE ILUSTRAÇÕES

Figura 1. Panorama das plataformas digitais – Retirada do Relatório da Organização Internacional do Trabalho: World Employment and Social Outlook: The role of digital labour platforms in transforming the world of work, 2021, versão em espanhol, p. 44. 71

LISTA DE ABREVIATURAS E SIGLAS

AMT	Amazon Mechanical Turk
ART.	Artigo
CC/2002	Código Civil Brasileiro
CF/88	Constituição da República Federativa do Brasil de 1988
CLT	Consolidação das Leis do Trabalho
CBO	Classificação Brasileira de Ocupações
CTPS	Carteira de Trabalho e Previdência Social
ECA	Estatuto da Criança e do Adolescente
EPI	Equipamento de Proteção Individual
EUA	Estados Unidos da América
EUROFOUND	European Foundation for the Improvement of Living and Working conditions
FGTS	Fundo de Garantia por tempo de serviço
IBGE	Instituto Brasileiro de Geografia e Estatística
IBOPE	Instituto Brasileiro de Opinião Pública
INSS	Instituto Nacional do Seguro Social
LETA	Estatuto do Trabalho Autônomo da Espanha
MTE	Ministério do Trabalho e do Emprego
OCDE	Organização para a Cooperação e Desenvolvimento Econômico
OIT	Organização Internacional do Trabalho
ONU	Organização das Nações Unidas
PIB	Produto Interno Bruto
PNAD	Pesquisa Nacional por Amostra de Domicílios
STF	Supremo Tribunal Federal
STJ	Superior Tribunal de Justiça
TIC	Tecnologia de Informação e Comunicação
TRADE	Trabalhador Autônomo Economicamente Dependente
TRT	Tribunal Regional do Trabalho
TST	Tribunal Superior do Trabalho
EU	União Europeia

13		**INTRODUÇÃO**
18	**1.**	**CONCEITUANDO O TRABALHO**
30	1.1.	O VALOR SOCIAL DO TRABALHO
36	1.2.	CRISE DO TRABALHO: UM "ADEUS AO TRABALHO"?
46	1.3.	NOVA CONFIGURAÇÃO DE TRABALHO: CAPITALISMO DIGITAL
65	**2.**	**PLATAFORMIZAÇÃO DO TRABALHO**
66	2.1.	DEFINIÇÕES E TIPOLOGIAS
73	2.2.	PLATAFORMAS DIGITAIS DE TRABALHO: O EXEMPLO DA UBER
83	2.3.	ALGORITMOS E DADOS
93	2.4.	NATUREZA DA RELAÇÃO ENTRE AS PARTES
106	**3.**	**ANALISANDO PARADIGMAS**
108	3.1.	A DICOTOMIA REGULATÓRIA: RELAÇÃO DE EMPREGO OU AUTONOMIA
112	3.2.	TRABALHO SUBORDINADO: CONTROLE E GESTÃO
132	3.3.	TRABALHO AUTÔNOMO: LIBERDADE E FLEXIBILIDADE
145	3.4.	MODELOS DE PROTEÇÃO NO DIREITO ESTRANGEIRO
146	3.4.1.	O caso dos Estados Unidos
150	3.4.2.	O caso do Reino Unido
152	3.4.3.	O caso da União Europeia
162	3.4.4.	O caso do Uruguai
166	3.4.5.	O caso do Chile
171	3.5.	TERCEIRA VIA
172	3.5.1.	Uma categoria intermediária
184	3.5.2.	Reformulação do conceito de empregador
186	3.5.3.	Contrato de trabalho especial

192	**4.**	**RELEITURA DO DIREITO DO TRABALHO**
196	4.1.	O QUE É PROTEGER E POR QUE PROTEGER
201	4.2.	CRÍTICAS À DESREGULAMENTAÇÃO
214	4.3.	NOVO PAPEL DO DIREITO DO TRABALHO (DIREITO PÓS-MODERNO)
216	4.3.1.	Sociedade pós-moderna e a crise do Estado Regulador
223	4.3.2.	Ampliação subjetiva do Direito do Trabalho
230	4.3.3.	Novos princípios para um novo Direito do Trabalho
237	4.4.	ORGANIZAÇÃO COLETIVA DOS TRABALHADORES SOB DEMANDA
246	4.4.1.	Modelos e desafios da organização coletiva no Brasil
256	4.5.	TUTELA DOS TRABALHADORES DE PLATAFORMAS DIGITAIS
259	4.5.1.	Ponto de partida – reivindicações dos trabalhadores
264	4.5.2.	Estatuto Mínimo
274		**CONCLUSÃO**
280		**REFERÊNCIAS**
280		OBRAS FÍSICAS
287		OBRAS DIGITAIS
293		LEGISLAÇÃO

INTRODUÇÃO

A humanidade vivencia a "Quarta Revolução Industrial", em que se consolida uma nova forma de capitalismo financeiro. A economia compartilhada, economia colaborativa ou ainda a economia digital, que se insere em um contexto tecnológico e informacional, altera o padrão de consumo, os meios de produção e as matérias-primas.

O trabalho improdutivo ou imaterial toma fôlego neste mundo cibernético, levando a uma verdadeira disrupção dos conceitos tradicionais de trabalhador, empregado e empregador, construídas pelo direito do trabalho.

A reestruturação do processo produtivo propicia o aparecimento do trabalho digital, desenvolvido não mais no ambiente físico, mas no mundo cibernético, por meio de plataformas, aplicativos, redes de comunicação, criando verdadeiramente um mercado de trabalho totalmente original.

É nesse cenário que as plataformas digitais inauguraram um modelo de organização empresarial tão bem-sucedido que se espalhou por diferentes setores de nossa economia, como entregas, serviços domésticos, alimentação, uma miríade de atividades, que só continua crescendo. Nesse fenômeno organizacional o trabalhador se cadastra à plataforma digital e um algoritmo faz a conexão deste com uma empresa ou diretamente a um consumidor, previamente cadastrado, podendo o trabalho ser realizado digital ou presencialmente.

Valendo-se da ideia de eliminação de qualquer forma de relação trabalhista, o trabalhador é levado a crer que passou de empregado a empresário, valorizando-se a autonomia e a liberdade.

Não obstante, a economia de plataformas, distancia-se da garantia dos direitos sociais e trabalhistas, podendo resultar em uma precarização dos direitos laborais, desrespeito e descumprimento contumaz dos direitos fundamentais dos trabalhadores.

Neste contexto, aflora a discussão mundial sobre a natureza jurídica da prestação de serviços dessa nova classe de trabalhadores digitais.

Atualmente, somente no Brasil, encontram-se cerca de 1 milhão de motoristas/entregadores parceiros cadastrados na empresa Uber. Só essa plataforma é responsável pelo transporte de 93 milhões de usuários no mundo e se encontra em 63 países.

Segundo o IBGE (Instituto Brasileiro de Geografia e Estatística), pesquisa realizada através da "Pesquisa Nacional por Amostra de Domicílios Contínua" – PNAD Contínua, os condutores de automóveis, táxis e caminhonetes – categoria que inclui os trabalhadores que atuam em aplicativos como a Uber - apresentou sensível crescimento entre os anos de 2016 e 2020, passando de 1,39 milhões para 2,02 milhões, um aumento de 41,9%, sendo que os condutores de motocicleta tiveram um aumento também acentuado de 39,2%, reforçando o peso do estudo sobre a natureza jurídica da prestação de serviços de milhares de desempregados que, buscando uma fonte de renda, tem como única alternativa o trabalho por aplicativos.

O debate acima é majorado em uma realidade pandêmica, imposta pela disseminação do vírus SARS-COV-2 (COVID-19) em que cada vez mais estamos subordinados ao capital, e o capital desemprega cada vez, substituindo os trabalhos formais por métodos precarizados, de tal maneira que o trabalho informal se mostra como a realidade dominante em nossa sociedade.

Se por um lado tal concepção utilitária da economia de plataformas é sustentada pelas empresas digitais que investem na ideia de melhorias sociais advindas de uma maior flexibilização das leis trabalhistas, e reforçada por muitos julgadores que sustentam, nas mais diversas decisões trabalhistas, como pilar fundamental dessa prestação de serviços a existência de autonomia, incompatível com a relação de emprego, que tem dentre seus requisitos a subordinação.

Por outro, é combatida através da Teoria da Subordinação, por exemplo, em que, não se abandonando os critérios tradicionais que conceituam a subordinação jurídica clássica, traz a necessidade de caracterização da subordinação com base na atividade desempenhada pelo trabalhador, e a natureza dessa atividade, se essencial ao funcionamento da estrutura organizacional do empregador ou não. Ou mesmo pela subordinação telemática que, como recentemente debatido pelo Ministro Delgado, caberia como uma "luva" aos motoristas de Uber.

Nos deparamos, ainda, com uma terceira via regulatória, uma categoria intermediária entre subordinado e autônomo, modelos regulatórios novos, criados especificamente para os trabalhadores sob demanda em plataformas digitais.

Neste contexto, um dos principais questionamentos abordados no presente livro centra-se na compreensão dos argumentos, político-ideológicos, de caráter meramente econômico ou sociais, utilizados pelos diferentes julgadores, e doutrinadores, no Brasil e no Mundo, para caracterização da atividade desenvolvida pelos trabalhadores de plataformas digitais, como autônoma e livre ou como subordinada, questionando-se sua adequação como modelos para proporcionar uma proteção efetiva.

Lembrando que o Direito do Trabalho, visto sob a temática constitucional de Direito Social, tem como pressuposto fundamental a inserção do trabalhador na economia capitalista, visando melhorar sua condição social e econômica. Bem como a necessidade de sua adequação a todas as espécies de trabalho, assegurando a plena proteção de referido direito social, seja àqueles que não desejam reconhecimento de vínculo empregatício, ou àqueles que precisam deste, pois relegados a novas formas de servidão.

Investigam-se as características do trabalho intermediado por plataformas enquanto realidade imposta pelo capitalismo digital, voltando-se à necessidade de intervenção do Direito do Trabalho como mecanismo de proteção social de grande parte dos trabalhadores desta pós-modernidade.

Deste modo, no primeiro capítulo cuidou-se de analisar a evolução do conceito de trabalho, bem como a crise enfrentada pelo Direito, que, acompanhando as alterações socioeconômicas, favoreceu o surgimento de novos conceitos de trabalho, e, ao mesmo tempo, forneceu nova interpretação a conceitos históricos.

Finalizando o primeiro capítulo com os conceitos de capitalismo digital, analisando-se as consequências das mudanças do processo produtivo e do surgimento da economia compartilhada, passa-se a identificar o objeto principal de estudo, mediante uma caracterização dos tipos de plataformas existentes, concluindo-se que o movimento de plataformização que, para muitos nos conduz ao fim do trabalho, como o conhecemos, em verdade, produz relações de trabalho, ímpares, que continuam a ser trabalho e que reclamam por proteção jurídica.

É de se ressaltar, que no presente trabalho, o objeto do estudo compreenderá o modelo de trabalho denominado por Valerio de Stefano, como *work on demand*, ou trabalho sob demanda via aplicativos, que encontra seu representante mais eloquente na empresa Uber.

Superado os primeiros capítulos, avalia-se como as novas relações de trabalho pós-modernas são enquadradas nos paradigmas propostos pelo Direito do Trabalho, pelos doutrinadores e juristas, encaixando-as em diferentes conceitos de subordinação ou da autonomia.

Para tanto, analisam-se decisões judiciais dos tribunais trabalhistas brasileiros e estrangeiros que versam sobre o tema, produzidas até o momento da pesquisa, identificando-se os argumentos que subsidiam as decisões que sustentam a autonomia ou a subordinação no trabalho digital. Bem como a pesquisa, estudo de análises e interpretações realizadas sobre o tema, por diferentes doutrinadores.

Neste momento da pesquisa, percebe-se que existe um dilema regulatório dessas relações de trabalho, que apresentam certa autonomia, mas que ainda se encontram sujeitas à forte ingerência no modo como o trabalho é realizado, por meio das tecnologias digitais, que pertencem às empresas de plataformas.

Deste modo, analisa-se também os modelos propostos pelo Direito Estrangeiro, como o trabalho autônomo economicamente dependente da Espanha, ou *Workers* do Reino Unido, uma terceira via, que possibilitaria uma melhor regulamentação às novas formas de trabalho.

Ao final propomos uma releitura do Direito do Trabalho, discutindo-se a necessidade da ampliação interpretativa do Direito do Trabalho, oferecendo uma tutela mais específica a tais profissionais, permitindo-lhes uma maior valorização social, bem como a definitiva inserção no mercado de trabalho, garantindo dessa forma a efetividade do Direito Social.

De fato, o Direito do Trabalho pós-moderno não pode mais encontrar no trabalho subordinado seu objeto único de proteção, é preciso ampliar o foco, conferindo proteção à todas as formas de trabalho. Sobretudo quando analisamos o considerável desaparecimento do emprego formal, movimento que vem ganhando força nas últimas décadas, dando lugar a formas flexíveis, informais e até mesmo precárias, de prestação de serviços.

Durante a pesquisa para a elaboração do presente livro, nos deparamos com incontáveis projetos de lei, que tramitam no Legislativo brasileiro, propondo diferentes formas de regulamentação às novas formas de trabalho, contudo, por não ser objeto de nosso estudo, e para não fugirmos do quanto proposto, não nos detivemos em suas análises.

No presente trabalho, adota-se o método dedutivo de pesquisa, através da análise bibliográfica pertinente ao tema, com o estudo dos títulos doutrinários e pesquisa jurisprudencial.

Por fim, o que se pretende desse livro é, tomando por base esse direcionamento de Direito Social, demonstrar que a ampliação da proteção jurídica trabalhista se faz necessária, uma vez que se insere perfeitamente no contexto histórico econômico em que vivemos: esta desoladora crise econômica, que facilita a criação de novas relações de emprego, bem como a exploração desenfreada de trabalho fora dos padrões dos direitos fundamentais.

1.
CONCEITUANDO O TRABALHO

Muitos historiadores conceituam trabalho como uma categoria cultural, uma vez que, ao longo da história, quaisquer que sejam os lugares ou as épocas, os homens trabalhavam. Ou seja, como define o dicionário Houaiss, o homem, desde os primórdios dos tempos "exerce um conjunto de atividades, produtivas ou criativas, com esforço incomum para atingir um determinado fim".[1]

Os registros dos primeiros trabalhos podem ser encontrados na Bíblia, no Gênesis, que narra a origem de todo o Mundo. Em Gênesis, Deus trabalha para construir os céus e a terra e tudo o que neles há, e, ao colocar o homem na Terra, o "pôs no jardim do Éden para lavrar e o guardar".[2] Nesse primeiro momento, vemos que o trabalho assume uma identidade de continuação de algo bom, continuação da obra de Deus.

Já após o que é considerado o pecado original, pelo cristianismo, católico ou protestante, o homem é condenado ao trabalho. O trabalho toma então uma nova forma, tornando-se um castigo e, ao mesmo tempo, uma forma de remissão pela desobediência a Deus, segundo a tradição hebraica.[3] Traz a Bíblia em Gênesis, 3,19: "Do suor do teu rosto comerás o pão, até que tornes à terra": o trabalho assume uma nova identidade, passa a ser a atividade exaustiva, o suplício, um exercício que causa o suor. Essa ideia vem reforçada em alguns dicionários,

---

[1] HOUAISS, Antônio; VILLAR, Mauro Salles. *Dicionário da Língua Portuguesa*. Rio de Janeiro: Objetiva LTDA, 2001, p. 2743.

[2] Gênesis, 2,15 – "O Senhor tomou o homem, e o pôs no jardim do Éden para lavrar e o guardar". In BÍBLIA. Gênesis. Português. *Bíblia: de referência Thompson, com versículos em cadeia*. São Paulo: Editora Vida do Brasil, 2002. Trad. Editora Vida, p.2-3.

[3] Gênesis, 3, 17 – "Ao homem disse: Porque destes ouvidos à voz de tua mulher, e comeste da árvore de que te ordenei, dizendo: Não comerás dela, maldita é a terra por tua causa; em fadiga comerás dela, todos os dias de tua vida; In BÍBLIA. Gênesis. Português. *Bíblia: de referência Thompson, com versículos em cadeia*. São Paulo: Editora Vida do Brasil, 2002. Trad. Editora Vida, p.2-3.

que trazem a concepção de trabalho como termo derivado de *tripaliare*, que significa martirizar-se com o *tripalium*, um instrumento de tortura;[4] logo, trabalhar seria o mesmo que torturar-se, ou mesmo se submeter à tortura.

Vale ressaltar, no entanto, que, na visão hebraica, muito embora o trabalho seja fruto do pecado, essa atividade humana adquire um sentido reconstrutivo, que tem a finalidade de resgatar a dignidade perante Deus; logo, o trabalho não é visto como um castigo, uma penitência, mas sim um valor do homem que busca se reconectar com seu criador.[5]

Na Antiguidade Clássica, o trabalho passa a adquirir um sentido puramente material, saindo daquela esfera espiritual que explicava todas as coisas. Desse modo, o trabalho passa a ser a mera realização do escravo, ou seja, uma tarefa que pretende suprir as necessidades biológicas. Lembrando que o escravo era considerado "coisa", aquele que realiza todos os trabalhos manuais, trabalhos estes considerados "sujos", "vis". Aos homens livres sobravam a contemplação, o pensamento e a abstração.

Nessa mesma época, o mundo grego apresenta duas teorias sobre o trabalho. Como ideário de pensadores de origens mais humildes como Hesíodo, o trabalho é visto como base da Justiça, afirmando o filósofo em uma de suas obras que: "sem um (trabalho) não há como ter o outro (justo)".[6]

No entanto, é importante rememorar que mesmo para Hesíodo o trabalho não é em si uma atividade glorificadora, o trabalho é mais uma necessidade; dessa forma, trabalhar não é vergonhoso, mas sim, o que separa os homens dos deuses. O mito de Pandora ressalta essa separação, evocando um passado em que a terra produzia por si só e os homens podiam viver fartamente, por isso o trabalho também é enxergado como uma punição pelo filósofo.

Já para Homero, outro influente filósofo grego, o trabalho é claramente degradante. Em sua obra Odisséia, Laerte aparece trabalhando

---

4 HOUAISS, Antônio e VILLAR, Mauro Salles. *Dicionário da Língua Portuguesa*. Rio de Janeiro: Objetiva LTDA, 2001, p. 2744.

5 BARROS, Alice Monteiro de. *Curso de Direito do Trabalho*. 10.ed. São Paulo: LTR, 2016, p.45.

6 HESÍODO. *O trabalho e os dias*. Curitiba: Segesta, 2012. Trad. Alessandro Rolim de Moura, p.26.

na terra, curvado e degradado. Muitas vezes a figura do trabalho aparece na obra de Homero, como forma de firmar alianças, no entanto, muito embora Odisseu conseguisse trabalhar, em nenhum momento é esperado que o faça, a não ser como lazer, ou exercício do ócio, esse, sim, uma atividade tão valorizada.[7]

Paralelamente ao trabalho escravo tão difundido na Antiguidade, surgem, principalmente entre os romanos, os primeiros autônomos, artesãos, aqueles que exercem sua atividade com autonomia e liberdade. Importante destacar que, mesmo para eles, o exercício de uma profissão manual não tinha nenhuma honra, pelo contrário, sentiam-se humilhados por trabalhar, mas, ao mesmo tempo, entendiam que era a única forma de suprirem suas necessidades.

O uso do trabalho escravo começa a decair na Idade Média, contudo, ainda é recomendado que todo o esforço desnecessário seja desprezado.

No período feudal, o trabalho é relegado ao servo, pequenos proprietários que, sem ter alternativa, dedicavam-se à produção. A eles já era reconhecida a natureza de pessoa, mas era permitido que fossem maltratados ou encarcerados pelo seu senhor. Logo, nesse primeiro momento, não existe uma diferenciação clara entre servos e escravos, apesar do reconhecimento da natureza humana.

É no Renascimento que o trabalho passa a ser louvado como expressão da atuação livre e racional do ser humano. Até então, em toda a sua história, o trabalho era visto como indesejável, como castigo, punição pelo pecado original, em contraposição ao ócio, ao descanso, ao *sabbat*, valores primordiais ao homem, como nos ensina Jean-Paul Willaime.[8]

Mas é a Reforma Protestante que vem para mudar de forma decisiva a identidade do trabalho. Lutero é um dos personagens principais para essa mudança: ao traduzir a palavra que caracterizava "trabalho", na Bíblia, especificamente ao traduzir o Novo Testamento para o alemão, procurou acentuar o aspecto de vocação do trabalho e não de punição.

Calvino e o protestantismo, no entanto, trazem a palavra final. O trabalho assume uma significação, passando mesmo a ser um dever.

---

7 HOMERO. *Odisséia*. São Paulo: Editora Abril. 2010. Trad. Jaime Bruns.

8 WILLAIME, Jean-Paul. *As reformas e a valorização religiosa do trabalho*. In MERCURE; SPURK, James. *O trabalho na história do pensamento ocidental*. Rio de Janeiro: Vozes, 2005, p. 63-87.

Essa nova forma de interpretar o trabalho é explicada de forma primorosa pelo sociólogo Weber em sua obra A ética protestante e o espírito do capitalismo, muito embora esse não seja o tema principal de sua análise.

Weber observa que, na Alemanha do século XX, os protestantes mostraram-se mais bem sucedidos economicamente do que os católicos da mesma época. Segundo o sociólogo, na concepção calvinista o homem deve trabalhar para alcançar a graça de Deus, sendo o trabalho a forma de materializar a vontade Dele na Terra, e não trabalhar passa a ser algo condenável moralmente.[9]

Para Weber, a doutrina calvinista da Teoria da Predestinação contribuiu sobremaneira para o desenvolvimento do capitalismo, e para a nova identidade do trabalho, na medida em que Deus escolheu desde o princípio quem seria salvo, e o sucesso econômico seria um sinal dos escolhidos.

É a valorização religiosa do trabalho que contribuiu para criar o espírito empreendedorista que libera os capitalistas para a obtenção de lucros e para a acumulação de capital.

Observa-se que, de uma identidade totalmente desvalorizada, o trabalho torna-se referência para uma vida cheia de virtudes. A fórmula de Lutero *ora et labora* afirma uma positividade do trabalho, que se torna um valor desejável, necessário e sinal de reconhecimento da salvação. O trabalho passa então a ser uma exigência social.

A Revolução Industrial só é possível, pois trazia, em sua base, essa nova forma de conceber o trabalho, como verdadeiro sentido para a vida, a predestinação e não meramente uma alternativa, ou mesmo forma de expiação dos pecados.

Hegel nos traz uma análise importante sobre o trabalho, que nos ajuda a entender toda a supracitada transição. Para o autor, o trabalho é uma atividade peculiar do ser humano que supera o instinto animal, capaz de criar produtos e ferramentas, por meio da modificação da natureza. Para ele, o trabalho é o responsável por formar uma consciência pessoal e social do ser humano, superando, deste modo, a separação feita por Aristóteles, que definia o trabalho como atividade inferior por ser a mera realização de uma necessidade biológica. O

---

9 WEBER, Max. *A ética protestante e o espírito do capitalismo*. São Paulo: Martin Claret, 2013. Trad. Mário Moraes.

trabalho deixa de ser a realização de uma satisfação pessoal e torna-se uma obra comum.

Seu mérito, portanto, foi perceber o caráter social do trabalho, entendendo este como desenvolvimento da consciência pessoal e, concomitantemente, uma "obra de todos".[10] E, ainda mais importante, Hegel é o primeiro filósofo a perceber que a violência da dominação, em que o mais forte domina a mão de obra do mais fraco, movimento que passa a ser estudado com mais atenção a partir desse momento histórico, é uma derivação do trabalho escravo, ou seja, do caráter desprezivo do trabalho manual, que de forma última anulava a individualidade das pessoas.

Em sintonia com Hegel, Marx também afirma que, ao modificar a natureza e transformá-la por meio do trabalho, o homem muda a si, sendo o trabalho a condição de sua existência. No entanto, diferencia seu entendimento, pois enquanto para Hegel essa atividade humana é um instrumento de liberdade e de socialização, Marx já reconhece no trabalho a expressão de profundas contradições devido à exploração inicial do trabalho escravo, replicado pela burguesia.

Muitos doutrinadores ressaltam essa diferença essencial de interpretação. Hegel em suas obras enxerga e analisa somente o lado positivo do trabalho, explicando que de atividade "vil", as novas formas de economia conseguiram trazer à tona, principalmente, o trabalho como forma de liberdade, pessoal e social. Já Marx consegue ir além em sua interpretação dessa nova identidade do trabalho, apresentando o lado negativo, que advém de toda a história por trás da atividade, de sua exploração, que leva o ser humano, proletário, a ter que vender sua força produtiva para sobreviver.

Para Marx, de instrumento de liberdade, o trabalho se transforma em experiência de desumanização, em que o ser humano é obrigado a vender a si, bem como sua humanidade, como explicado por Giovanni Semeraro em sua obra que analisa o trabalho na filosofia de Hegel e Marx.[11]

Ao mesmo tempo em que se assiste à transformação das relações do trabalho, e olhando atentamente esse viés negativo, percebemos que,

---

10 HEGEL, Georg Wilhelm Friedrich. *O sistema da vida ética*. Lisboa: Edições 70, 1991.

11 SEMERARO, Giovanni. A concepção de "trabalho" na filosofia de Hegel e de Marx. *Educação e Filosofia*, Uberlândia, v. 27, n.53, p. 87-104, jan./jun. 2013.

com o Liberalismo Econômico, o trabalho nada mais é do que uma mercadoria, cujo preço é determinado pela concorrência. O trabalhador passa a ser valorado por seu "tempo de trabalho". A "mais-valia", que é a expressão do roubo do tempo de trabalho alheio, obtida pelo prolongamento deste, é a chave para se explicar a riqueza capitalista e a miséria do trabalhador, como nos explica Marx.[12]

Vale ressaltar que é nesse mundo marcado pela desigualdade econômica e social, muito atentamente analisado por Marx, em que o conflito entre o individual e o social ameaçava a estrutura da sociedade, que surge um Direito Social primordial, o Direito do Trabalho.

Com efeito, o Direito do Trabalho é o ramo da ciência jurídica que objetiva regular as relações de trabalho, sendo influenciado, portanto, por qualquer modificação ocorrida na sociedade. Por tal razão, é que o ordenamento jurídico dá atenção diversa às diferentes identidades do trabalho, dependendo da época.

Na Antiguidade, como já observamos, o escravo era propriedade; com o aumento da complexidade das relações humanas, surge uma figura diferente para a prestação de serviços: a locação da mão de obra, *locatio*.[13] Em comum, tanto a escravidão quanto a locação eram regidas pelo Direito Civil.

A *locatio,* em termos gerais, sem esgotar o tema, era caracterizada por homens livres que, vivendo na sociedade romana, não possuíam condições adequadas de sobrevivência, e, portanto, submetiam-se ao trabalho, obrigando-se a fornecer a outrem a prestação de serviços ou obras em troca de um preço que a outra parte obrigava-se a pagar.

Avançando para o período feudal, de economia essencialmente agrária, o trabalho era exercido pelos servos, que, como visto anteriormente, eram escravos alforriados ou homens livres que precisavam da proteção dos senhores feudais, obrigando-se a cargas pesadas de trabalho.

Após a queda do Império Romano, as relações autônomas de trabalho vão sendo substituídas pelas corporações de ofício, e as regras aplicáveis passam a ser as das corporações. O mesmo acontecia com normas que regiam as relações de emprego, que eram estabelecidas por normas alheias à vontade dos trabalhadores, e determinadas pelas corporações. Esta época foi marcada pelos abusos praticados pelos

---

12 MARX, Karl. *O Capital*. São Paulo: Saraiva, 2012. Trad. Steve Shipside.

13 BARROS, Alice Monteiro de. *Curso de Direito do Trabalho*. 10.ed. São Paulo: LTR, 2016, p. 45.

mestres, sendo extintas todas as corporações pela Lei Chapelieur, em 1791, tornando todos os homens livres para o exercício de suas profissões, artes ou ofícios.[14]

Nos primeiros anos do liberalismo econômico, vige a ampla liberdade de contratação, sendo o contrato de trabalho uma espécie de locação, como estabelecido pelo Código Napoleônico, relegando, deste modo, as condições de trabalho, na maioria das vezes, a um acordo de vontades.[15]

Esse novo regime que consagrou a liberdade exacerbada para o exercício das profissões, fórmula do liberalismo econômico, possibilitou a imposição de condições desumanas de trabalho à classe operária, que sem outras condições de sobreviver, submetia-se sem qualquer questionamento.

Como resultado desses abusos, como bem esclarecido por Marx e Engels, em sua obra mais conhecida, surge uma doutrina intervencionista, principalmente mediante a ação social da Igreja e a eclosão de movimentos sociais da classe operária, que luta em busca de melhores condições sociais.[16] É a partir de então que são deslocadas as relações de trabalho do campo do Direito Civil, possibilitando o surgimento do Direito do Trabalho.

Por muito tempo, a orientação do Direito e do Trabalho caracterizou-se pelo garantismo dispensado pelo Estado em face do trabalhador.

Dentre os princípios norteadores do Direito do Trabalho encontram-se de forma basilar a todos os outros o princípio da proteção, centralizado numa garantia de condições mínimas ao trabalhador, e o princípio da irrenunciabilidade desses direitos. Logo, podemos concluir que o Direito do Trabalho veio "equilibrar" as relações entre

---

14 BARROS, Alice Monteiro de. *Curso de Direito do Trabalho*. 10.ed. São Paulo: LTR, 2016, p. 50.

15 MARTINS, Ildélio. Greves atípicas. *Revista do Tribunal Superior do Trabalho*, São Paulo, v. 55, p. 18-35, 1986. Segundo o autor: "Os Códigos Civis do tipo Napoleônico só continham uma norma obrigatória em matéria de locação de serviços: proibição do contrato perpétuo (*"quod vitam"*) as normas imperativas, que vieram assim a regulamentar quase todo o conteúdo do contrato de trabalho".

16 MARX, Karl. ENGELS, Friedrich. *O manifesto comunista*. Rio de Janeiro: Nova Fronteira, 2011. Trad. Maria Lucia Como.

empregador e empregado, diminuindo as possibilidades de escravização e desumanização do trabalhador.

Ocorre que as relações individuais de trabalho vêm sofrendo muitas modificações ao longo dos anos, de tal forma que essas mudanças desencadearam uma forte discussão sobre a flexibilização das condições laborais, bem como uma nova significação do próprio trabalho.

A flexibilização e até mesmo a desregulamentação no campo trabalhista são sustentadas, em grande parte, pela classe empresarial, que alega que a predominância de normas imperativas lhes retira as possibilidades de adaptação ao mercado.

A crise dos modelos de proteção abriu espaço para o surgimento de novas tecnologias, instituições, ideologias, propiciando a construção de um novo modelo de organização social e de reestruturação econômica, baseada em um novo liberalismo ou neoliberalismo.

A globalização e a emergência das cadeias produtivas globais, conduziram à fragmentação da organização do trabalho, o uso da terceirização, da disseminação de contratos de trabalho flexíveis ou precários, o direcionamento da produção para países de baixo custo, mudando as formas de gerenciamento empresarial, e o trabalho.

Como bem ressalta Renan Kalil, são notórias as alterações que ocorrem neste período histórico, tanto nas instituições, nas ideologias, nos avanços das tecnologias, e na forma como esses elementos se relacionam entre si:[17]

> No tocante às instituições, no âmbito econômico há o avanço da desregulação e da privatização de empresas públicas, o desmonte do Direito do Trabalho, a utilização da *offshoring*, da terceirização e da casualização do contrato de trabalho, o surgimento dos salários das superestrelas e a busca da maximização dos lucros para a satisfação dos acionistas da empresa. Na esfera política, nota-se uma forte influência da ideia de ampliação do papel dos entes privados, com uma articulação mais intensa das empresas para impactar as decisões do Executivo e do Legislativo, a disseminação da ideia de um Estado Mínimo, a contraposição de interesses dos trabalhadores e dos consumidores, com a prevalência desses, e a consagração do Consenso de Davos, em que se sobressai a oligarquia pluralista.

---

[17] KALIL, Renan Bernardi. *Capitalismo de plataforma e Direito do Trabalho: crodwork e o trabalho sob demanda por meio de aplicativos*. São Paulo, 2019. Tese (Doutorado) Universidade de São Paulo, USP, Programa de Pós-Graduação em Direito, Direito do Trabalho e da Seguridade Social, 2019, p. 66.

Esse contexto, no entanto, teria culminado em crises financeiras, motivando o surgimento de novas configurações econômicas, como o paternalismo libertário, o tecnolibertarianismo e o tecnoliberalismo, o nacionalismo econômico, o pragmatismo em rede, a economia do conhecimento, e mesmo o ultraliberalismo.

O que não significaria, necessariamente, uma substituição do neoliberalismo para a instalação de um novo paradigma, que (re)valorize o trabalho, mas uma possível acomodação de interesses sob a mesma política econômica, como Nancy Fraser destaca ao analisar os movimentos políticos ocorridos nas últimas décadas.[18]

Para a autora, administrações como as de Donald Trump, nos Estados Unidos, a vitória do Brexit no Reino Unido, o questionamento da legitimidade da União Europeia e a ascensão de forças autoritárias ao longo de todo o mundo, demostrariam a consolidação de movimentos neoliberalistas hiper reacionários. Afirma a autora:[19]

> o bloco neoliberal-progressista combinou um programa econômico expropriatório e plutocrata com uma política liberal e meritocrática de reconhecimento. Determinados em retirar as forças do mercado da mão pesada do Estado e do moedor de "impostos e gastos", as classes que lideraram esse bloco tinham o objetivo de liberalizar e globalizar a economia capitalista. O que significou, na prática, na financeirização: diminuição de barreiras e proteções para a livre circulação do capital; a desregulação do setor bancário e pagamentos extraordinários de débitos predatórios; desindustrialização, enfraquecimento dos sindicatos e disseminação de trabalho precário e mal remunerado.

A própria ideia de "mercado de trabalho" revelaria essa apropriação cultural liberal, reforçada pelo neoliberalismo, em que o trabalho é visto como nada mais que uma mercadoria, cujo preço é determinado pela concorrência.

Guilherme Feliciano nos lembra que tal expressão é apropriada até mesmo pela Organização Internacional do Trabalho (OIT), em seus mais relevantes documentos, não obstante, ressalte a Organização, em seus pilares constitutivos, em um dos princípios positivados no anexo de 1914 – Declaração da Filadélfia, ou Declaração referente aos fins e objetivos da Organização Internacional do Trabalho – a ideia de que

---

[18] FRASER, Nancy. *From progressive neoliberalismo to Trupm – and beyond.* American Affairs, v. 1, n.4, 2017, p. 49.

[19] FRASER, Nancy. *From progressive neoliberalismo to Trupm – and beyond.* American Affairs, v. 1, n.4, 2017, p. 46.

o trabalho não é uma mercadoria, e logo, não pode ser negociada em "mercados".[20]

Para o autor, o trabalho consiste em uma transformação ou assimilação da natureza, apresentando um significado mais profundo:[21]

> Diz-se com a necessidade daquilo que a natureza não produz espontaneamente, compreendendo-se no "sistema de necessidades" hegeliano. Mas o trabalho não se resume à necessidade; se assim fosse, ao trabalhador bastaria o arquétipo do *animal laborans*, dispensando-se a liberdade. Mas há "necessidades espirituais de representação" que se determinam pelo seu movimento social. São necessidades culturais, que afinal representam a passagem da natureza à cultura (e do *animal laborans* ao *homo faber*). Trabalhamos – também - por que outros trabalham. Logo há uma necessidade cultural do trabalho: trabalhamos para nos tornar nós mesmos. No trabalho, o homem constrói a si mesmo, como *homem objetivo*, verdadeiro porque real.

Encarado sob o prisma de concepção humana, o trabalho ganha um caráter mais pessoal, traduzindo a expressão de vontade do ser humano. É seu meio de subsistência, mas, ao mesmo tempo, cumpre suas funções sociais.

De forma que apresenta relevante interesse nas mais diversas áreas de estudo, considerando ser o trabalho, não apenas um direito, mas um aspecto da natureza humana.

E o Direito do Trabalho objetiva, principalmente, corrigir as diferenças entre a classe trabalhadora em relação às demais e a flexibilização enfrentada por essa classe, em nossa sociedade moderna, é em grande parte responsável pelo retorno de condições degradantes ao empregado, devendo, portanto, ser observada com total cautela, a fim de que, como será analisado de forma mais atenta, não seja responsável pela volta da escravidão.

Em nosso estudo, voltando a uma análise mais jurídica do conceito de trabalho, da relação de trabalho, como aprofundaremos mais a frente, focaremos em uma visão extrapolada da clássica "relação de trabalho", que passa, muitas vezes a ser compreendida, como sinônimo de "relação de emprego", ou seja, qualquer "prestação de

---

20 FELICIANO, Guilherme Guimarães. *Curso Crítico de Direito do Trabalho: Teoria Geral do Direito do Trabalho*. São Paulo: Saraiva, 2013, p. 29.

21 FELICIANO, Guilherme Guimarães. *Curso Crítico de Direito do Trabalho: Teoria Geral do Direito do Trabalho*. São Paulo: Saraiva, 2013, p. 25.

serviço não eventual, subordinada e onerosa, devida pelo empregado ao empregador".[22]

A esse respeito, não queremos afirmar que a doutrina especializada não apresente requisitos que diferenciam o trabalho do emprego. Por certo, encontramos tal diferenciação.

Maurício Godinho Delgado aponta que a ciência do direito enxerga clara distinção entre relação de trabalho e relação de emprego, a primeira com caráter mais genérico, refere-se a todas as relações jurídicas caracterizadas por terem sua prestação essencial centrada no *labor humano*. Refere-se ainda a toda modalidade de contratação de trabalho humano, admissível. Segundo o autor:[23]

> Evidentemente que a palavra trabalho, embora ampla, tem uma inquestionável delimitação: refere-se a dispêndio de energia pelo *ser humano*, objetivando resultado útil (e não dispêndio de energia por seres irracionais ou pessoa jurídica). Trabalho é atividade inerente à pessoa humana, compondo o conteúdo físico e psíquico dos integrantes da humanidade. É, em síntese, o *conjunto de atividades, produtivas ou criativas, que o homem exerce para atingir determinado fim.*

Relação de emprego seria uma espécie do gênero, que tem a peculiaridade de ter se constituído a modalidade mais relevante de pactuação de prestação de serviços, do ponto de vista econômico-social, desde a instauração do capitalismo.

O que se verifica, entretanto, pela relevância que a relação empregatícia tomou nos últimos anos, são relações de trabalho, que não de emprego, relegadas à desproteção. Importante rememorarmos que a doutrina tradicional elegeu o trabalho livre/subordinado, como seu objeto de proteção, e fez dele sua base, com implicações na formação legislativa, conduzindo, em torno da relação de emprego, o próprio Direito do Trabalho.[24]

---

[22] BARROS, Alice Monteiro de. *Curso de Direito do Trabalho.* 10.ed. São Paulo: LTR, 2016, p.46.

[23] DELGADO, Maurício Godinho. *Curso de Direito do Trabalho.* 17. ed. rev. atual. ampl. São Paulo: LTr, 2018, p. 334.

[24] ANDRADE, Everaldo Gaspar de. *Teoria Geral do Direito do Trabalho: explicações científicas do método dialético discursivo e da crítica filosófica da modernidade.* 1ª ed. São Paulo: Tirant lo Blanch, 2022, p. 212.

Neste sentido, Delgado apresenta:[25]

> Passados duzentos anos do início de sua dominância no contexto socioeconômico do mundo ocidental, pode-se afirmar que a relação empregatícia tornou-se a mais importante relação de trabalho existente no período, quer sob a perspectiva econômico-social, quer sob a perspectiva jurídica. No primeiro plano, por se generalizar ao conjunto do mercado de trabalho, demarcando uma tendência expansionista voltada a submeter às suas regras a vasta maioria de fórmulas de utilização da força de trabalho na economia contemporânea. No segundo plano, por ter dado origem a um universo orgânico e sistematizado de regras, princípios e institutos jurídicos próprios e específicos, também com larga tendência de expansionismo — o Direito do Trabalho.

De modo, que o Direito do Trabalho, passa a ser compreendido como o direito do empregado, e não do trabalhador.

Visando alterar essa visão restritiva de proteção, adotamos um dos vários conceitos jurídicos de trabalho que encontramos na doutrina, apresentado por Mauro Schiavi, considerando ser necessária uma ampliação do objeto de proteção do próprio Direito do Trabalho, englobando todo:[26]

> "trabalho prestado por conta alheia, em que o trabalhador, pessoa física coloca, em caráter preponderantemente pessoal, de forma eventual ou não eventual, gratuita ou onerosa, de forma autônoma ou subordinada, sua força de trabalho em prol de outra pessoa (física, jurídica, de direito público ou privado), podendo o trabalhador correr ou não riscos da atividade que desempenhará"

Sendo esta a razão de existência de um direito laboral, conferir a todos os trabalhadores, mesmo aqueles que não mais se amoldam às formas clássicas de trabalho, meios de subsistência dignos, possibilitando a (re)descoberta do valor do trabalho, tornando-novamente humano e assim dignificando o trabalhador.

Nos filiamos à ideia da OIT, sobre o trabalho decente, que compreende o trabalho adequadamente remunerado, exercido em condições de igualdade, liberdade, segurança, capaz de promover uma vida digna, escoimado de toda forma de discriminação ou de exploração capaz de retornar à escravidão, pelo qual, o Direito do Trabalho, mostra-se

---

[25] DELGADO, Maurício Godinho. *Curso de Direito do Trabalho.* 17. ed. rev. atual. ampl. São Paulo: LTr, 2018, p. 335.

[26] SCHIAVI, Mauro. *Manual de Direito do Trabalho.* Salvador: Editora JusPodvim, 2021, p. 110.

ferramenta eficaz, ao conferir certa civilidade ao sistema capitalista, eliminando as mais perversas formas de exploração do trabalho.

Por fim, de todo o exposto, podemos concluir que as mudanças sociais apresentam influência direita nas diferentes identidades assumidas pelo trabalho, que se pressupõe ser uma atividade que se manifesta de formas ímpares. Ao longo da história, assumiu diferentes vieses, e cada um deles apresentou uma tutela específica. Da mesma forma, continua sendo crucial à nossa sociedade o acompanhamento contínuo das mudanças impostas às relações trabalhistas, pois somente dessa forma conseguiremos garantir a eficiência da aplicação do Direito do Trabalho, impedindo novos retrocessos na forma como entendemos o próprio trabalho.

Nesta tarefa, o Direito tem um papel importante a cumprir, retomando o valor social do trabalho.

1.1. O valor social do trabalho

Segundo os autores Leon Granizo Martin e Mariano Gonzalez Rothvoss, *apud* Alice Monteiro de Barros, a história do Direito do Trabalho pode ser dividida em quatro períodos históricos, a saber: formação, período compreendido entre 1802 e 1848; intensificação, entre 1848 e 1890; consolidação, compreendido entre 1890 e 1919; e por fim, autonomia, de 1919 aos dias atuais.[27]

Foi na Inglaterra que se iniciou o período de Formação do Direito do Trabalho, tendo como marco a publicação da primeira lei trabalhista, chamada *Peel´s Act*. Essa lei pretendeu dar amparo aos aprendizes paroquianos, cuidando da saúde e da educação desses menores trabalhadores, proibindo, por exemplo, a exploração do trabalho à noite e duração de trabalho maior do que 12 horas diárias. No mesmo sentido, outras leis foram publicadas nesse período, tanto na França quanto na Alemanha, afirmando mudanças significativas para os trabalhadores.

O segundo período, da Intensificação, é assim chamado, pois decorre da publicação do folheto O Manifesto Comunista em 1848, por Marx e Engels, sendo o primeiro esboço da teoria revolucionária Marxista.

---

27 GRANIZO-MARTIN, Leon; GONZALEZ-ROTHVOSS, Mariano. In BARROS, Alice Monteiro de. *Curso de Direito do Trabalho*. 10.ed. São Paulo: LTR, 2016, p.53.

Esse é o período em que o proletariado passou a ter maior consciência de sua condição de explorado.[28]

A Consolidação, terceiro período do Direito do Trabalho, por sua vez, é caracterizada, principalmente, pela realização da primeira conferência sobre o Direito do Trabalho, que ocorreu em Berlim em 1890.

Por fim, para muitos doutrinadores, como Alice Monteiro de Barros, o quarto período é o da Autonomia, cujo principal marco é a criação da Organização Internacional do Trabalho (OIT), que passa a assegurar aos trabalhadores direitos fundamentais como instrumento de reorganização social. É nessa época que começa na Europa a constitucionalização do Direito do Trabalho, movimento iniciado pela promulgação da Constituição do México em 1918, e seguido pela Constituição de Weimar em 1919.

Conclui-se, diante de toda a história do Direito do Trabalho que, como afirmado por Sérgio Pinto Martins, o Direito do Trabalho surge quando, diante das péssimas condições de trabalho impostas à classe operária, resolveu o Estado intervir nas relações de trabalho, ganhando força em razão das crescentes reivindicações, mas vindo a se consolidar, como um Direito Autônomo, somente com o advento do Constitucionalismo Social.[29]

Salientando-se que, como nos ensina Everaldo Gaspar Lopes de Andrade, o Direito do Trabalho, é fruto da luta coletiva organizada, sobretudo das greves, e não um processo de conciliação de classe ou ainda, uma dádiva do Estado Moderno:[30]

---

28 Os autores trazem em sua obra mais conhecida a ideia da constante luta entre as classes, ressaltando que essa luta muitas vezes leva à "reconstituição revolucionária de toda a sociedade": "A história de toda sociedade existente até hoje tem sido a história das lutas de classes. Homem livre e escravo, patrício e plebeu, senhor e servo, mestre de corporação e companheiro, numa palavra, o opressor e o oprimido permaneceram em constante oposição um ao outro, levada a efeito numa guerra ininterrupta, ora disfarçada, ora aberta, que terminou, cada vez, ou pela reconstituição revolucionária de toda a sociedade ou pela destruição das classes em conflito." MARX, Karl. ENGELS, Friedrich. *O manifesto comunista*. Rio de Janeiro: Nova Fronteira, 2011. Trad. Maria Lucia Como.

29 MARTINS, Sérgio Pinto. *Direito do Trabalho*. 30. ed. São Paulo: Atlas, 2014, p. 9.

30 ANDRADE, Everaldo Gaspar de. *Teoria Geral do Direito do Trabalho: explicações científicas do método dialético discursivo e da crítica filosófica da modernidade*. 1ª ed. São Paulo: Tirant lo Blanch, 2022, p.37.

> A revolução social, econômica e política desencadeada pela burguesia nascente fez surgir o seu antípoda – a classe operária e, por meio dela, a luta coletiva organizada, sobretudo as greves. Lutas coletivas responsáveis pelo surgimento das primeiras regras jurídicas de proteção ao trabalho. O avanço da legislação do trabalho e o nascimento de um novo ramo do direito – o Direito do Trabalho – somente aconteceram em virtude da luta operária. E mais: não surgiram como processo de conciliação de classes ou como dádiva do estado moderno porque, no contexto de uma sociedade dividida em classes, a burguesia não iria abrir mão de privilégio e assumir dívidas sociais, repita-se, por sentimento de fraternidade e amor ao próximo.

Sob outro enfoque, faz-se importante ressaltar, pois objeto de discussão enfrentada no próximo capítulo, que para muitos doutrinadores o Direito do Trabalho estaria passando por um novo período, marcado por uma crise, que teria se instaurado a partir da década de 70 e que se prolongaria até os dias atuais.

No momento, o que nos importa em nosso estudo é entender a consolidação do Direito do Trabalho por meio do Constitucionalismo Social, e do trabalho, como instrumento de melhoria social, portanto, aprofundaremos essa análise.

Dentro do que entendemos como Constitucionalismo Social, à luz das Constituições brasileiras, a Constituição da República de 1934 foi a primeira a tratar do assunto dentro da ordem econômica e social, garantindo direitos como salário-mínimo, jornada de oito horas, férias anuais, licenças maternidade, instituição da Justiça do Trabalho como meio adequado para dirimir questões entre empregado e empregador, sendo, por fim, a única a instituir um sistema de pluralidade sindical.

A Carta de 1937 traz o trabalho como um dever social. Dever este que há de ser assegurando a todos os homens de forma igual, sendo de responsabilidade do Estado a sua proteção.

De diferente em relação à Constituição anterior, essa Carta, outorgada durante o Governo de Getúlio Vargas, estabelece a unicidade sindical e a consagração da greve como "recurso nocivo e antissocial".

A Constituição que se segue, de 1946, retoma as bases democráticas de 1934, inserindo novos direitos assegurados aos trabalhadores. Como inovação, reconhece o direito de greve, bem como a livre associação profissional ou sindical, e ainda integra a Justiça do Trabalho aos quadros do Poder Judiciário.

A Constituição de 1967, por sua vez, vem para assegurar aos brasileiros e estrangeiros residentes no Brasil a inviolabilidade dos direitos concernentes à vida, à liberdade, à segurança e a propriedade.

Mas, sob o prisma do Constitucionalismo Social, devemos consagrar a Constituição de 1988 (CF/88), nossa Constituição Cidadã, que já começa em seu primeiro artigo com a valorização do "homem".[31] Essa é a Constituição feita para os homens, marcando o nascimento de um novo Estado Democrático de Direito.

A Constituição Federal Brasileira de 1988 eleva a dignidade da pessoa humana como fundamento basilar do Estado Democrático de Direito, tendo em vista, assim, a proteção de seu povo.

Importa considerar que, sendo elevada a Princípio Fundamental, a dignidade da pessoa humana constitui o valor principal de nossa Constituição, passando, assim, a ser a medida para todo o ordenamento jurídico. De tal forma que o Estado Democrático de Direito deve visar acima de tudo o bem-estar da nação, garantindo a sua existência digna, como nos ensina Flávia Piovesan.[32]

Com a adoção da solidariedade, da justiça, da valorização do trabalho e da dignidade humana, o Estado Democrático de Direito representa, assim, a vontade constitucional da realização do Estado Social. Seus

---

[31] Prólogo inserido por Ulysses Guimarães ao documento constitucional que dizia: "*A Constituição coragem. O homem é o problema da sociedade brasileira: sem salário, analfabeto, sem saúde, sem casa, portanto sem cidadania. A Constituição luta contra os bolsões de miséria que envergonham o país. Diferentemente das sete constituições anteriores, começa com o homem. Gratificante testemunha a primazia do homem, que foi escrita para o homem, que o homem é o seu fim e sua esperança. É a constituição cidadã. Cidadão é o que ganha. Come, sabe mora, pode se curar. A Constituição nasce do parto de profunda crise que abala as instituições e convulsiona a sociedade. Por isso mobiliza, entre outras, novas forças para o exercício do governo e a administração dos impasses. O governo será praticado pelo executivo e pelo legislativo. Eis a inovação da Constituição de 1988: dividir competências para vencer dificuldades, contra a ingovernabilidade concentrada em um, possibilita a governabilidade de muitos. É a Constituição coragem. Andou, inovou, ousou, ouviu, viu, destroçou tabus. Tomou partido dos que só se salvam pela lei. A Constituição durará com a democracia e só com a democracia sobrevivem para o povo a dignidade, a liberdade e a Justiça*". BRASIL. Constituição (1988). *Constituição da República Federativa do Brasil:* promulgada em 5 de outubro de 1988. Disponível em: < http://www.planalto.gov.br/ccivil_03/constituicao/constituicaocompilado.htm >. Acesso em: 18 de outubro de 2022.

[32] PIOVESAN, Flávia. *Direitos humanos e o direito constitucional internacional.* 12. ed. São Paulo: Saraiva, 2011, p. 59.

artigos 6º e 7º refletem exatamente essa realização, ao fixar os Direitos Sociais no Título dos Direitos e Garantias Fundamentais.[33]

Dessa forma, são Direitos Sociais, segundo o artigo 6º da Constituição, a saúde, a educação, a alimentação, o trabalho, a moradia, o lazer, a segurança, a previdência social, a proteção à maternidade e à infância, a assistência aos desamparados.

Importa salientar, ainda, que esses direitos positivados no artigo 6º da CF/88 devem ser interpretados sob a ótica da Ordem Social, que traz "como base o primado do trabalho, e como objetivo o bem-estar e a justiça sociais."[34] Ademais, não devemos nos esquecer do disposto no artigo 1º da mesma Constituição, que traz como fundamentos basilares de nosso Estado Democrático de Direito os valores sociais do trabalho.

Dessa maneira, constatamos que o trabalho também ocupa uma posição privilegiada em nossa Constituição, sendo um dos Princípios Constitucionais Estruturantes,[35] um Direito Social e, ainda, o primado da ordem social.

Por fim, mas não sem importância, determina nossa atual Constituição que a Ordem Econômica deve fundamentar-se na valorização do

---

[33] MAIOR, Jorge Luiz Souto. *O direito do trabalho como instrumento de justiça social*. São Paulo: LTr, 2000.

[34] "Art. 193. A "ordem social tem como base o primado do trabalho, e como objetivo o bem-estar e a justiça sociais." BRASIL. Constituição (1988). *Constituição da República Federativa do Brasil:* promulgada em 5 de outubro de 1988. Disponível em: < http://www.planalto.gov.br/ccivil_03/constituicao/constituicaocompilado.htm >. Acesso em: 18 de outubro de 2022.

[35] "Art. 1º. A República Federativa do Brasil, formada pela união indissolúvel dos Estados e Municípios e do Distrito Federal, constitui-se em Estado Democrático de Direito e tem como fundamentos: IV - os valores sociais do trabalho e da livre iniciativa". BRASIL. Constituição (1988). *Constituição da República Federativa do Brasil:* promulgada em 5 de outubro de 1988. Disponível em: < http://www.planalto.gov.br/ccivil_03/constituicao/constituicaocompilado.htm >. Acesso em: 18 de outubro de 2022.

trabalho humano,[36] consagrando o que muitos doutrinadores denominam como "capitalismo socialmente responsável".[37]

Portanto, qualquer alteração que vise prejudicar os trabalhadores fere diretamente os Princípios Constitucionais, em especial o Princípio da Dignidade da Pessoa Humana, enfatizando dessa forma o desejo do legislador em proteger o trabalhador contra quaisquer abusos impostos pela ordem econômica.

Deste modo, extraímos desse entendimento que o trabalho inserido pela Constituição como Direito Social deve servir como instrumento de melhoria da sociedade, por meio da melhoria da condição social e econômica do trabalhador

De fato, o Princípio Constitucional da Valorização do Trabalho aflora como forma última de proteção do trabalhador, preservando-o das explorações do mercado econômico, e assim, preservando de forma primordial o humano, em toda a sua dignidade.

O Direito do Trabalho, portanto, apresentaria, ao menos, quatro funções basilares: a promocional, a modernizante, a política e a civilizatória-democrática. A promocional, que lhe seria central, visa a melhoria das condições de pactuação da força do trabalho na ordem socioeconômica, a modernizante, cumpriria o papel histórico de generalizar as conquistas da classe trabalhadora, a política, confere legitimidade política e cultural ao modo de produção capitalista nas sociedades contemporâneas, e a civilizatória-democrática, levaria à inclusão econômica de todos os seguimentos sociais.[38]

Dentro desta perspectiva, em que o trabalho é elevado constitucionalmente como instrumento de melhoria social, o Direito do Trabalho, em suas funções promocionais e civilizatórias, deve contribuir para uma verdadeira reforma social humanizadora, de contínua melhora

---

36 "Art. 170. A ordem econômica, fundada na valorização do trabalho humano e na livre iniciativa, tem por fim assegurar a todos existência digna, conforme os ditames da justiça social, observados os seguintes princípios [...].". BRASIL. Constituição (1988). *Constituição da República Federativa do Brasil:* promulgada em 5 de outubro de 1988. Disponível em: < http://www.planalto.gov.br/ccivil_03/constituicao/constituicaocompilado.htm >. Acesso em: 18 de out. de 2022.

37 MAIOR, Jorge Luiz Souto. *O direito do trabalho como instrumento de justiça social.* São Paulo: LTr, 2000.

38 DELGADO, Maurício Godinho. *Curso de Direito do Trabalho.* 17. ed. rev. atual. ampl. São Paulo: LTr, 2018, p. 339.

das condições sociais do trabalho, distribuindo riquezas e preservando a dignidade da pessoa humana.

1.2. Crise do trabalho: um "adeus ao trabalho"[39]?

O Direito do Trabalho surgiu em um momento histórico de crise, como resposta aos problemas sociais enfrentados pela classe trabalhadora e, da mesma forma, é influenciado por vários fatores socioeconômicos que naturalmente se produzem na sociedade capitalista.

Mas é a partir da década de 70 que o primado do trabalho e do emprego no sistema capitalista passa a sofrer duros golpes. A desvalorização do dólar, agravada pelo enorme gasto na Guerra do Vietnã, a crise mundial do petróleo e o acirramento da concorrência, advento da globalização, evidenciaram a fragilidade do sistema capitalista.

Os colapsos sucessivos do petróleo tornaram-se importantes marcos do final da expansão econômica experimentada pelos países capitalistas do Ocidente no período de pós Segunda Guerra Mundial, o que levou esses países a enfrentarem crises e estagnação. E é claro que o Direito do Trabalho não sairia ileso a essas crises.

O abalo geral na economia mostrou-se, nesse momento, fortemente ligado à deterioração do modelo *fordista*[40] de produção – modelo este caracterizado pela incessante busca pela autossuficiência, e pela produção em massa, por meio de uma linha de montagem e de fabricação de produtos mais homogêneos, unido ao modelo *taylorista*[41], de controle de tempo, que vinha dominando a economia ao longo de décadas.

Importante pôr em evidência que, no modelo *fordista*, a organização dos processos produtivos se dava de forma fragmentada, dispersa, dotada de crescente especialização, visando sempre à otimização dos resultados.

---

[39] ANTUNES, Ricardo. *Adeus ao trabalho? Ensaio sobre as metamorfoses e a centralidade do mundo do trabalho*. São Paulo: Cortez, 2002.

[40] *Fordismo* é o termo criado pelo empresário Henry Ford, em 1914 referindo-se ao sistema de produção em massa, e de gestão idealizados por ele, nesse sistema o acúmulo de mercadorias produzidas era a meta a ser alcançada pelas principais indústrias.

[41] O Taylorismo é o sistema de organização do trabalho concebido pelo engenheiro norte-americano Frederick Winslow Taylor, com o qual se pretende alcançar o máximo de produção e rendimento com o mínimo de tempo e de esforço.

Ocorre que, com o fracasso da economia soviética, o que acarretou o desmoronamento do regime socialista, desapareceu qualquer concorrente ao sistema capitalista, abrindo-se uma possibilidade para o avanço do desenvolvimento tecnológico e das comunicações, e como contraponto, uma elevada carga tributária, principalmente nos países menos desenvolvidos, provocando uma redução de investimentos.

Novos processos de trabalho passam a emergir nessa nova ordenação econômica, o capital passa a circular de um mercado para o outro com extrema rapidez, sempre para os lugares com maior potencial produtivo e de consumo, e a produção em massa é substituída pela flexibilização da produção, por sua especialização, e pela busca de novos meios de produção. Abre-se, assim, espaço para o *toyotismo*,[42] que passa a se mesclar ao modelo *fordista* e até mesmo a substituí-lo.

É em meio a essa inovação econômica que os doutrinadores conceituam a crise trabalhista, como Ricardo Antunes analisa em sua obra:[43]

> Vivem-se formas transitórias de produção, cujos desdobramentos são também agudos, no que diz respeito aos direitos do trabalho. Estes são desregulamentados, são flexibilizados, de modo a dotar o capital do instrumental necessário para adequar-se a sua nova fase. Direitos e conquistas históricas dos trabalhadores são substituídos e eliminados do mundo da produção. Diminui-se ou mescla-se, dependendo da intensidade, o despotismo taylorista, pela participação dentro da ordem e do universo da empresa, pelo envolvimento manipulatório, próprio da sociabilidade moldada contemporaneamente pelo sistema produtor de mercadorias.

A economia globalizada passa a ditar as regras sociais e o liberalismo econômico dá lugar ao neoliberalismo, o que para muitos doutrinadores, como Jorge Luiz Souto Maior, representou a destruição dos direitos trabalhistas e a desorganização da classe trabalhadora.[44] É assim que a crise do Direito do Trabalho se identifica mais diretamente com uma crise do próprio trabalho.

---

42 O *Toyotismo* é um sistema de produção idealizado por Eji Toyoda, difundido a partir da década de 70, caracterizado pela flexibilização da produção, opondo-se, portanto, à máxima apregoada pelo *fordismo*, que primava pelo acúmulo de estoques.

43 ANTUNES, Ricardo. *Adeus ao trabalho? Ensaio sobre as metamorfoses e a centralidade do mundo do trabalho.* São Paulo: Cortez, 2002.

44 MAIOR, Jorge Luiz Souto. *Curso de Direito do Trabalho.* São Paulo: LTr, 2008, p. 437.

Essa posição é vaticinada pelo sociólogo francês André Gorz, em seu livro Adeus ao Proletariado.[45] Segundo o autor, estaria em curso uma significativa diminuição na demanda de mão de obra, devido ao desenvolvimento desenfreado da tecnologia, que, ao mesmo tempo, em que culmina com um aumento da produtividade, substitui o trabalho humano pelas máquinas. Por outro lado, para o filósofo, o trabalhador não mais se identifica com seu trabalho, e não construindo uma identidade social, o trabalho passa a atender exclusivamente às necessidades do mercado.

Gorz entende que a abolição do trabalho é a chave para se compreender tanto a crise operária, quanto a crise dos movimentos sociais. Para o filósofo, a problemática da consciência é fundamental em ambas as crises, pois o indivíduo isolado não consegue mais formar sua identidade, que, como vimos em Hegel, se forma e consolida mediante a identificação com sua atividade laboral. E do mesmo modo a sociedade operária também não adquire a consciência coletiva, pois o trabalho não é mais uma obra comum.

Mais de quarenta anos depois, essa discussão mostra-se ainda mais atual. O século XXI, marcado pela Quarta fase da Revolução Industrial ou, Era Digital da Indústria, Indústria 4.0, proposta que nasceu na Alemanha, em 2011, gerou uma profunda alteração no modelo produtivo, acentuada por novas tecnologias caracterizadas por sua velocidade, amplitude e profundidade.[46]

O capitalismo industrial, que se originou no Século XVIII, a partir da acumulação primitiva, no bojo das primeiras revoluções industriais, marcado pelo desenvolvimento das fábricas, da formação da classe capitalista industrial, do desenvolvimento das primeiras tecnologias, perdeu espaço para uma revolução tecnológica, ou terceira revolução industrial, no último quartel do Século XX, com a globalização dos mercados e do trabalho, do consumo em massa, pela expansão das grandes corporações multinacionais, terceirizações e formas mais flexíveis de contratação.

E, muito embora, não exista consenso, já se fala em uma quarta fase de trabalho, trabalho 4.0, ou quarta Revolução Industrial, em que a produção se encontra inerentemente relacionada à tecnologia.

---

45 GORZ, André. *Adeus ao Proletariado para além do Socialismo*. Rio de Janeiro: Forense Universitária, 1982.

46 SCHWAB, Klaus. *A Quarta Revolução Industrial*. São Paulo: Edipro, 2019.

Schwab sustenta que estamos em uma nova fase de revolução industrial, não apenas pela tecnologia avançada, mas pela reformulação da produção, do consumo, da forma como nos relacionamos, com os novos meios tecnológicos. Ressalta o autor que a profundidade, o tamanho e a velocidade das transformações, são potenciais e perigosas, na medida em que as modificações na história humana, são nunca, antes, experimentadas.[47]

Quando nos voltamos para a relação existente entre a quarta revolução e as novas relações de trabalho, encontramos expressões como: trabalho em plataformas digitais, prestação de serviços *on demand*, ou seja, a formação de um novo mercado de trabalho.

Assim, uma nova retórica que sustenta o fim do trabalho vem ganhando força, um "novo adeus ao trabalho", impulsionado por uma substituição, quase total, do homem, como trabalhador assalariado, por máquinas, ganha uma nova profundidade.[48]

Neste cenário, as organizações passam a manter um menor número de empregados. Dentre eles, geralmente trabalhadores ligados ao desenvolvimento de tecnologias e atividades de informação, raros são os casos de trabalhadores contratados para laborar em tempo integral.

Àqueles ainda ligados à produção, no setor industrial, a contratação flexível, através da terceirização e outras formas de contratos de trabalho precários, ganham um espaço cada vez maior.

Quanto ao futuro do trabalho, Schwab apresenta duas visões, diametralmente opostas: aqueles que acreditam que os desempregados pela tecnologia, conseguirão encontrar novas ocupações; e os que acreditam que haverá um "Armageddon político e social", com desemprego em massa.[49]

Seguindo o primeiro caminho, em 2013, um trabalho realizado por acadêmicos de Oxford, Carl Frey e Michel Osborne, analisando a diminuição ou eliminação do trabalho humano em decorrência da automação, estimulou um interessante debate sobre como os empregos são

---

47 SCHWAB, Klaus. *A Quarta Revolução Industrial*. São Paulo: Edipro, 2019, p. 11-13.

48 VITOR, Figueiras; ANTUNES, Ricardo. *Plataformas Digitais, uberização do trabalho e regulação no capitalismo contemporâneo*. In ANTUNES, Ricardo (org). *Uberização, trabalho digital e indústria 4.0*. 1ª ed. São Paulo: Boitempo, 2020, p. 59-78.

49 SCHWAB, Klaus. *A Quarta Revolução Industrial*. São Paulo: Edipro, 2019, p. 36-38.

suscetíveis à informatização, relacionando à perda irrestrita de empregos e o desemprego em massa ao avanço da tecnologia.[50]

Na mesma trilha, Trillo Párraga menciona um estudo apresentado pelo Fórum Mundial Econômico de Davos, em 2016, que atribuiu à quarta revolução industrial a eliminação de mais de 5 (cinco) milhões de postos de trabalhos nos 15 países mais industrializados.[51]

Para Gorz, o capitalismo moderno é cada vez mais substituído por um capital pós-moderno, em que o trabalho material, que produz coisas e não ideias, perderá seu valor social e, portanto, seu imperativo de tutela jurídica, passando a predominar atividades laborais de curtíssima duração, sepultando-se os trabalhos como os conhecemos.[52]

Jeremy Rifkin se filia à visão de Gorz, sustentando que as máquinas e programas de inteligência artificial tornar-se-ão capazes de realizar todas as funções do trabalho humano, desde as gerenciais, administrativas, de coordenação, fluxo de produção, extração da matéria-prima, transformação, marketing e distribuição. Para Rifkin, a economia caminhará para uma transição que levará à relativização de todos os institutos milenares, como a posse, propriedade, globalizará o acesso *just in time* de todos os bens e consumos e serviços, e o desemprego em massa, levará o olhar do mundo ao terceiro-setor. Restando apenas alguns empregos, nas especialidades tecnológicas, a "elite da nova sociedade, de resto, todos os empregos estariam fadados ao desaparecimento.[53]

Sobre uma perspectiva distinta, Schwab sustenta que as novas tecnologias, propiciarão o crescimento de novos postos de trabalho, com empregos de altos salários que demandam criatividade e a manutenção de ocupações manuais com baixos salários, acompanhado

---

50 FREY, Carl Benedikt; OSBORNE, Michael A. *The future of employment: how susceptible are jobs to computerisation?* Oxford: Oxford Martin School, 2013. Disponível em: <https://www.oxfordmartin.ox.ac.uk/downloads/academic/The_Future_of_Employment.pdf>. Aceso em: 20 de março de 2023.

51 PÁRRAGA, Francisco Trillo. *Economia digitalizada y rellaciones de trabajo*. Revista de derecho social, nº 76, 2016, p. 59-82.

52 GORZ, André. *Adeus ao Proletariado para além do Socialismo*. Rio de Janeiro: Forense Universitária, 1982.

53 RIFKIN, Jeremy. *O fim dos empregos*. Trad. Ruth Gabriela Bahr. São Paulo: Makron Books. 1996, p. 63.

de uma tendência de desaparecimento de trabalhos repetitivos e com salários médios.

O Fórum Econômico Mundial de 2018, analisando o futuro do trabalho, apresentou conclusões que vão no sentido sustentado por Schwab. Consoante a pesquisa, realizada em doze setores, em vinte países que representam 70% (setenta por cento) do Produto Interno Bruto Mundial (PIB), até 2025, 50% de todo o trabalho humano será desenvolvido por máquinas, mas, em contrapartida, haveria a criação de 133 milhões de empregos, com a extinção de apenas 75 milhões de postos de trabalho, até o ano de 2022.[54]

Analisando o mesmo documento, atualizado em 2022, o estudo mostra que a maioria dos trabalhos realizados em 2018 nos Estados Unidos, não existiam em 1940, sendo que cerca de 60% destes trabalhos, não haviam sido nem "inventados". Vaticinam ainda a criação de até 11 milhões de novos postos de trabalho até 2030, principalmente em áreas sociais, como saúde e a educação, ressaltando que, ao passo que o investimento nas tecnologias é importante, é necessário investir nas pessoas, para o uso correto e personalizado das mesmas tecnologias.[55]

Na América Latina, a pesquisa que analisou as Competências para o Trabalho na Era das Máquinas Inteligentes, estimava que até o ano de 2020, mais que um, em cada quatro, dos empregos formais, seriam automatizados. Ou seja, cerca de 38 milhões de pessoas exercem atividades que seriam substituídas por máquinas.[56]

De tudo, destacamos que inexiste um consenso sobre os efeitos da tecnologia no mercado de trabalho, notadamente sob uma perspectiva quantitativa. Por outro lado, a questão qualitativa, referente às condições de trabalho, na era da quarta revolução industrial, parecem apresentam uma maior clareza.

---

[54] WORLD ECONOMIC FORUM. *The future of jobs report*. Sept. 2018. Disponível em: <http://www3.weforum.org/docs/WEF_Future_of_Jobs_2018.pdf>. Acesso em: 20 de março de 2023.

[55] WORLD ECONOMIC FORUM. *Jobs of tomorrow*. Disponível em:<https://www.weforum.org/reports/ jobs-of-tomorrow-2022>. Acesso em: 20 de março de 2023.

[56] PLASTINO, Eduardo. ZUPPOLINI, Mariana. GOVIER, Matthew. *América Latina: competências para o trabalho na era das máquinas inteligentes*. Accenture, 2018. Disponível em: < https://blog.burh.com.br/wpcontent/uploads/2018/10/BURH_Tendencias_para_o_RH_2020_Artigo_Accenture.pdf> Acesso em 20 de março de 2023.

Destaca a doutrina, que a tecnologia, propicia um visível aumento do trabalho informal, com consequência principal a invisibilidade do trabalhador, que não mais se encontra protegido em um sistema de proteção constitucional, instrumentalizado pelo Direito do Trabalho.

De forma, que seria precoce a afirmação de que o trabalho será abolido, mas pode ser esvaziado de seu significado. Segundo Ricardo Antunes:[57]

> Cremos, ao contrário daqueles que defendem a perda de sentido e de significado do trabalho, que quando concebemos a forma contemporânea do trabalho, enquanto expressão do trabalho social, que é mais complexificado, socialmente combinado e ainda mais intensificado nos seus ritmos e processos, também não podemos concordar com as teses que minimizam ou mesmo desconsideram o processo de criação de valores de troca. Ao contrário, defendemos a tese de que a sociedade do capital e sua lei do valor necessitam cada vez menos do trabalho estável e cada vez mais das diversificadas formas de trabalho parcial ou part-time, terceirizado, que são, em escala crescente, parte constitutiva do processo de produção capitalista.

O trabalho é o propulsor primordial da economia, o trabalho é a principal mercadoria do capital, logo não há que se falar em seu desaparecimento, pois muito embora o contexto econômico mundial tenda a atribuir novas identidades ao trabalho, desvinculando o ideário do trabalhador subordinado clássico, o trabalho, como forma de subsistência do humano ainda persistirá.

Marx já trazia em suas obras que, enquanto o trabalho mostrar-se criador de "valores-de-uso", como "trabalho útil e indispensável à existência do homem", continuará a existir como uma necessidade cultural, que visa efetivar o intercâmbio entre o homem e a natureza.[58]

Ocorre que, por mais que o trabalho adquira novas identidades, como o trabalho digital, o principal efeito da globalização e da digitalização da economia, ainda é a desvalorização do trabalho humano, seja em que forma este se apresente e não seu fim.

Modernizar, como bem ressalta Ana Paula Silva Campos Miskulin, parece interessante, sempre está atrelado ao ato de flexibilizar ou mesmo de eliminar direitos.[59]

---

57 ANTUNES, Ricardo. *Adeus ao trabalho? Ensaio sobre as metamorfoses e a centralidade do mundo do trabalho.* São Paulo: Cortez, 2002, p.43.

58 MARX, Karl. *O Capital.* São Paulo: Saraiva, 2012. Trad. Steve Shipside, p.50.

59 MISKULIN, Ana Paula. *Aplicativos e direito do trabalho: a era dos dados controlados por algoritmos.* 2ª ed. Campinas: Lacier Editora, 2022, p. 90.

Neste sentido, Antunes ressalta que as tecnologias de informação e comunicação, sustentadas como premonitórias do fim do trabalho, em verdade abrem espaço, para uma nova segregação da sociedade, que se dividirá entre subempregados e desempregados, lembrando que os países desenvolvidos são os que mais se beneficiam com a criação de novas tecnologias.[60]

Dupas, afirma que dentre os efeitos dos avanços tecnológicos estão, dentre outros, "o aumento da concentração de renda e da exclusão social, o perigo da destruição do *habitat* humano, por contaminação e de manipulação genética, ameaçando o patrimônio comum da humanidade".[61]

No contexto atual, parece-nos lógica a afirmação de Dupas, visto que não se trata mais de ir contra os avanços tecnológicos, mas sim de submetê-los a "uma ética que seja libertadora a fim de contemplar o bem-estar de toda a sociedade, presente e futura, e não apenas colocar-se a serviço de minorias ou atender necessidades imediatas".[62]

Neste sentido, Valerio De Stefano, nos alerta, ainda, sobre essa abordagem que sustenta a inevitabilidade da tecnologia, utilizada como argumento para a desregulamentação do direito:[63]

> Outro pressuposto que segue esta abordagem tecnodeterminista é que esses desenvolvimentos são inevitáveis – em outros termos, eles são o preço a pagar para se beneficiar das recompensas do progresso tecnológico. Assim, limitar o funcionamento das novas tecnologias no local de trabalho reduziria inevitavelmente o progresso das economias e das sociedades em geral, supondo que esses limites poderiam teoricamente ser impostos por meio da regulação. Além disso, a narrativa dominante sobre a automação também pode levar à impressão de que uma regulação sobre a introdução de novas ferramentas e máquinas tecnológicas e suas implicações na quantidade e na qualidade dos empregos não pode ser implementada e

---

60 ANTUNES, Ricardo. *Trabalho intermitente e uberização do trabalho no limiar da indústria 4.0*. In ANTUNES, Ricardo (org). *Uberização, trabalho digital e indústria 4.0*. 1ª ed. São Paulo: Boitempo, 2020, p. 59-78

61 DUPAS, Gilberto. *Ética e poder na sociedade da informação*. São Paulo: Unesp, 2020, p. 15.

62 DUPAS, Gilberto. *Ética e poder na sociedade da informação*. São Paulo: Unesp, 2020, p. 18.

63 DE STEFANO, Valerio. *Automação, inteligência artificial e proteção laboral: patrões algorítmicos e o que fazer com eles*. In CARELLI, Rodrigo de Lacerda, et. all. *Futuro do Trabalho: os efeitos da revolução digital na sociedade*. Brasília: ESMPU, 2020, p. 22 - 61.

que qualquer tentativa de governar os efeitos dos avanços tecnológicos dificultaria a inovação e levaria a perdas econômicas.

É inegável que o Direito do Trabalho necessita adaptar-se às novas realidades decorrentes das inovações tecnológicas e das pressões sociais; afinal, todos os Direitos devem fazê-lo.

Com efeito, o que vem sendo defendido pelas classes empresárias é que as constantes transformações vêm evidenciando a falta de efetividade das normas trabalhistas. O que em certo ponto pode ser de fato a realidade vivenciada em nossa sociedade. No entanto, a discussão não para na adequação, questionam-se as normas trabalhistas em si.

Assim, o que se discute não é a necessidade de uma adequação do Direito do Trabalho à nova realidade social e econômica, mas sim a desvalorização do trabalho humano, que passa a ser entendida como um movimento natural da sociedade. Desvalorização que vem sendo impulsionada pelo governo, pela classe empresarial e hoje pelos próprios trabalhadores, que, alienados ante a falta de emprego, entendem que a redução dos direitos trabalhistas levaria a uma consequente queda dos preços dos produtos e assim a um aumento do mercado de trabalho.

As classes dominantes propagaram a ideia de que o Direito do Trabalho é o propulsor único dos problemas de desenvolvimento dos países, ideia essa comprada por todas as classes. Estaríamos, assim, diante de um "adeus" ao Direito do Trabalho, à proteção do trabalhador.

Valendo-se desse panorama é que muitos protestam contra um dos princípios fundamentais do Direito do Trabalho: o Princípio da Proteção. Segundo Américo Plá Rodrigues, o princípio em comento é o critério fundamental de orientação do Direito do Trabalho, uma vez que diferentemente dos outros direitos, que se preocupam em assegurar uma igualdade jurídica, o Princípio da Proteção visa uma igualdade material, pois, por meio de leis protecionistas para com os mais fracos, é que seria efetivamente possível alcançar uma igualdade entre as partes.[64]

Dessa forma, passa-se a defender a própria negação do direito trabalhista sob o argumento de que o mercado não mais admitiria o protecionismo, empregador e empregado encontrar-se-iam no mesmo patamar nas relações jurídicas, voltando à tona a utilização da Autonomia

---

64 PLÁ RODRIGUEZ, Américo. *Princípios do Direito do Trabalho*. 3 ed. São Paulo: Ltr, 2000, p.35.

de Vontades, e regulamentando as relações trabalhistas por meio do Direto Civil.

Por outro lado, ir de encontro à flexibilização de direitos é utopia, tendo em vista que é uma realidade antiga em nossa sociedade; basta fazermos uma leitura de toda a legislação trabalhista para evidenciarmos diversas mudanças, que não beneficiaram o trabalhador e tão pouco modificaram o "custo-Brasil", pois, na verdade os encargos sociais do trabalho não são os propulsores da falta de desenvolvimento do País.

Como Valdete Souto Severo em sua obra, a Constituição Federal de 1988 deixa clara a supremacia dos Direitos Fundamentais, impedindo, deste modo, o retrocesso no campo social. Tal afronta aos direitos dos trabalhadores é uma ofensa direita ao Princípio da Dignidade da Pessoa Humana. Para a autora, o que falta em nossa sociedade é a capacidade de enxergar que, nem o capital e nem o trabalho, irão desaparecer, ao ponto de atingir o modelo de economia e sociedade vigente. Logo, o desafio moderno é justamente a percepção da continuidade da importância do trabalho humano, bem como sua valorização.[65]

Lembrando que, como afirma Marx, para o Capital sobreviver, certas condições mínimas devem ser asseguradas à classe trabalhadora,[66] sob pena de o sistema todo entrar em colapso. E, nesse sentido, que o Direito do Trabalho não atende somente às demandas dos trabalhadores, como também aos interesses dos detentores do capital, evitando grandes revoluções sociais de forma a alterar completamente o sistema de produção capitalista.

Indo mais além, devemos lembrar que o Direito do Trabalho tem como função primordial garantir condições justas de trabalho, e assim garantir o papel civilizatório do trabalho, não podendo ser menosprezado diante de quaisquer fatores externos, como a política, a economia, ou mesmo as pressões sociais, sob pena de ferir a dignidade da pessoa humana.

Desta forma, essa tendência destrutiva do trabalho humano, com a ampliação da informalidade, dos trabalhos ditos "autônomos", precisa

---

65 SEVERO, Valdete Souto. *Crise de paradigma no Direito do Trabalho Moderno: a jornada*. Porto Alegre: Sérgio Antônio Fabris, 2009.

66 Os autores esclarecem: "Mas, para oprimir uma classe, certas condições devem ser asseguradas, sob as quais ela poderá, ao menos continuar sua existência submissa". MARX, Karl. *O Capital*. São Paulo: Saraiva, 2012. Trad. Steve Shipside, p. 23.

ser combatida em um momento em que a ideologia do "empreendedorismo" é vendida como subterfúgio para um sistema capitalista que não oferece condições dignas para seus trabalhadores.

Claro que isso não quer dizer que o Direito do Trabalho, como todos os outros Direitos, como supracitado, prescinda de uma adequação para fazer frente às novas demandas do mercado, mas nunca sua supressão ou uma releitura que desvalorize o ser humano.

Como analisaremos mais adiante em nosso trabalho, existem vários países que já caminham na criação de regulações destinadas a atenuar os efeitos prejudiciais de uma desregulamentação da utilização da tecnologia na qualidade dos trabalhos e na dignidade humana de seus trabalhadores, buscando os ideais do trabalho decente, desenhado pela OIT, entendendo-se que a tecnologia e o capital devem desenvolver-se neste contexto.

1.3. Nova configuração de trabalho: capitalismo digital

Como estudado, a globalização introduziu nos modos de produção uma impactante revolução tecnológica, aumentando a produtividade e substituindo o trabalho vivo por máquinas. A produção de grande parte dos produtos consumíveis passou a exigir cada vez menos mão de obra, gerando altos níveis de desemprego.

De acordo com Octavio Inani, com a globalização:[67]

> Não é suficiente transferir conceitos, categorias e interpretações elaborados sobre a sociedade nacional para a global. Quando se trata de movimentos, relações, processos e estruturas característicos da sociedade global, não basta utilizar ou adaptar o que se sabe sobre a sociedade nacional. As noções de sociedade, estado, nação, partido, sindicato, movimento social, identidade, território, região, tradição, história, cultura, soberania, hegemonia, urbanização, industrialização, arcaico, moderno e outras não se transferem nem se adaptam facilmente. As relações, processos e estruturas de dominação e apropriação, integração e antagonismo característicos da sociedade global exigem também novos conceitos, categorias, interpretações.

A produção, que antes ocorria em micromercados, ocorre em crescentes práticas econômicas universais-globais. Vivenciamos uma

---

[67] IANNI, Octavio. *Globalização: novo paradigma das ciências sociais*. Estudos Avançados, São Paulo, v. 8, n. 21, p. 151, ago. 1994. Disponível em: < https://doi.org/10.1590/S0103-40141994000200009>. Acesso em: 22 de março de 2023.

queda na indústria, uma proeminência do setor de serviços, um maior questionamento do papel do Estado, com a diminuição de sua interferência na economia.

Na produção, a crítica à rigidez e a busca pela flexibilidade se materializam com o processo de reestruturação produtiva, as empresas passam a implementar novas medidas de gestão e organização para se adaptar às inovações tecnológicas, que "economizam trabalho vivo", substituindo-o pela robótica e a automação.

Marx, ao tratar da temática em sua obra O Capital, indica essa tendência:[68]

> O Capital tem a tendência a reduzir o trabalho vivo diretamente empregado, a encurtar sempre o trabalho requerido para fabricar um produto – explorando as forças produtivas sociais do trabalho – e, portanto, a economizar o mais possível o trabalho vivo diretamente aplicado.

Deste modo, é de se referir que a ressignificação do trabalho, não parou na Revolução Industrial, a produção em massa, através de linhas de montagem e fabricação de produtos homogêneos, unido ao modelo taylorista, de controle de tempo, deu lugar a uma nova concepção do trabalho.

A reestruturação do processo produtivo, ao priorizar a flexibilidade como norma orientadora, propiciou o aparecimento de novas formas de trabalho, como o trabalho informal, a terceirização e o trabalho em tempo parcial.

Não podemos mais negar que as modificações impostas após os anos 70 afetaram a todos os envolvidos no processo produtivo, sendo o trabalhador o mais atingido. Expulso de um mercado formal, herança da matriz *taylorista-fordista*, o trabalhador não tem outra opção a não ser se organizar em espaços produtivos desregulamentados, sem a rigidez dos contratos formais.

Contudo, essa reestruturação, que nos encaminha ao trabalho digital, deve ser analisada com cuidado, diferenciando-se seus momentos históricos mais significativos, que nos conduzem ao tema principal do trabalho.

Assim como afirmamos que a globalização foi propulsora de novas formas de trabalho, substituindo o trabalho humano pela máquina, vale lembrar que a primeira grande onda de trabalho digital emergiu

---

68 MARX, Karl. O Capital. São Paulo: Saraiva, 2012. Trad. Steve Shipside, p.99.

nos anos 1980, momento em que as grandes empresas começaram a terceirizar as atividades-meio de seus negócios, para locais com baixos salários. Nessa época, países como a Índia passaram a ser a casa de milhares de trabalhadores terceirizados, que conectados a um computador, trabalhavam diretamente com clientes distantes e, na maioria, ocidentais.

Por sua vez, a segunda onda de trabalho digital, foco de nosso estudo, típica do Século XXI, apresenta características tecnológicas bem diferentes da anterior. A *internet, big data,* e o *smartphone*, impulsionaram uma nova economia, uma mudança no sistema capitalista como o conhecíamos, e, portanto, um mercado de trabalho totalmente desconhecido.

Passamos, mais do que nunca, a valorizar o trabalho imaterial, termo cunhado por Vinícius Oliveira Santos, caracterizando o trabalho humano que tem como resultado útil um produto predominantemente imaterial. Surgem novas formas de trabalho, ligados aos setores de conhecimento e informação, reduzindo drasticamente a força de trabalho dentro das empresas, e nos conduzindo ao trabalho plataformizado.[69]

A difusão do uso da internet, somada às transformações econômicas em curso, estabeleceu um paradigma informacional, reestruturando todo o sistema capitalista. Segundo Castells, esse paradigma transformou os "processos de conhecimentos, produtividade econômica, poder político-militar e a comunicação".[70]

Segundo o autor, a internet passou a ser a base tecnológica para a organização da Era da Informação, a informação passou a servir como matéria-prima no processo produtivo e a ter valor econômico.[71]

A nova conjuntura social ganhou especial relevo na Cúpula Mundial sobre a Sociedade da Informação, realizada no ano de 2019, com o reconhecimento da importância pelos líderes mundiais, da revolução das Tecnologias de Informação e Comunicação (TIC) como instrumento capaz de moldar o futuro do planeta e alcançar as metas da Declaração do Milênio, marcando um necessário diálogo global para

---

[69] SANTOS, Vinícius Oliveira. *Trabalho imaterial e teoria do valor em Marx: semelhanças ocultas e nexos necessários.* São Paulo: Expressão Popular, 2013, p. 15.

[70] CASTELLS, Manuel. *A sociedade em Rede.* São Paulo: Paz e Terra, 2016, p. 75-77.

[71] CASTELLS, Manuel. *A sociedade em Rede.* São Paulo: Paz e Terra, 2016, p. 86.

instaurar um marco regulatório de uma sociedade de informação integradora e justa.[72]

A esse respeito, Roberto Mangabeira Unger, traça um panorama apresentando uma nova forma de economia, a economia do conhecimento, ou de produção pós-fordista, como um modelo focado no setor de alta tecnologia e de natureza digital.

Segundo o autor, para realmente compreendermos a economia de conhecimento, temos que entendê-la em sua prática mais avançada, desenvolvida em uma ampla gama de atividades econômicas. De forma que, em um primeiro momento, deve ser entendida como acumulação de capital, tecnologia, capacidades relevantes para o desenvolvimento da tecnologia e ciência, sendo seu ideal a inovação permanente em procedimentos, métodos e produtos tecnológicos. Em um segundo momento, a exploração de todas as suas possibilidades permitiria uma diversificação na escala de produção, mudando a maneira como as pessoas trabalham juntas, de forma que seria possível descentralizar a iniciativa produtiva, sem perder a coerência. Por fim, a economia de conhecimento atenuaria o contraste entre o planejamento e a execução das tarefas, relativizando as ocupações especializadas e conferindo um crescimento de confiança dos trabalhadores, para trabalhar em um ambiente de cooperação competitiva.[73]

Deste modo:[74]

> A tecnologia por si só é insuficiente para garantir o casamento de escala com diferenciação e de movimento coordenado para a frente com iniciativa descentralizada. Ela deve estar envolta em práticas e atitudes que apontem na direção de um aprofundamento, mudanças na forma de trabalhar e, em última análise, nos arranjos institucionais da economia, bem como na educação e cultura dos participantes no trabalho de produção.

A difusão do uso da internet impulsiona as empresas a procurarem alternativas para descentralizar a produção, abandonando a produção

---

[72] UNION, International Telecommunication. *World Summit on the Information Society*. Geneva 2003 – Tunis 2005.

[73] UNGER, Roberto Mangabeira. *The knowledge economy*. 2018. Disponível em: <https://www.oecd.org/naec/THE-KNOWLEDGE-ECONOMY.pdf>. Acesso em: 22 de março de 2023.

[74] UNGER, Roberto Mangabeira. *The knowledge economy*. 2018. Disponível em: <https://www.oecd.org/naec/THE-KNOWLEDGE-ECONOMY.pdf>. Acesso em: 22 de março de 2023.

em grande escala e a manutenção de grandes estruturas empresariais, buscando diminuir os custos com folhas de pagamento.

David Weil, analisando as novas estruturas de trabalho, apresenta o conceito de *fissured workplace*, ou local de trabalho fissurado. Segundo o autor, as tecnologias de informação permitiram, nesta época, às empresas reduzirem os custos de suas transações comerciais, focando apenas nas competências essenciais aos negócios, como as marcas e identificação dos clientes com seus produtos e serviços, o que deslocou as atividades desenvolvidas, intensificou a terceirização do atendimento aos clientes, atividades como limpeza, zeladoria, folhas de pagamento, e transferiu a produção para redes de subcontratados.[75]

O autor apresenta três preocupações sociais com a fissuração do local de trabalho: o enfraquecimento do cumprimento da legislação trabalhista, uma vez que o trabalho é terceirizado; a fragmentação da produção em unidades cada vez menores, tornando a coordenação do trabalho mais difícil e resultando em acidentes e mortes nos locais de trabalho; e a distribuição de ganhos não revertidos aos trabalhadores, mas somente aos investidores.[76]

As empresas passam por um processo de descentralização, sem perder, no entanto, o controle de suas operações, que passam a ocorrer de forma interligada pela internet. A digitalização de dados e a rápida comunicação permite uma interdependência perfeita entre as empresas líderes e suas subcontratadas.

Neste comento, o Livro Verde da Sociedade de Informação no Brasil, organizado por Tadao Takahashi, que contempla um conjunto de ações para impulsionar a Sociedade da Informação no país, em todos os seus aspectos, apresenta um conceito para as atividades econômicas que se desenvolvem em ambientes digitais, os "negócios eletrônicos" ou *e-bussines*. Neste sentido:[77]

> As atividades econômicas que se utilizam de redes eletrônicas como plataforma tecnológica têm sido denominadas negócios eletrônicos (e-business). Essa expressão engloba os diversos tipos de transações comerciais,

---

[75] WEIL, David. *Fissured Workplace: why work became so bad for many and what can be done to improve it*. Havard: University, 2017.

[76] WEIL, David. *Fissured Workplace: why work became so bad for many and what can be done to improve it*. Havard: University, 2017., p. 15.

[77] TAKAHASHI, Tadao (coord.). *Livro Verde da Sociedade da Informação no Brasil*. Brasília: Ministério da Ciência e Tecnologia, 2000, Capítulo 2, p. 18.

administrativas e contábeis, que envolvem governo, empresas e consumidores. E o comércio eletrônico (e-commerce) é a principal atividade dessa nova categoria de negócio.

Destacam ainda que, o comércio eletrônico:[78]

> O comércio eletrônico subverteu a lógica de funcionamento dos mercados tradicionais, impondo-lhe novas características: fácil acesso à informação; diminuição dos custos de transação; substituição dos intermediários tradicionais por novos tipos de agentes que atuam na ponta da cadeia produtiva, junto ao consumidor final, fazendo eles mesmos toda a conexão com os produtores de bens e serviços; eliminação das distâncias físicas e funcionamento ininterrupto em todas as regiões do mundo. Como decorrência, produtos e serviços ofertados via redes eletrônicas passaram a ter como foco tipos diferenciados de consumidores, que podem estar em qualquer ponto do planeta e, apesar da distância física, receber tratamento personalizado.

O que subverteu a lógica de funcionamento dos mercados tradicionais, de consumo, de produção, e sobretudo de trabalho.

As plataformas tecnológicas, como mencionado no documento, produziram um novo espaço econômico. O mercado virtual, espaços digitais criados por agentes e seus códigos de rede, passam a ser o local em que ocorrem as trocas de bens e serviços, com ânimo de lucro ou não, propiciando o surgimento do trabalho digital, como o conhecemos.

Neste sentido, ressalta o documento que o mercado de trabalho e perfil do emprego modificaram-se estruturalmente, novas especializações passam a ser exigidas e postos de trabalho surgiram, ao passo que ocupações tradicionais foram transformadas ou eliminadas, enquanto atividades intermediárias tornaram-se dispensáveis.[79]

De início, por "plataformização do trabalho" (ou digitalização do trabalho) devemos entender, como nos ensina Rafael Grohmann, pela crescente dependência do trabalho em relação às plataformas, a partir de uma internet móvel e um equipamento que realize o processamento de informações. Deste modo, as plataformas passam a ser meios, não

---

[78] TAKAHASHI, Tadao (coord.). *Livro Verde da Sociedade da Informação no Brasil*. Brasília: Ministério da Ciência e Tecnologia, 2000, Capítulo 2, p. 18.

[79] TAKAHASHI, Tadao (coord.). *Livro Verde da Sociedade da Informação no Brasil*. Brasília: Ministério da Ciência e Tecnologia, 2000, Capítulo 2, p. 21.

apenas de comunicação, mas passam a ser meios de produção, que englobam todos os setores econômicos.[80]

As plataformas são os elementos centrais para o desenvolvimento das atividades laborais. Schwab, destaca que as plataformas decorrem de um modelo de estratégia empresarial voltada para a obtenção de lucro, viabilizado pelos efeitos em rede da digitalização, sem perder seu contato com o mundo físico.[81]

Segundo André Zipperer:[82]

> Em uma maior escala, tais plataformas usáveis em smartphones reúnem pessoas, ativos e dados, criando formas inteiramente novas de construir e compartilhar bens e serviços, derrubando barreiras para que empresas e indivíduos criem riqueza, alterando ambientes pessoais e profissionais.

De forma que, não há apenas um único tipo de trabalhador digital, ou mesmo uma única plataforma tecnológica. Segundo relatório da Organização Internacional do Trabalho (OIT), as diferentes plataformas fornecem uma gama de serviços, desde o transporte de pessoas e coisas, trabalho doméstico, serviços gerais, até "microtrabalhos", que alimentam as próprias plataformas através de processos de inteligência artificial.[83]

Certo é que nem toda a plataforma digital será utilizada para a prestação de serviços, ou mesmo, todas se prestarão a caracterizar a realização de um único trabalho. De forma que, antes mesmo de entendermos as relações de trabalho realizadas digitalmente, devemos compreender um pouco os termos que são frequentemente utilizados para descrever essas atividades econômicas que se utilizam das plataformas tecnológicas, muitas vezes para justificar a inexistência de uma proteção jurídica-trabalhista, aos seus trabalhadores, bem como a escolha pelo termo "capitalismo digital", adotado em nosso estudo.

---

80 GROHMANN, Rafael. *Trabalho plataformizado e luta de classes*. Revista Boitempo, nº 36, 1º semestre de 2021, p. 40 – 46.

81 SCHWAB, Klaus. *A Quarta Revolução Industrial*. São Paulo: Edipro, 2019., p. 58-59.

82 ZIPPERER, André Gonçalves. *A intermediação de trabalho via plataformas digitais: repensando o direito do trabalho a partir das novas realidades do século XXI*. São Paulo: LTr, 2019, p.41.

83 ORGANIZAÇÃO INTERNACIONAL DO TRABALHO. *World Employment and Social Outlook 2021: The role of digital labour platforms in transforming the world of work International Labour Office*. Geneva: ILO, 2021.

Encontramos em nossos estudos, várias denominações, que procuram absorver a complexidade imposta, principalmente na regulamentação das novas formas de trabalho, lembrando que temos mais dissenso do que consenso em seu uso, e em diversos casos, alguns dos termos são utilizados como sinônimos. São os termos: economia de compartilhamento, economia de partes, economia colaborativa, economia disruptiva, economia sob demanda, economia virtual, uberização, economia de plataforma, capitalismo baseado em multidão, *crowdsourcing*, *gig economy*, dentre outros.

Não cogitamos esgotar a análise de todas as denominações que encontramos na doutrina, mas para deixar nosso estudo mais completo, passamos, ainda que brevemente, pelas principais denominações, destacando, quando pertinente, as críticas à sua utilização.

A noção de economia de compartilhamento é um dos termos mais populares quando analisamos a doutrina. Arun Sundararajan, explica que a economia de compartilhamento apresenta cinco características: amplamente baseada no mercado, criando espaços para trocas de bens e para o surgimento de novos serviços; apresenta capital de alto impacto, tendo em vista que abre oportunidades para tudo, de bens a habilidades; existe o predomínio de redes baseadas em multidões, ao invés de instituições centralizadas e hierárquicas, de forma que a oferta de capital e trabalho se origina em multidões descentralizadas de indivíduos; confusão entre as esferas profissional e pessoal, uma vez que as trocas comerciais acontecem no curso de atividades pessoais; linhas tênues entre empregado e trabalho eventual, entre trabalho e lazer.[84]

A União Europeia, adota o termo economia colaborativa (*colaborative economy*), como sendo aquela que é "constituída por práticas comerciais que possibilitam o acesso a bens e serviços, sem que haja necessariamente a aquisição de um produto ou troca monetária".[85]

Rachel Bostman apresenta a economia colaborativa como uma mudança de paradigma que passa do hiperconsumismo, característico do século XX, em que éramos definidos por crédito, propagandas e pelas coisas que possuímos, para um consumo mais consciente, em que

---

[84] SUNDARARAJAN, Aran. *The sharing economy: the end of employment and the rise of crowd-based capitalism*. Cambridge, Massachusetts: The MIT Press, 2016, p. 27.

[85] SILVEIRA, Lisilene Mello; PETRINI, Maira; SANTOS, Ana Clarissa Matte Zanardo. *Economia Compartilhada e Consumo Colaborativo: o que estamos pesquisando?* Revista de Gestão, São Paulo, vol. 23, n. 3, p. 298-305, jul./set. 2016.

seremos definidos pela reputação, por meio da comunidade e por aquilo que podemos acessar pelo compartilhamento, pela doação.[86]

A ideia estabeleceu-se como um fenômeno econômico, que cresceu com a possibilidade de as pessoas, em comunidade, disponibilizarem bens e serviços, pela internet, ganhando corpo com o desenvolvimento das plataformas tecnológicas, que transformaram o compartilhamento em um grande modelo de negócio.

Sundararajan, explica que as relações de trocas já existiam, antes mesmo da internet, contudo, nos últimos anos, a massificação dos computadores, dos telefones, a onipresença da banda larga, facilitadores digitais, permitiram a criação de modelos de negócios e comportamentos que possibilitaram o surgimento de uma economia realmente compartilhada.[87]

Importante dizer que os termos, economia colaborativa ou economia de compartilhamento são utilizados como sinônimos, muito embora Rachel Bostman, diferencie seus significados. Para a autora, os significados se confundem, por apresentarem benefícios em comum, como a distribuição do poder, a utilização de ativos de forma inovadora e eficiente e a mudança de valores pelo uso das tecnologias.[88]

Podemos diferenciar:[89]

> Economia Colaborativa, como uma economia construída em redes, distribuídas entre indivíduos e comunidades conectadas, em contraposição às instituições centralizadas, transformando a forma como podemos produzir, consumir, financiar e aprender.
> Economia Compartilhada (*sharing economy*), como um modelo econômico baseado no compartilhamento de ativos subutilizados, de espaços a habilidades, para obter benefícios monetários ou não.

Para Sundararajan a economia compartilhada pode ser compreendida também como capitalismo baseado na multidão (*crowd-based-*

---

86 BOSTMAN, Rachel; ROGERS, Roo. *O que é meu é seu: como o consumo colaborativo vai mudar nosso mundo.* Porto Alegre: Bookman, 2011. p. 35.

87 SUNDARARAJAN, Aran. *The sharing economy: the end of employment and the rise of crowd-based capitalism.* Cambridge, Massachusetts: The MIT Press, 2016, p. 47-48.

88 BOSTMAN, Rachel. *The sharing economy lacks a shared definition.* Disponível em: < https://www.fastcompany.com/3022028/the-sharing-economy-lacks-a-shared-definition#8> Acesso em: 22 de março de 2023.

89 BOSTMAN, Rachel. *The sharing economy lacks a shared definition.* Disponível em: < https://www.fastcompany.com/3022028/the-sharing-economy-lacks-a-shared-definition#8> Acesso em: 22 de março de 2023.

capitalism), apresentando um modelo híbrido que diferencie o modelo não comercial de compartilhamento do "modelo comercial", que tem na plataforma *AirBnB*, um de seus maiores exemplos.[90]

A empresa *AirBnB*, ganhou especial notoriedade no campo hoteleiro e imobiliário, por se apresentar como uma plataforma que conecta o proprietário de um imóvel, residencial ou não, com um usuário que tem interesse em utilizá-lo, de forma remunerada ou não.

Sánchez resume de forma clara os termos utilizados como sinônimos de economia colaborativa:[91]

> O termo originalmente empregado para descrever o fenômeno de "consumo colaborativo", resultou insuficiente, por ser a economia colaborativa mais do que consumo. Também e frequente encontrarmos os termos "economia entre pares" (*peer-P2P-economy*), que se aplica a organizações surgidas em torno do modelo de negócio *peer-to-peer*, em que as plataformas usam para vender, alugar, prestar ou compartilhar bens fora de lojas, bancos ou agências, o que, no entanto, não englobaria toda a economia colaborativa, pois deixa de fora outras fórmulas entre empresários e consumidores, empresários e empresários ou, entre consumidores e empresários. A palavra *mesh*, por sua vez, alude ao modo como a tecnologia digital é utilizada para proporcionar bens e serviços de novas e variadas formas, sendo uma metáfora que descreve uma etapa totalmente nova de prestação de serviços baseada nas informações, e que se estende a fenômenos como o Facebook e o Twitter. A expressão *gig economy* ou economia de bicos, que faz referência ao *crowdwork* e ao trabalho por demanda, fórmulas em que a demanda de trabalho se realiza de forma *online* ou através de aplicativos móveis, proporcionando oportunidades de trabalho e horários flexíveis, mas que não deixa de ser só uma parcela – importante – da economia colaborativa.

Para o autor, a expressão *sharing economy*, ou economia compartilhada, de uso compartilhado, baseada na ideia de um ecossistema socioeconômico em que compartilhar a criação, produção, distribuição, comércio e consumo de bens e serviços entre diferentes pessoas e organização, merece uma especial atenção. Pois, ao final, "compartilhar" pode resultar em uma forte contradição, considerando que com

---

90 SUNDARARAJAN, Aran. *The sharing economy: the end of employment and the rise of crowd-based capitalism*. Cambridge, Massachusetts: The MIT Press, 2016, p. 34-35.

91 SÁNCHEZ, Alfonso Rosalía. *Economía colaborativa: un nuevo mercado para la economía social*. CIRIEC-España, Revista de Economía Pública, Social y Cooperativa [en linea]. 2016, (88), 230-258. ISSN: 0213-8093. Disponible en: <https://www.redalyc.org/articulo.oa?id=17449696008> Acesso em: 04 de abril de 2023.

frequência na economia compartilhada, temos um pagamento e não um intercâmbio, como se gostaria de afirmar.[92]

Neste mesmo sentido, temos autores que criticam o uso da expressão "compartilhamento", por seu contexto histórico. Originalmente, a economia de compartilhamento aparece como uma necessidade em um mundo em que os recursos disponíveis se encontram reduzidos, escassos, valorizando-se a permuta, as trocas, os empréstimos e os trabalhos em conjunto, desenvolvido em um ambiente altruísta e sem pagamentos.[93]

Sergio Bologna nos lembra que o capitalismo se apropriou da ideia de cooperação, para formar um novo modelo de negócios, no qual o trabalhador disponibiliza seu tempo, seu capital, em uma nova "fronteira para a flexibilização do trabalho".[94]

Compartilhar, pressupõe, gratuidade, colaboração entre atores em iguais condições, totalmente contraditório, em uma economia capitalista, em que não se está compartilhando nada, mas em que há a venda da força de trabalho em troca de pagamentos.

Giana Eckhardt e Fleura Bardhi ressaltam que compartilhar envolve uma ação entre pessoas sem intenção e lucro, dividindo bens ou serviços, criando uma relação de comunidade na sociedade. Quando esse compartilhamento ocorre no mercado, com a intermediação de uma empresa, passa a existir uma relação de consumo e não existe mais a intenção de se compartilhar algo.[95]

---

[92] SÁNCHEZ, Alfonso Rosalía. *Economía colaborativa: un nuevo mercado para la economía social.* CIRIEC-España, Revista de Economía Pública, Social y Cooperativa [en linea]. 2016, (88), 230-258. ISSN: 0213-8093. Disponible en: <https://www.redalyc.org/articulo.oa?id=17449696008> Acesso em: 04 de abril de 2023.

[93] BOLOGNA, Sergio. *Lavoro autônomo e capitalismo dele piattaforme.* Sinistrainrete. Disponível em: < https://img.ibs.it/pdf/9788813365745.pdf> Acesso em: 18 de out. de 2022.

[94] BOLOGNA, Sergio. *Lavoro autônomo e capitalismo dele piattaforme.* Sinistrainrete. Disponível em: < https://img.ibs.it/pdf/9788813365745.pdf> Acesso em: 18 de out. de 2022

[95] ECKHARDT, Giana M.; BARDHI, Fleura. *The sharing economy isnt abaout sharing at all.* Harvard Business Review, Cambridge, 28 jan. 2015. Disponível em: <https://hbr.org/2015/01/the-sharing-economyisnt-about-sharing-at-all>. Acesso em: 26 abril 2023.

Antonio Aloisi bem ressalta que compartilhar, na nova economia, em que se compra e vende o trabalho, ou o capital humano, pode ser visto como um eufemismo para "vender".[96]

Outro termo que encontramos, ao estudarmos o tema, é a economia de bicos ou *gig economy*, que, como analisamos, para alguns autores, poderia ser apresentada como uma forma de economia compartilhada, sendo utilizada para fazer referência ao trabalho realizado por meio de plataformas digitais, sem previsão de continuidade, tais como os contratos por tempo parcial, temporários ou *freelancers*.[97]

Ludmila Costek Abilio apresenta a economia de bico como o termo que nomeia a sobrevivência por meio de contratos temporários, segundo a autora:[98]

> a *gig economy* nomeia hoje o mercado movido por essa imensidão de trabalhadores que aderem ao trabalho instável, sem identidade definida, que transitam entre ser bicos ou atividades para as quais nem sabemos bem nomear. A plataforma *online* da empresa Airbnb, por exemplo, hoje conta com a adesão de milhares de usuários que disponibilizam seus domicílios para aluguel instantâneo e passageiro; atuando como microempreendedores amadores, tornam-se uma espécie de administradores de suas próprias casas. A *gig economy* é feita de serviços remunerados, que mal têm a forma trabalho, que contam com o engajamento do trabalhador-usuário, com seu próprio gerenciamento e definição de suas estratégias pessoais. A *gig economy* dá nome a uma multidão de trabalhadores *just-in-time* (como já vislumbrava Francisco de Oliveira no início dos anos 2000 ou Naomi Klein ao mapear o caminho das marcas até os trabalhadores), que aderem de forma instável e sempre transitória, como meio de sobrevivência e por outras motivações subjetivas que precisam ser mais bem compreendidas, às mais diversas ocupações e atividades. Entretanto, essas atividades estão subsumidas, sob formas de controle e expropriação ao mesmo tempo evidentes e pouco localizáveis. A chamada descartabilidade social também é produtiva. Ao menos por enquanto.

---

96 ALOISI, Antonio, *Commoditized Workers. Case Study Research on Labour Law Issues Arising from a Set of 'On-Demand/Gig Economy' Platforms* (May 1, 2016). Comparative Labor Law&Policy Journal, Vol. 37, No. 3, 2016.

97 SÁNCHEZ, Alfonso Rosalía. Economía colaborativa: un nuevo mercado para la economía social. CIRIEC-España, Revista de Economía Pública, Social y Cooperativa [en linea]. 2016, (88), 230-258. ISSN: 0213-8093. Disponible en: <https://www.redalyc.org/articulo.oa?id=17449696008> Acesso em: 04 de abril de 2023.

98 ABILIO, Luciana Costek. *Uberização do trabalho: subsunção real da viração*. Passa Palavra, São Paulo, 19 fev. 2017. Disponível em: <http://passapalavra.info/2017/02/110685>. Acesso em: 03 de abril de 2023.

Uma característica importante da economia *gig* é a presença de intermediários entre clientes e prestadores, o que nos remete às agências de trabalho temporário, empresas de terceirização, até mesmo as plataformas, na forma como se apresentam.

Para Ana Paula Silva Campos Miskulin, as hipóteses de trabalho sob demanda por intermédio de aplicativos, mais se assemelham à *gig economy*, afastando-se dos outros conceitos, justamente pela realização de trabalho humano, que precisa ser protegido.[99]

Por sua vez, os termos ligados à ideia de serviços sob demanda (*on demandy economy*), ressaltando que o trabalhador será contratado para a realização de um único serviço, sendo imediatamente dispensado, caracterizaria, muito mais uma identidade do trabalho, que nos remete a "trabalho sob demanda", do que propriamente uma nova economia, como o conjunto de leis que presidem a produção e a distribuição de riquezas.

Economia sob demanda também não seria o melhor termo, considerado muito abrangente para descrever negócios muito distintos. Adrian Todolí-Signes menciona que economia sob demanda seria uma forma de estruturar os negócios, em que as plataformas digitais, disponibilizariam de um contingente de trabalhadores que ficariam à espera de chamados dos consumidores. Contudo, essa forma de trabalho, não se caracteriza como uma novidade, não auxiliando para caracterizar esse novo modelo de negócio. Segundo o autor, o termo descreveria negócios que seguiriam diferentes modelos de entrega, entre eles o *crowdsourcing online, crowdsourcing offline,* entre outros.[100]

Neste aspecto, outro termo interessante que encontramos, em decorrência de modelos de participação coletiva e colaborativa, para contextualizar o trabalho realizado por meio de plataformas, é o *crowdsourcing,* neologismo que une *crowd* – multidão – e *outsourcing* – terceirização.

Conforme Marta de Campos Maia e Italo Flammia, *crowdsourcing* é uma forma de conectar conhecimento através da rede, possibilitando a inteligência da multidão, não sendo uma estratégia única, envolvendo

---

99 MISKULIN, Ana Paula. *Aplicativos e direito do trabalho: a era dos dados controlados por algoritmos.* 2ª ed. Campinas: Lacier Editora, 2022., p. 48.

100 TODOLÍ-SIGNES, Adrián. *The end of the subordinate worker? The on-demand economy, the gig-economy, and the need for protection for crowdworkers.* International journal of comparative labour law and industrial relations, v. 33, n. 2, p. 245, 2017.

a criação de novos produtos, financiamento das multidões, podendo ser aplicados em diversos setores da economia.[101]

Seria um tipo de atividade participativa *on-line* por meio da qual um indivíduo, uma instituição, uma organização sem fins lucrativos ou uma empresa, proporia uma atividade, por meio de chamadas abertas, e os participantes trabalhariam de forma voluntária, mediante uma recompensa, que pode ser financeira ou não.

Carmen Lucia Branquinho ressalta que o termo muitas vezes é confundido com outras terminologias, como a terceirização (*outsourcing*) e as fontes abertas (*open sources*). No *outsourcing*, no entanto, há um conjunto formal de prestação de serviços, pagos, que serão realizados por agentes externos, mas que poderiam ser realizados pelos empregados da contratante. Por sua vez, a *open source*, refere-se a uma filosofia para o desenvolvimento colaborativo de produtos, de forma totalmente voluntária, atualmente muito utilizada na produção de *softwares*.[102]

Zhao e Zhu afirmam que o *crowdsourcing* funciona da seguinte maneira:[103]

> Uma organização identifica tarefas e as libera on-line para uma multidão de pessoas de fora que estão interessadas em executar essas tarefas em nome da organização, por uma taxa estipulada ou quaisquer outros incentivos. Muitos indivíduos, em seguida, se oferecem para empreender as tarefas individualmente ou de forma colaborativa. Após a conclusão, os indivíduos envolvidos submetem seu trabalho à plataforma de crowdsourcing e, em seguida, a organização avalia a qualidade do trabalho.

Não se trata de uma terceirização, não existindo um contrato de trabalho, por meio do qual a empresa define suas necessidades, buscando um fornecedor para cumpri-las, mas de uma carta aberta, para uma multidão, que irá realizar uma atividade de forma, em geral, voluntária, e muitas vezes de forma anônima.

Muito embora, essa nomenclatura, não nos pareça a mais acertada, certo é que, trabalhos que tem servido de referência para muitos

---

[101] MAIA, Marta de Campos; FLAMMIA, Italo. *Um caminho aberto à inovação.* Disponível em:< https://www.researchgate.net/publication/317160243_Um_caminho_aberto_a_inovacao#fullTextFileContent> Acesso em: 22 de abril de 2023.

[102] BRANQUINHO, Carmen Lucia. *Crowdsourcing: uma forma de inovação aberta.* Rio de Janeiro: CETEM/MCTI, 2016, p. 9-10.

[103] ZHAO, Yuxiang; ZHU Qinghua. *Evaluation on crowdsourcing research: Current status and future Direction.* Inf. Syst. Front 16, 417–434 (2014). Disponível em: <https://doi.org/10.1007/s10796-012-9350-4>. Acesso em 4 de mar. 2023.

pesquisadores, adotam os termos "economia baseada na intermediação de bens e serviços por uma plataforma *on-line*", e "economia do compartilhamento", abrangendo uma série de modelos de negócios, dentre eles, como destacado por André Zipperer, o *crowdsourcing,* em que haverá intermediação de trabalho, e o compartilhamento de bens via plataformas digitais, que pode ser comercial ou não.[104]

O termo *uberização* ou economia Uber, também não nos parece favorecer toda a investigação que o tema merece, mas é amplamente encontrado na doutrina. Em linhas gerais, Ludmila Costek Abilio, apresenta as razões pelas quais a empresa se tornou referência para a análise dessas atividades econômicas. Segundo a autora a uberização:[105]

> refere-se a um novo estágio da exploração do trabalho, que traz mudanças qualitativas ao estatuto do trabalhador, à configuração das empresas, assim como às formas de controle, gerenciamento e expropriação do trabalho. Trata-se de um novo passo nas terceirizações, que, entretanto, ao mesmo tempo que se complementa também pode concorrer com o modelo anterior das redes de subcontratações compostas pelos mais diversos tipos de empresas. A uberização consolida a passagem do estatuto de trabalhador para o de um nanoempresário-de-si permanentemente disponível ao trabalho; retira-lhe garantias mínimas ao mesmo tempo que mantém sua subordinação; ainda, se apropria, de modo administrado e produtivo, de uma perda de formas publicamente estabelecidas e reguladas do trabalho. Entretanto, essa apropriação e subordinação podem operar sob novas lógicas. Podemos entender a uberização como um futuro possível para empresas em geral, que se tornam responsáveis por prover a infraestrutura trabalho; não é difícil imaginar que hospitais, universidades, empresas dos mais diversos ramos adotem esse modelo, utilizando- just-in-time acordo com sua necessidade. Este parece ser um futuro provável e generalizável para o mundo do trabalho. Mas, se olharmos para o presente da economia digital, com seus motoristas Uber, motofretistas Loggi, trabalhadores executores de tarefas da Amazon Mechanical Turk, já podemos ver o modelo funcionando em ato, assim como compreender que não se trata apenas de eliminação de vínculo empregatício: a empresa Uber deu visibilidade a um novo passo na subsunção real do trabalho, que atravessa o mercado de trabalho em uma dimensão global, envolvendo atualmente milhões de

---

104 ZIPPERER, André Gonçalves. *A intermediação de trabalho via plataformas digitais: repensando o direito do trabalho a partir das novas realidades do século XXI.* São Paulo: LTr, 2019, p. 53.

105 ABILIO, Luciana Costek. *Uberização do trabalho: subsunção real da viração.* Passa Palavra, São Paulo, 19 fev. 2017. Disponível em: <http://passapalavra.info/2017/02/110685>. Acesso em: 03 de abril de 2023.

trabalhadores pelo mundo e que tem possibilidades de generalizar-se pelas relações de trabalho em diversos setores.

O termo é criticado pela doutrina, pois ao falar em *uberização*, por mais que essa empresa de aplicativos tenha notoriedade e venha estimulando a criação de modelos de negócios que imitam sua estrutura, como intermediadora que atua no setor de tecnologia, o estudo do tema ficaria restrito, não abrangendo outras formas de negócios digitais.

Em nosso trabalho adotamos a ideia de capitalismo digital (ou capitalismo de plataformas), termo utilizado pela OIT, considerando serem as plataformas mecanismos de extração de valor associada ao uso das Tecnologias de Informação (TIC), que visam, ao final, a acumulação de capital. Lembrando que na Era da Informação, os dados armazenados pelos algoritmos e softwares, geram valor em uma sociedade baseada em conhecimento.

Neste sentido, Sérgio Amadeu da Silveira:[106]

> O capitalismo atual coloniza a vida a partir de sua conversão em fluxo de dados, precariza o trabalhador e extrai valor da ampla modulação social organizada com a plataformização, que pretende capturar o intelecto geral pela datificação.

Vale ressaltar que as grandes plataformas digitais são hoje geridas por companhias que visam o lucro. A título de exemplo, a *Deliveroo*, empresa especializada em entregas, está cotada em mais de 4 (quatro) milhões de dólares, com crescimento anual de 650% (seiscentos e cinquenta por cento).[107]

Sacha Lobo menciona que o termo cumpre um papel importante, ao apresentar um importante contraponto à ideia de economia compartilhada, que pressupõe a partilha de um bem subutilizado, o que não ocorre na intermediação da prestação de serviços, por meio de sites ou aplicativos digitais. O autor, ao colocar a plataforma no centro do

---

[106] SILVEIRA, Sérgio Amadeu. *O mercado de dados e o intelecto geral*. Revista Boitempo, n° 36, 1° semestre de 2021, p. 32 - 39.

[107] CUOFANO, Gennaro. *O negócio*. Disponível em: <https://slack.com/intl/pt-br/customer-stories/deliveroofooddeliverydatadriveninterprise#:~:text=S%-C3%A3o%20informa%C3%A7%C3%B5es%20baseadas%20em%20dados%20como%20esses%20que,est%C3%A1%20cotada%20em%20mais%20de%20US%24%204%20milh%C3%B5es.> Acesso em 20 de out. de 2022.

termo "capitalismo de plataforma" visa acender ao debate os diversos problemas que o instrumento produz na economia.[108]

Segundo o autor, a economia compartilhada é apenas um aspecto, de uma nova forma de capitalismo digital: o capitalismo de plataforma. As plataformas, definem as regras do jogo econômico, permitindo que se ganhem dinheiro em suas transações, controlando todo um modelo de negócio, que é lucrativo.

O capitalismo de plataforma, por definição, dissolve a fronteira entre o profissional e o amador, abrindo uma visão que antes era muito restrita, na economia compartilhada. Atualmente todas as grandes corporações são ou operam por meio de plataformas, o tempo todo.

Segundo o autor:[109]

> É a transformação do sistema econômico digital em capitalismo de plataforma e a falta de preparo da política e da sociedade para isso. O capitalismo de plataforma muda o conceito de trabalho, a zona cinzenta entre a ajuda privada e o trabalho não declarado, a compreensão e a regulação dos monopólios. (...) Por último, mas não menos importante, ao controlar o ecossistema, as plataformas permitem realizar qualquer transação econômica como um leilão. E nada é melhor para minimizar os custos do que os leilões – incluindo o custo da mão de obra. O trabalho é, portanto, o aspecto social central do capitalismo de plataforma.

Dessa forma, o trabalho, mostra-se como aspecto central do capitalismo digital, ou capitalismo de plataforma.

Neste sentido Frank Pasquale, nos oferece um contraponto à narrativa convencional, questionando os supostos benefícios da realização do trabalho digital, considerando que as plataformas, perpetuam as desigualdades e promovem a precariedade do trabalho, reduzindo o poder de negociação dos trabalhadores e a estabilidade no emprego; ampliam a discriminação ao identificarem o rosto dos consumidores antes da concretização da transação comercial; concentram, em pequeno número de empresas, uma série de atividades, fazendo com que o controle

---

[108] LOBO, Sascha. *Die Mensch-Maschine: Auf dem Weg in die Dumpinghölle.* Der Spiegel, Hamburg, 03 set. 2014. Disponível em: <http://www.spiegel.de/netzwelt/netzpolitik/sascha-lobo-sharing-economy-wie-bei-uberist-plattform-kapitalismus-a-989584.html>. Acesso em 20 de outubro de 2022.

[109] LOBO, Sascha. *Die Mensch-Maschine: Auf dem Weg in die Dumpinghölle.* Der Spiegel, Hamburg, 03 set. 2014. Disponível em: <http://www.spiegel.de/netzwelt/netzpolitik/sascha-lobo-sharing-economy-wie-bei-uberist-plattform-kapitalismus-a-989584.html>. Acesso em 20 de outubro de 2022.

dos esforços de regulação ocorra em benefício próprio; expandem-se inicialmente pela falta de regulação, pelo caráter de novidade, pelos efeitos de rede e pelo baixo investimento inicial de capital; criam obstáculos para o crescimento econômico, enquanto diminuem os salários; fazem com que os trabalhadores, para conseguirem sobreviver, tenham de estar prontos para aceitarem uma tarefa a qualquer momento; influenciam negativamente os usuários, uma vez que podem manipular as informações disponibilizadas com o objetivo de efetivar determinada transação comercial.[110]

De forma que, considerando que o capitalismo do século atual tem como principal matéria-prima os dados, e a plataforma é o instrumento utilizado para sua extração, produção, e organização de negócios que permitem seu uso, e os capitalistas são seus proprietários, é que a terminologia nos parece assentar melhor para sua concepção.

O presente trabalho adota essa perspectiva, sobretudo, para contrapor as terminologias adotadas pelas próprias plataformas, ao se referirem às atividades dos trabalhadores ou a eles mesmos, como *autônomos, riders, taskers, gigs*, induzindo à ideia de que estão fora da dimensão do trabalho, e, portanto, fora da regulação e proteção trabalhista.[111]

Valerio de Stefano ressalta as consequências prejudiciais em se ocultar a natureza trabalhista desses novos trabalhadores, que por meio de plataformas digitais, arriscam deixar de serem identificados como trabalhadores, mas como extensões de dispositivos de TI (tecnologia de informação) ou de plataformas *on line*, que assim como os *softwares*, que devem funcionar de maneira impecável e tranquila, e quando derem problemas, ficam sujeitos às mais duras críticas.[112]

O risco em não se analisar as plataformas como infraestrutura essencial que permite essa nova organização de produção e prestação de serviços, e o capitalismo como força organizadora da sociedade,

---

[110] PASQUALE, Frank. *Two Narratives of Platform Capitalism Feature: Essays from the Law and Inequality Conference*. Yale Law & Policy Review, New Haven, v. 35, 2016.

[111] DE STEFANO, Valerio. *The rise of the "just-in-time-work-force": on demand work, crowdwork, and labour protetcion in the "gig-economy"*. Conditions of work and employment series, n. 71, 2016, p.5.

[112] DE STEFANO, Valerio. *The rise of the "just-in-time-work-force": on demand work, crowdwork, and labour protetcion in the "gig-economy"*. Conditions of work and employment series, n. 71, 2016.

centrando-se no trabalho humano, é enfraquecer a proteção social de uma categoria expressiva de trabalhadores, e coisificar o ser humano, tratando-o como se fosse uma mercadoria.

Neste sentido, é que temos uma lógica de extração de valor característica dessa nova Era, que envolve a dependência que os trabalhadores e consumidores passam a ter das plataformas digitais. A atividade laboral prestada por intermédio das plataformas, não foge ao conceito de trabalho, considerando sua maior expressão, como analisamos anteriormente em nosso estudo, destina-se a manutenção do ser humano, é instrumento de identidade social, de melhoria da sociedade, e merece proteção, a fim de ser preservada a dignidade de quem trabalha.

Partindo-se dessa premissa, faz-se importante entendermos o espaço em que essas novas relações de trabalho ocorrem, analisando as principais formas de trabalho oferecidas por meio das plataformas digitais e o desafio de sua proteção dentro deste capitalismo digital.

2.
PLATAFORMIZAÇÃO DO TRABALHO

Como ensina Lessig, o ciberespaço, ou mundo virtual, é regulado por meio de Códigos. Os comportamentos no ciberespaço encontram regulação, não pelo Estado diretamente, mas pela própria arquitetura do espaço virtual. Os Códigos, leis que regem os ambientes virtuais, são tantos quanto os codificadores puderem imaginar, e podem ser modificados em qualquer instante.[113]

Deste modo, analisando o trabalho humano desenvolvido na *web* (ou no ciberespaço), ou com seu auxílio, por meio de plataformas digitais, superficialmente, concluímos, que os contratos de trabalho pactuados entre os trabalhadores e os aplicativos, rompem com o modelo tradicional.

O mercado de trabalho digital, que acontece neste espaço, é criado por codificadores, que, em geral, não estão preocupados com os interesses dos trabalhadores, seu ambiente de trabalho e sua proteção.

Certo é que, cada uma das plataformas revela diferentes relações de trabalho, com distintas possibilidades de condições de trabalho, meio ambiente, processos produtivos, apropriação de valor e formas de controle e proteção.

Em vista de seu potencial transformador, bem como considerando o uso da tecnologia de várias maneiras, com consequências econômicas, políticas, sociais e jurídicas diferentes para o mercado de trabalho, para permitir melhor seu estudo, sistematizamos suas definições e tipologias, analisando sua pertinência como trabalho humano e suas características, com especial ênfase nos dados e nos algoritmos, "antessala"[114] para o capitalismo digital.

A finalidade é apresentar os contornos que as relações de trabalho tomam no capitalismo de plataforma, diferenciando-as e analisando suas

---

[113] LESSIG, Lawrence. *Code*. New York: Basic Books, 1999, p. 20.

[114] GROHMANN, Rafael. *Trabalho plataformizado e luta de classes*. Revista Boitempo, n° 36, 1° semestre de 2021, p. 40 - 46.

características, para melhor perquirir qual a proteção jurídico-laboral é mais adequada aos profissionais que nela trabalham.

Desta forma, em um primeiro momento abordaremos as formas de trabalho no capitalismo digital, de forma mais genérica, suas classificações apresentadas pelos estudiosos do tema, seguindo de uma análise da função que os algoritmos desempenham nas dinâmicas das relações de trabalho.

Em seguida, analisaremos o trabalho sob demanda por meio de aplicativos seguindo a classificação de Valerio de Stefano, descrevendo as características de seus trabalhadores, focando no seu exemplo mais estudado, a plataforma Uber.

Finalmente, analisaremos a relação de trabalho, desenvolvida por meio ou com auxílio das plataformas, como novas formas de trabalho, o que refinará a avaliação que passaremos a fazer do papel que o Direito do Trabalho tem em sua proteção.

2.1. Definições e Tipologias

As plataformas digitais se caracterizam por ser um ambiente genérico capaz de relacionar todas as pessoas, em que todos podem se tornar fornecedores de produtos ou serviços por meio da *internet*. A característica mais marcante das plataformas é a lógica da intermediação, nas quais os problemas de coordenação e circulação, foram totalmente resolvidos, através do encurtamento entre distâncias, facilitando o contato entre a oferta e a demanda.[115]

Antonio Aloisi apresenta as plataformas digitais e os aparelhos sem fio, como importante infraestrutura, que conecta oferta e demanda de serviços, facilitando a interação entre indivíduos e empresas, além de atuarem como intermediários. Podendo afirmar, no entanto, que agem como empregadores, desempenhando um papel que implica "algo mais do que ser apenas uma base de dados".[116]

---

[115] LANGLEY, Paul; LEYSHON, Andrew. *Platform capitalism: The intermediation and capitalisation of digital economic circulation.* Finance and Society, 2016.

[116] ALOISI, Antonio. *Commoditized Workers. Case Study Research on Labour Law Issues Arising from a Set of 'On-Demand/Gig Economy' Platforms.* Comparative Labor Law&Policy Journal, Vol. 37, No. 3, 2016. Disponível em: <https://ssrn.com/abstract=2637485 or http://dx.doi.org/10.2139/ssrn.2637485> Acesso em 22 de março de 2023.

Não são, no entanto, como bem nos alerta Langley e Leyshon, meios abertos, neutros, igualitários ou progressistas, são canais em que, por meio de algoritmos, classificações e protocolos, produzem e programam a circulação econômica.[117]

Renan Kalil apresenta quatro características que definem as plataformas:[118]

> A primeira é que não são empresas de internet ou tecnologia, mas entes que conseguem operar de qualquer lugar em que aconteça a interação digital. A segunda é que produzem e são dependentes dos efeitos em rede, tendo em vista que quanto mais usuários a plataforma tiver, mais valiosa será para todos. Contudo, isso gera um ciclo vicioso no qual o aumento de usuários tende naturalmente à monopolização da atividade e ao aumento da quantidade de dados que consegue acessar. A terceira é o uso do subsídio cruzado, no qual enquanto uma parte da empresa reduz o preço do serviço ou do bem, chegando a oferecê-lo gratuitamente, a outra eleva os preços para compensar eventuais perdas. O objetivo da estrutura de preços das plataformas é atrair um grande número de usuários, para que se envolvam e acessem-nas frequentemente. A quarta é que as plataformas são projetadas para serem atraentes para os seus diversos usuários. Apesar de afirmarem ser um espaço vazio que deve ser preenchido pelos usuários, as plataformas têm políticas, sendo que as regras dos produtos e do desenvolvimento de serviços e as interações de mercado são definidas pelos proprietários da plataforma.

De forma que, enquanto algumas plataformas assemelham-se a mercados, visando facilitar o empreendedorismo, outras aparentam ser verdadeiras hierarquias que utilizam de prestadores de serviços.[119]

Razão pela qual é necessário distinguir os modelos de negócios adotados por cada uma das plataformas, em modelos de compartilhamento, daqueles que se destinam à prestação de serviços.

Rodrigo de Lacerda Carelli recorda que a ideia de plataformas digitais como *marketplaces* origina-se da transposição dos mercados para a

---

[117] LANGLEY, Paul; LEYSHON, Andrew. *Platform capitalism: The intermediation and capitalisation of digital economic circulation*. Finance and Society, 2016.

[118] KALIL, Renan Bernardi. Capitalismo de plataforma e Direito do Trabalho: crodwork e o trabalho sob demanda por meio de aplicativos. São Paulo, 2019. Tese (Doutorado) Universidade de São Paulo, USP, Programa de Pós-Graduação em Direito, Direito do Trabalho e da Seguridade Social, 2019, p. 67.

[119] SUNDARARAJAN, Aran. *The sharing economy: the end of employment and the rise of crowd-based capitalism*. Cambridge, Massachusetts: The MIT Press, 2016, p. 119-120.

rede mundial de computadores. Inicialmente, surgiram plataformas no estilo *Ebay* nos Estados Unidos e Mercado Livre no Brasil, verdadeiras lojas de *e-commerce*, adquirindo contornos mais intrincados quando os serviços ofertados por meio das plataformas passam a centrar-se no elemento humano, ou seja, quando o serviço ou mercadoria, tem como parte principal um trabalhador, que coloca sua força de trabalho à disposição para prestar os serviços pessoalmente.[120]

Ressalta o autor que, em geral, essas plataformas se apresentam como um *marketplace* que une trabalhadores a demandantes virtuais, sendo que algumas se declaram como "classificados virtuais", unindo empregadores que precisam de mão-de-obra e trabalhadores que buscam vagas de trabalho. Seriam exemplos dessas plataformas a Catho e a Infojobs. Do mesmo modo, teríamos ainda plataformas que conectam trabalhadores autônomos com clientes, para a realização de pequenas tarefas, como a Workana e a GetNinjas. Essas plataformas realmente funcionariam como *marketplace*, considerando que não interferem na prestação de serviços realizada entre as partes contratantes.[121]

Contudo, nem toda plataforma será realmente considerada um *marketplace*, algumas plataformas não apenas realizam a intermediação entre as partes contratantes, como se preocupam com a qualidade e a garantia da prestação de serviços, além de fixarem preços e repasses aos trabalhadores. Segundo o autor, nesse tocante, as plataformas deixam de ser meras intermediárias, passando a protagonistas no serviço prestado.[122]

Deste modo, De Stefano e Aloisi apontam que a primeira distinção que devemos fazer é a separação entre as plataformas digitais de

---

[120] CARELLI, Rodrigo de Lacerda. *O trabalho em plataformas e o vínculo de emprego: desfazendo mitos e mostrando a nudez do rei.* In CARELLI, Rodrigo de Lacerda, et. all. Futuro do Trabalho: os efeitos da revolução digital na sociedade. Brasília: ESMPU, 2020, p. 66-83.

[121] CARELLI, Rodrigo de Lacerda. *O trabalho em plataformas e o vínculo de emprego: desfazendo mitos e mostrando a nudez do rei.* In CARELLI, Rodrigo de Lacerda, et. all. Futuro do Trabalho: os efeitos da revolução digital na sociedade. Brasília: ESMPU, 2020, p. 66-83.

[122] CARELLI, Rodrigo de Lacerda. *O trabalho em plataformas e o vínculo de emprego: desfazendo mitos e mostrando a nudez do rei.* In CARELLI, Rodrigo de Lacerda, et. all. Futuro do Trabalho: os efeitos da revolução digital na sociedade. Brasília: ESMPU, 2020, p. 66-83.

trabalho daquelas que proporcionam acesso a bens, propriedade e capital, tais como serviços de aluguel, plataformas de capital, entre outras.[123]

Neste sentido, Signes esclarece que na economia colaborativa, há vários modelos de plataformas, que podem ser divididos em dois grandes grupos: plataformas destinadas à venda e aluguel de bens, e as plataformas destinadas à prestação de serviços.[124]

Dentre as plataformas que comercializam bens, as mais conhecidas que temos atualmente são: a *Amazon, o eBay,* o *AirBnB, a Netflix, Spotify,* dentre outras. Já as plataformas destinadas à prestação de serviços ou plataformas digitais de trabalho, que nos interessam em nosso estudo, temos duas categorias principais: os serviços baseados na nuvem (*cloud-work*), como a *Amazon Mechanical Turk,* e os serviços baseados em localização, como a *Uber e a Helping.*

Ana Paula Miskulin ressalta ainda a existência de outras plataformas nas quais o trabalho não é a principal atividade, como as plataformas que emprestam dinheiro (*crowdfuning*), como a Indiegogo ou Klickstarter, as plataformas de entretenimento e informação, como o *Tinder,* as plataformas de pesquisas, *Google,* e as redes sociais, como o *Instagram,* o *Facebook.*[125]

Em nosso estudo, tendo em vista a limitação do tema que este trabalho exige, não abordaremos as plataformas de capital ou de troca e venda de bens e serviços, mas apenas as que envolvem trabalho digital, aprofundando-nos em um único tipo, o trabalho sob demanda por intermédio de aplicativos, adotando assim, a classificação de Stefano.[126]

Valerio De Stefano aponta o trabalho sob demanda por meio de aplicativos e o *crowdwork* como as dimensões do trabalho no capitalismo

---

[123] DE STEFANO, Valerio; ALOISI, Antonio. *European Legal Framework for 'Digital Labour Platforms'.* European Commission, Luxembourg, 2018, ISBN 978-92-79-94131-3, doi:10.2760/78590, JRC112243. Disponível em: <https://ssrn.com/abstract=3281184>. Acesso em 22 de março de 2023.

[124] SIGNES, Adrian Todolí. *The end of the subordinate worker: collaborative economy, on-demand economy, gig economy, and the crowdworkers need for protection.* International Jounarl of Compative Labour Law and Industrial Relations, v. 33, n.2, 14 de jan. 2017.

[125] MISKULIN, Ana Paula. Aplicativos e direito do trabalho: a era dos dados controlados por algoritmos. 2ª ed. Campinas: Lacier Editora, 2022, p. 64.

[126] DE STEFANO, Valerio. *The rise of the "just-in-time-work-force": on demand work, crowdwork, and labour protetcion in the "gig-economy".* Conditions of work and employment series, n. 71, 2016, p.5.

digital, sendo a principal diferença entre eles, a realização das atividades no *crowdwork* de forma totalmente *online*, permitindo sua realização de qualquer lugar do mundo. Enquanto no trabalho sob demanda, as atividades, muito embora a combinação entre a oferta e demanda, ocorram de forma virtual, são realizadas presencialmente.[127]

De forma mais específica, De Stefano e Antonio Aloisi apresentam:[128]

> *Crowdwork* é um trabalho que é executado através de plataformas *online* que colocam em contato um indefinido número de organizações, empresas e indivíduos através da Internet, conectando clientes e trabalhadores em uma base global. A natureza das tarefas realizadas no *crowdwork* podem variar consideravelmente. No "trabalho sob demanda via aplicativos" as atividades laborais, tais como transportes, limpeza e execução de recados, mas também trabalhos administrativos, são oferecidos e atribuídos através plataformas de TI ou aplicativos como Uber, Deliveroo ou Taskrabbit. As empresas que executam esses aplicativos normalmente intervêm na definição de padrões mínimos de qualidade de serviço e na seleção e gestão da força de trabalho.

Nos dois casos, no entanto, Valerio De Stefano menciona que o trabalho é viabilizado pelo uso das TIC, que utilizam a internet para combinar oferta e demanda de forma rápida, minimizando os custos de transação e permitindo que os contratantes tenham à disposição grandes grupos de trabalhadores, para execução das atividades de forma instantânea.[129]

De Stefano e Antonio Aloisi nos alertam que, apesar das potenciais diferenças entre os trabalhos realizados por meio das plataformas digitais, seu estudo em conjunto pode ser útil.

Argumentam os autores que apesar do fenômeno ser vasto e heterogêneo, a economia de plataforma não pode ser entendida de forma isolada, como uma dimensão apartada dos mercados de trabalho, em vez disso, deve ser compreendida como um fenômeno mais vasto, na difusão de regimes alternativos de trabalho, que compartilha muitas

---

[127] DE STEFANO, Valerio. *The rise of the "just-in-time-work-force": on demand work, crowdwork, and labour protetcion in the "gig-economy"*. Conditions of work and employment series, n. 71, 2016, p.5.

[128] DE STEFANO, Valerio; ALOISI, Antonio. *Fundamental labour rights, plataforma work and human-rights protection of non-standard Workers*. Bocconi Legal Studies Research paper series. Number 1, February, 2018.

[129] DE STEFANO, Valerio. *The rise of the "just-in-time-work-force": on demand work, crowdwork, and labour protetcion in the "gig-economy"*. Conditions of work and employment series, n. 71, 2016, p. 5.

dimensões com todas as formas de trabalho não padronizadas, notadamente os riscos que enfrentam com relação ao gozo dos Direitos Fundamentais.[130]

Adotamos essa classificação pela centralidade que as plataformas ocupam nas formas de trabalho, sendo essa a infraestrutura que permite seu desenvolvimento e proporciona uma forma de regulação.

Neste sentido, recentemente o Relatório da OIT sobre as perspectivas sociais e de emprego no mundo, nos apresentou um panorama atualizado das plataformas digitais e seus serviços prestados.

Pedimos vênia para reproduzir a figura 1.1 do relatório, para ilustramos melhor nossos estudos:[131]

---

[130] DE STEFANO, Valerio; ALOISI, Antonio. *Fundamental labour rights, plataforma work and human-rights protection of non-standard Workers*. Bocconi Legal Studies Research paper series. Number 1, February, 2018.

[131] ORGANIZAÇÃO INTERNACIONAL DO TRABALHO. *World Employment and Social Outlook 2021: The role of digital labour platforms in transforming the world of work International Labour Office*. Geneva: ILO, 2021, versão em espanhol, p. 44.

Figura 1. Panorama das plataformas digitais – Retirada do Relatório da Organização Internacional do Trabalho: *World Employment and Social Outlook: The role of digital labour platforms in transforming the world of work*, 2021, versão em espanhol, p. 44.

A partir do relatório apresentado pela Organização Internacional do Trabalho (OIT), nos deparamos com várias formas de exploração do trabalho humano através de diferentes plataformas digitais, todas com desafios inerentes à sua regulamentação.

Desperta especial interesse, a visualização didática da inserção do trabalho digital, relacionado à produção e ao uso das tecnologias digitais, em todos os setores da economia, criando formas de extração de valor.

Com efeito, de acordo com suas características, e conforme a classificação apresentada pelo OIT, as plataformas podem ser divididas em três grandes categorias: as que oferecem serviços e produtos diretamente para os usuários, como as redes sociais e os sites de busca; aquelas que facilitam e intermedeiam serviços e produtos entre diferentes usuários, tais como *business-to-business* (B2B); e as plataformas de trabalho digital. Sendo possível encontrarmos as plataformas "híbridas", prestando serviços em diferentes categorias.[132]

Como afirmamos, em nosso estudo focaremos, para facilitar a discussão pretendida, nas plataformas de trabalho digital.

Com este propósito, encontramos na literatura especializada diferentes formas de categorizar os trabalhos realizados em plataformas digitais, não existindo uma uniformidade terminológica na doutrina ou na jurisprudência no que tange ao tema. Considerando a facilidade de visualização e a didática da OIT ao tratar sobre o tema, adotaremos sua definição, que segue a apresentada por Valerio De Stefano.

2.2. Plataformas digitais de trabalho: o exemplo da Uber

Aloisi e De Stefano apresentam uma taxonomia para as plataformas digitais de trabalho, considerando cinco características: dimensão (global ou local), execução (*on-line* ou *off-line*), localização (remota ou em local determinado), conteúdo do trabalho (criativo, repetitivo,

---

[132] "Platforms can be classified into three broad categories: those that offer digital services or products to individual users, such as Search engines or social media; those that facilitate and mediate between different users, such as business-to-business (B2B); and digital labour platforms. While most platforms can be allocated to one of these categories, some "hybrid" platforms provide services across multiple categories" – Tradução livre realizada pela autora.

fragmentado ou manual) e sistemas de pagamento (por resultado ou fixo, por hora ou por tarefa).[133]

Ao tratar da origem das plataformas, os autores começam sua análise pelo *crowdwork* profissional ou *crowdsourcing*, que inclui os serviços prestados exclusivamente por meio de computadores e entregues remotamente, abrangendo uma variedade de atividades, entre atividades administrativas, de dados, traduções, codificação, consultoria (atividades intelectuais), dentre outras. O exemplo principal apresentado pelos autores é a *Amazon Mechanical Turk*.

O segundo modelo é o trabalho sob demanda via plataformas ou aplicativos, que se referem a serviços executados localmente, como entrega, manutenção, serviços de limpeza, de babás e cuidadores, sendo normalmente entregues nas instalações dos clientes. Ressaltando, os autores que, os serviços de transporte, muito embora não sejam entregues nas instalações dos clientes, pertencem a essa categoria.

De forma mais específica, e valendo-se dos estudos de Stefano na OIT sobre o tema, que vem servindo de referência para outros pesquisadores, analisamos as características apresentadas pelo Relatório, a partir dos dois tipos principais de plataformas digitais de trabalho: as plataformas baseadas na internet, nas quais os serviços são prestados remotamente, e de forma conectada; e as plataformas baseadas na localização, nas quais o trabalho é realizado em um local físico.[134]

As plataformas baseadas na internet, como inferimos da figura apresentada no relatório da OIT, subdividem-se em: plataformas de microtarefas, de *freelancers*, baseadas em concursos, programação competitiva e consultas médicas.

Por sua vez, as plataformas baseadas na localização são divididas em plataformas de entregas (*delivery*), serviços de transporte (táxi), serviços domésticos, limpeza e *home care*.

Nas plataformas de microtarefas, ainda pouco estudadas na literatura pátria, encontramos tarefas como traduções, reconhecimento de fotos,

---

[133] DE STEFANO, Valerio; ALOISI, Antonio. *Fundamental labour rights, plataforma work and human-rights protection of non-standard Workers*. Bocconi Legal Studies Research paper series. Number 1, February, 2018.

[134] ORGANIZAÇÃO INTERNACIONAL DO TRABALHO. *World Employment and Social Outlook 2021: The role of digital labour platforms in transforming the world of work International Labour Office*. Geneva: ILO, 2021, versão em espanhol, p. 44.

validação de bancos de dados, requeridas pelos contratantes e realizadas pelos trabalhadores, de forma totalmente *online*.

A OIT classifica em 10 principais atividades realizadas nas plataformas de microtarefas: coleta de dados; categorização de produtos em grupos; acesso a conteúdos; verificação e validação de conteúdos; moderação; pesquisas de mercado e revisões; de inteligência artificial; transcrições; criação e edição de conteúdos; pesquisas e experimentos.[135]

Destaca-se nessa forma de trabalho o pagamento por empreitada, estabelecido pelo solicitante, e que poderá não ocorrer nos casos em que este recusar o resultado apresentado pelo trabalhador, alternativa expressamente prevista na plataforma *Amazon Mechanical Turk*.[136]

A rejeição do resultado do trabalho não precisa sequer ser justificada pelo solicitante, bastando apenas que este não concorde com resultado apresentado.

Nas plataformas baseadas em concursos ou competições, há uma chamada pública para a realização de uma certa tarefa em troca de um pagamento. De forma genérica, o requerente apresenta o trabalho na plataforma, informando quanto será pago para sua realização, e o primeiro que finalizar a tarefa de modo satisfatório receberá a contraprestação.[137]

Nessas formas de trabalho, baseadas na internet, o que se observa como característica principal é a concorrência global entre os trabalhadores, promovendo-se, como nos bem ensina Valerio De Stefano, um verdadeiro "leilão", que "ganhará" apenas aquele que se dispuserem a realizar a tarefa, pelo menor preço.[138]

---

[135] ORGANIZAÇÃO INTERNACIONAL DO TRABALHO. *Futuro do Trabalho no Brasil: perspectivas e diálogos tripartites*. Disponível em: <https://www.ilo.org/brasilia/publicacoes/WCMS_626908/lang--pt/index.htm.> Acesso em 22 de jan. de 2023.

[136] AMAZON MECHANICAL TURK. Disponível em: < https://www.mturk.com/> Acesso em 22 de jan. de 2023.

[137] ZIPPERER, André Gonçalves. *A intermediação de trabalho via plataformas digitais: repensando o direito do trabalho a partir das novas realidades do século XXI*. São Paulo: LTr, 2019, p. 65.

[138] STEFANO, Valerio de. *The Rise of the just in time workforce: on demand work, crodwork, and labor protection in gig economy*. Comparative Labor Law & Policy Journal, v. 37, n. 3, 2016, p. 471-504.

Contudo, o trabalho realizado em plataformas baseadas na localização são, de longe, as mais estudadas, e encontram interesse nas mais diversas decisões judiciais, notadamente, pela discussão que se encerra quanto à proteção jurídica de seus trabalhadores.

Valerio de Stefano e Antonio Aloisi, ressaltam que a literatura tem se concentrado neste setor, como a manifestação mais flagrante de riscos e oportunidades, exemplificando a dupla narrativa sobre a economia de plataformas, ressaltando ainda que a Uber, abriu "caminho na cultura popular com chocante velocidade, dando à luz até mesmo a um novo verbo".[139]

Dentre as plataformas baseadas na localização, a mais famosa, que promove o transporte privado de passageiros, é a Uber, que pela sua importância definiu uma forma de prestação de serviços apelidada como "uberização" ou *uber-economy*.

Os autores, De Stefano e Aloisi, ressaltam que olhar para as plataformas em sua totalidade pode ser inadequado, mas destacam que existem características em comum entre as duas formas de trabalho, apontando a adequação em tratá-las conjuntamente. Os dois modelos de negócios, são viabilizados pelas ferramentas de tecnologia de informação, através do uso maciço de tecnologias avançadas, combinada com a internet de banda larga, com aplicativos de fácil manuseio e recursos eficazes, capaz de facilitar as transações e manter as organizações mais enxutas, além da confiança nos sistemas de avaliação da qualidade dos serviços realizados pelos próprios clientes e a dependência dos trabalhadores que utilizam seus equipamentos para realizar os serviços.

Seriam, portanto, interrelações entre atores, que se dá de forma triangular, entre a plataforma (controladora dos direitos de propriedade intelectual e de governança), e um sistema de conexão entre compradores (solicitantes) e os trabalhadores (vendedores ou fornecedores).[140]

Conforme anteriormente mencionado, este trabalho foca nos trabalhadores das plataformas digitais sob demanda, cujas atividades são

---

[139] DE STEFANO, Valerio; ALOISI, Antonio. *Fundamental labour rights, plataforma work and human-rights protection of non-standard Workers*. Bocconi Legal Studies Research paper series. Number 1, February, 2018.

[140] DE STEFANO, Valerio; ALOISI, Antonio. *Fundamental labour rights, plataforma work and human-rights protection of non-standard Workers*. Bocconi Legal Studies Research paper series. Number 1, February, 2018.

realizadas em uma localização geográfica específica, adotando-se a definição da OIT e do Valerio De Stefano.

Esse afunilamento didático se deve ao fato de os trabalhos realizados nas plataformas possuírem peculiaridades que impossibilitariam a análise de forma global de situações muito distintas e que desafiam diferentes regulamentações, foco em nosso trabalho.

A escolha, como referência para nosso estudo, encontra-se, ainda, na propagação de litígios envolvendo uma discussão entre motoristas que reivindicam para si a regulamentação de uma relação tipicamente de emprego, além do modelo de organização da Uber ser tão bem-sucedido que se espalhou por diferentes setores de nossa economia, como entregas, serviços domésticos, alimentação, entre outras plataformas digitais de serviços.

Vale lembrar, como bem ressalta André Zipperer em sua obra sobre o tema, que desperta mais interesse o estudo da Uber, pois o setor de atuação dos motoristas, é caracterizado, tipicamente, por relações de trabalho distintas da relação de emprego, sendo seu enquadramento jurídico um dos debates mais interessantes no capitalismo de plataforma atualmente.[141]

Nesse fenômeno organizacional o prestador de serviços se cadastra à plataforma digital e um algoritmo faz a conexão do motorista "parceiro" com uma empresa ou diretamente a um consumidor, previamente cadastrado.

A Uber desde o seu lançamento, como *startup* no Vale do Silício, se identificava como uma empresa de transporte de passageiros, inicialmente denominada como *ubercab* ou *ubertaxi*. Logo mudando sua estratégia publicitária e passando a se identificar como "serviço de compartilhamento de serviços".[142]

No ano de 2011 a Uber já despertava a ira de taxistas nos Estados Unidos. Em 2012, a Comissão de Utilidade Pública da Califórnia, autorizou empresas como a *Lyft*, *Sidecar* e a *Tickengo*, que seguiam o mesmo modelo, a operar no Estado, mas determinou o cumprimento

---

[141] ZIPPERER, André Gonçalves. *A intermediação de trabalho via plataformas digitais: repensando o direito do trabalho a partir das novas realidades do século XXI*. São Paulo: LTr, 2019, p. 75.

[142] STONE, Brad. *As startups com a UBER, o Airbnb e as killer companies do novo Vale do Silício estão mudando o mundo*. Tradução de Berilo Vargas. Rio de Janeiro: Intrínseca, 2017, p. 69-71.

de alguns requisitos importantes, como segurança, comprovação de seguro, checagem de antecedentes criminais e conferência nos registros dos motoristas parceiros no Departamento de Veículos Motorizados, a fim de obter informações sobre infrações de trânsito.[143]

Neste período, a Uber, agora como serviço de compartilhamento de corridas, também assinou um termo com a Comissão de Utilidade Pública da Califórnia submetendo seus motoristas a verificações de antecedentes e estendendo a todos uma apólice de responsabilidade civil de 1 milhão de dólares, emitida por uma subsidiária da própria empresa.

Em 2014 o Uber já se apresentava como empresa de tecnologia que facilita o transporte por particulares e no ano de 2016 encontrava-se em 450 cidades ao redor mundo.

Na China, a "Didi Chungxing",[144] empresa com o mesmo modelo de negócios, no mesmo ano, operava em mais de 400 cidades, levando a Uber a sair da China e transferir suas operações em troca de participação na empresa chinesa e um investimento de 1 bilhão de dólares em seu próprio negócio.

A brasileira 99, inicialmente aplicativo que facilitava a contratação de taxistas, transformada em transporte de passageiros por particulares, seguindo o modelo da Uber, fundada por Paulo Vargas, vendeu parte de seu controle para a empresa chinesa Didi, em 2018, transformando-se na primeira empresa "unicórnio" do mercado brasileiro.[145]

Atualmente, somente no Brasil a Uber apresenta cerca de 1 milhão de motoristas/entregadores parceiros cadastrados, com 5 milhões no mundo. Só essa plataforma é responsável pelo transporte de 122 milhões de usuários ao redor do planeta, sendo 30 milhões apenas no Brasil, e

---

[143] STONE, Brad. *As startups com a UBER, o Airbnb e as killer companies do novo Vale do Silício estão mudando o mundo*. Tradução de Berilo Vargas. Rio de Janeiro: Intrínseca, 2017, p. 211-214.

[144] STONE, Brad. *As startups com a UBER, o Airbnb e as killer companies do novo Vale do Silício estão mudando o mundo*. Tradução de Berilo Vargas. Rio de Janeiro: Intrínseca, 2017, p. 329-330.

[145] SALOMÃO, Karin. *Chinesa Didi compra a 99, o primeiro unicórnio brasileiro*. Revista Exame Negócios, 2 de jan. de 2018. Disponível em: < https://exame.com/negocios/rival-da-uber-compra-a-99-1-unicornio-brasileiro/> Acesso em 22 de jan. 2022.

se encontra em 71 países, não à toa a natureza jurídica dessa relação laboral seja o grande objeto de discussões em nossa sociedade.[146]

A empresa Uber se apresenta da seguinte maneira[147]:

> A Uber é uma empresa de tecnologia que cria oportunidades ao colocar o mundo em movimento. Encaramos os desafios mais complexos para ajudar nossos parceiros e usuários a se locomover usando uma plataforma integrada de mobilidade presente em mais de 10 mil cidades do planeta.

Visando driblar qualquer forma de relação de trabalho, se identifica, portanto, como uma empresa de tecnologia "que conecta motoristas parceiros a usuários a qualquer hora".[148]

Márcio Pochmann apresenta o "modo Uber" de contratação como a maior expressão da terceirização do Século XXI, em que se precariza as contratações de trabalho, buscando afastar a configuração da relação de emprego e, consequentemente, o reconhecimento dos direitos trabalhistas.[149]

Analisando, ainda que brevemente como a Uber trabalha, temos que o usuário, previamente cadastrado, digita seu destino no aplicativo, analisando o tamanho do veículo desejado, escolhendo a opção e confirmando a viagem.

Em uma segunda etapa o aplicativo encontra o motorista parceiro nas proximidades, que recebe e aceita a solicitação da viagem. O usuário recebe a localização do motorista, e o tempo que este levará para pegá-lo no ponto de partida. Neste ponto, vale ressaltar que o motorista ao receber o chamado, terá contato com o nome do usuário e sua pontuação (avaliação prévia), podendo aceitar a solicitação ou não.

---

146 UBER DO BRASIL TECNOLOGIA LTDA. *Fatos e dados sobre uber.* Uber, 27 de agosto de 2020. Disponível em: Fatos e Dados sobre a Uber Últimas notícias | Uber Newsroom. Acesso em 29 de jan. de 2022.

147 UBER DO BRASIL TECNOLOGIA LTDA. *Fatos e dados sobre uber.* Uber, 27 de agosto de 2020. Disponível em: Fatos e Dados sobre a Uber Últimas notícias | Uber Newsroom. Acesso em 29 de jan. de 2022.

148 UBER DO BRASIL TECNOLOGIA LTDA. *Fatos e dados sobre uber.* Uber, 27 de agosto de 2020. Disponível em: Fatos e Dados sobre a Uber Últimas notícias | Uber Newsroom. Acesso em 29 de jan. de 2022.

149 POCHMANN, Marcio. *Terceirização, competitividade e uberização do trabalho no Brasil.* In TEIXEIRA, *Precarização e terceirização: faces da mesma realidade.* São Paulo: Sindicato dos químicos, 2016, p. 61-62.

Ao aceitar a corrida, usuário e motorista podem se comunicar diretamente, via aplicativo. Em continuidade, o motorista encontra o usuário e inicia a viagem. Ao final de cada viagem o motorista finaliza a corrida, gerando o pagamento, que poderá ser por meio de cartão de crédito ou dinheiro.

Por fim, o motorista parceiro e o usuário podem se avaliar mutualmente em uma escala de 1 (uma) a 5 (cinco) estrelas, podendo o usuário deixar elogios e adicionar um "valor extra" ao pagamento.

Entre as "vantagens" oferecidas pelo aplicativo, são ressaltadas: a oportunidade flexível de ganhos, uma alternativa para trabalhos de motorista em tempo integral ou meio período, ou ainda a possibilidade de realização de um "bico temporário" ou "sazonal", aumentando sua renda. A definição do próprio horário para o trabalho, com uma estimativa de ganhos de R$1.549 (mil quinhentos e quarenta e nove reais) por semana, sem considerar os gastos de responsabilidade do motorista, como combustível e manutenção do carro, em uma jornada de 50 (cinquenta) horas de trabalho. O bloqueio instantâneo de viagens consideradas inseguras pelo aplicativo. E o mais importante "ser seu próprio patrão".[150]

Ainda que a viagem seja gratuita para o usuário, o motorista parceiro será remunerado pela Uber.[151]

Para começar a dirigir o motorista deverá fazer o download do aplicativo, enviar sua documentação como, carteira de motorista, uma foto de perfil, comprovante de residência e, após passar por uma verificação de segurança, um documento do carro. Para trabalhar como Uber X (modalidade de transporte individual de passageiros mais comum em nosso país), o veículo não poderá ter mais de 10 (dez) anos de fabricação, quatro portas, 5 (cinco) lugares e ar-condicionado. Caso o motorista se cadastre no "repasse antecipado" e, em sendo elegível, poderá transferir seus ganhos uma vez por dia, para sua conta bancária.[152]

---

[150] UBER DO BRASIL TECNOLOGIA LTDA. *Dirigir*. Uber, 27 de agosto de 2020. Disponível em: Dirigir. Acesso em 29 de jan. de 2022.

[151] UBER DO BRASIL TECNOLOGIA LTDA. *Conta e pagamento*. Uber, 27 de agosto de 2020. Disponível em: Conta e Pagamento. Acesso em 29 de jan. de 2022.

[152] UBER DO BRASIL TECNOLOGIA LTDA. *Dirigir. Como funcionam os repasses de ganhos*. Uber, 27 de agosto de 2020. Disponível em: Dirigir. Acesso em 29 de jan. de 2022.

Encontramos ainda no site do aplicativo um Código de Conduta, em que se ressalta que o descumprimento de qualquer uma das diretrizes, não exaustivas, pode constituir uma violação material, podendo resultar na perda de acesso total ou parcial à plataforma, unilateralmente.

Dentre as regras de conduta, temos aquelas mais óbvias como a proibição de atos de violência, assédio moral e sexual, contato físico não consensual, discriminação, embriaguez ao volante, ameaças e comportamentos grosseiros, comunicações pós-viagem, danos à propriedade, dentre outras. Entre outras, como o "abuso" no uso do cancelamento.[153]

A política de cancelamentos, sendo que o "abuso" no cancelamento das viagens configura o mau uso da plataforma, viola o Código de Conduta, o que pode levar à desativação da conta. Muito embora, ainda sustentem uma suposta "flexibilidade" na aceitação da viagem oferecida.

De todo o apresentado pelo site da plataforma, ressaltamos, algumas características apontadas pela própria Uber em sua descrição, como a apresentação das empresas como "empresas de tecnologia parceiras", "intermediárias" entre consumidores e usuários, sem um compromisso formal de continuidade de prestação de serviços, sob o argumento de que os trabalhadores realizam suas atividades apenas quando querem, com total liberdade.[154]

Em outros termos, apresentam os motoristas como "parceiros", não empregados nem prestadores de serviços à empresa, mas clientes da plataforma que prestam serviços diretamente aos consumidores finais, de modo que são motoristas independentes. Os trabalhadores seriam, portanto, autônomos, livres para se conectar ou desconectar dos aplicativos, dos quais são seus clientes.

Contudo, essa figura do "ser seu próprio patrão" que aparece na descrição do aplicativo, é muito criticada pela doutrina, em especial, destacamos a visão de Ricardo Antunes, que afirma que essa "liberdade"

---

[153] UBER DO BRASIL TECNOLOGIA LTDA. *Código de Conduta*. Uber, 27 de agosto de 2020. Disponível em: Código de Conduta. Acesso em 29 de jan. de 2022.

[154] VITOR, Figueiras; ANTUNES, Ricardo. *Plataformas Digitais, uberização do trabalho e regulação no capitalismo contemporâneo*. In ANTUNES, Ricardo (org). *Uberização, trabalho digital e indústria 4.0*. 1ª ed. São Paulo: Boitempo, 2020, p. 59-78.

em verdade, acaba por disfarçar uma "escravidão digital", em que "patrão" que se converte em um "proletário de si próprio".[155]

Esta "flexibilidade" denota uma forma de exploração de trabalho, que nos remete à Revolução Industrial que, como estudamos anteriormente, apresentava jornadas de trabalho superiores a oito, dez, doze horas diárias, com remunerações baixas, e com um aumento de trabalhadores sem qualquer acesso a direitos sociais e trabalhistas, à época inexistentes, e atualmente negado por um processo de descaracterização do próprio trabalho.

O trabalhador não passa a ser reconhecido como tal, não cria sua identidade na sociedade e passa por um processo de invisibilidade convertida na ideia do "empreendedor", todos são empresários, mas que diferentemente do conceito clássico do termo, retirado do Código Civil brasileiro[156], não está exercendo uma atividade econômica voltada para circulação de bens e serviços, ou gerando lucro para si, mas sim, auto explorando seu trabalho e gerando lucros para o aplicativo.

Deste modo, estaríamos diante de um paradoxo do capitalismo digital, ao mesmo tempo, em que as plataformas afirmam estarmos diante de novas formas de "prestação de serviços", das quais não são responsáveis, considerando que os motoristas são seus "clientes", diga-se de passagem, impossíveis de regulação protetiva, legitimando, incentivando e promovendo a precarização do trabalho humano. A mesma tecnologia tornaria a regulação mais fácil, pois quando se utiliza destas ferramentas, notadamente dos algoritmos, possibilitando-se medidas de gestão e controle dos trabalhadores, como o uso dos "bloqueios", "desativação", escolha do motorista que poderá ou não trabalhar pelo aplicativo, facilitaria a identificação e efetivação dos direitos destes trabalhadores.

---

155 ANTUNES, Ricardo. *Trabalho intermitente e uberização do trabalho no limiar da indústria 4.0*. In ANTUNES, Ricardo (org). *Uberização, trabalho digital e indústria 4.0*. 1ª ed. São Paulo: Boitempo, 2020, p. 59-78.

156 Art. 966. Considera-se empresário quem exerce profissionalmente atividade econômica organizada para a produção ou a circulação de bens ou de serviços. Parágrafo único. Não se considera empresário quem exerce profissão intelectual, de natureza científica, literária ou artística, ainda com o concurso de auxiliares ou colaboradores, salvo se o exercício da profissão constituir elemento de empresa. BRASIL. *Código Civil Brasileiro: Lei n° 10.406, de 10 de janeiro de 2002*. Disponível em: < https://www.planalto.gov.br/ccivil_03/LEIS/2002/L10406compilada.htm>. Acesso em: 18 de out. de 2022.

O algoritmo por trás da plataforma, possibilitaria essa exploração do trabalho humano, a obtenção de lucro, sendo, juntamente com os dados, o mecanismo de extração de mais-valor moderno típico do capitalismo digital, mas que também permitiria sua proteção.

Mas se por um lado, os trabalhadores reivindicam direitos básicos e melhores condições trabalhistas. Por outro, as empresas digitais investem na ideia de melhorias sociais advindas de uma maior flexibilização das leis trabalhistas.

Frente esse embate, uma análise dos algoritmos e dados, criador e produto, das plataformas digitais, nos ajuda a caminhar em nosso processo de compreensão da caracterização do trabalho digital, como trabalho humano, que, como instrumento de melhoria de nossa sociedade, merece proteção, nos moldes constitucionais, e como veremos adiante, independentemente de ser considerado uma relação de emprego ou mera relação de trabalho.

2.3. Algoritmos e Dados

O modelo de negócio das plataformas digitais encontra-se assentado em dois pilares fundamentais: os algoritmos e os dados. Os dados alimentam as plataformas que se organizam por meio dos algoritmos.

No trabalho digital, sob demanda por meio de aplicativos e no *crowdwork*, temos o uso de códigos de computadores para mediar as relações de trabalho, o denominado gerenciamento automático ou gerenciamento algorítmico.[157]

O conceito de algoritmo como unidade básica da computação voltado à resolução de problemas, capaz de transformar "dados em resultados"[158] é antigo, mas seu uso como gestor do trabalho humano foi intensificado nos últimos anos.

---

157 CHERRY, Miriam A. *Beyond Misclassification: The Digital Transformation of Work.* Comparative Labor Law & Policy Journal, Forthcoming, Saint Louis U. Legal Studies Research Paper nº. 2016-2. Disponível em:< https://ssrn.com/abstract=2734288> Acesso em 22 de março de 2023.

158 VAN DIJCK, J. *Datafication, dataism and dataveillance: Big Data between scientific paradigm and ideology.* Surveillance & Society, v. 12, n. 2, 2014, p. 197-208.

Na visão de Yuval Noah Harari, as relações pessoais e de trabalho serão todas afetadas pelas informações, que serão catalogadas em dados, utilizados para a tomada de decisões e gestão, típicas do século XXI.[159]

Massimo Mazzotti afirma que os algoritmos foram redefinidos, passando por uma ressignificação da própria palavra. O autor diz que, atualmente, algoritmo se refere a programas que funcionam em máquinas físicas e aos seus efeitos em outros sistemas, de forma que se tornaram agentes que realizam atividades e que determinam aspectos de nossa realidade, conformando as relações sociais.[160]

Segundo o autor, o algoritmo é considerado invisível, apesar de estar integrado no cotidiano das pessoas, contudo, defende não haver neutralidade no gerenciamento das informações, que depende de escolhas procedimentais de uma máquina programada por seres humanos para automatizar julgamentos, que emulam julgamentos humanos, por aproximação.

Miriam Cherry aponta que, nos ambientes de trabalho, os algoritmos absorveram os papéis organizacionais, anteriormente assumidos pelos gerentes. O código do computador pode executar uma variedade de tarefas de supervisão, atribuindo tarefas aos trabalhadores, determinando o tempo de trabalho, a duração das pausas, o monitoramento da qualidade, a classificação dos funcionários e muito mais.[161]

É de se referir que, como qualquer tecnologia, os algoritmos também são produto do trabalho humano, e reflexos das interações sociais entabuladas em sociedade. Precisamos desmistificar a ideia de que os algoritmos são neutros e objetivos. Assim como qualquer produto do

---

159 "Um algoritmo é um conjunto metódico de passos que pode ser usado na realização de cálculos, na resolução de problemas e na tomada de decisões. Não se trata de um cálculo específico, mas do método empregado quando se fazem cálculos." HARARI, Yuval Noah. *Homo Deus*. São Paulo: Companhia das Letras, 2016, p. 91.

160 MAZZOTTI, Massimo. *Algorithmic life*. In PRIDMORE-BROWN, Michele; CROCKETT, Julien. *The digital revolution: debating the promises and perils of the Internet, automation, and algorithmic lives in the last years of the Obama Administration*. Los Angeles: Los Angeles Review of Books: 2017, p. 33.

161 CHERRY, Miriam A. *Beyond Misclassification: The Digital Transformation of Work*. Comparative Labor Law & Policy Journal, Forthcoming, Saint Louis U. Legal Studies Research Paper n°. 2016-2. Disponível em:< https://ssrn.com/abstract=2734288> Acesso em 22 de março de 2023.

trabalho humano, estão embebidos em vieses políticos, jurídicos, econômicos e sociais.[162]

Como anteriormente estudamos, no capitalismo digital, se destacam os negócios que envolvem o uso da tecnologia da informação, dos dados e da internet. Os dados são considerados a matéria-prima do capitalismo no século XXI, são informações precisas, extraídas, analisadas e utilizadas para gerir os grandes negócios.

De forma que, segundo Renan Kalil:[163]

> o uso de dados passa a ser um recurso central para os negócios e desempenha diversas funções: (i) treinam e aprimoram algoritmos; (ii) permitem a coordenação da terceirização de trabalhadores; (iii) viabilizam a otimização e flexibilização do processo produtivo; (iv) transformam bens com baixas margens de lucro em serviços com altas margens; e (v) a análise dos dados, em si, é geradora de outros dados, o que cria um ciclo virtuoso.

Deste modo, podemos afirmar que os dados e os algoritmos constituem a "antessala"[164] para o capitalismo digital e nesta teia é que encontramos o trabalho digital.

O mercado de trabalho digital, acontece neste espaço, criado por codificadores, que, como antes mencionado, em geral, não estão preocupados com os interesses dos trabalhadores, seu ambiente de trabalho e sua proteção.

Os algoritmos são desenhados por pessoas para alcançar metas objetivas, predeterminadas de forma clara. Não há que se falar que o trabalho mediado por plataformas não obedece às lógicas algorítmicas pré-estabelecidas, nem que essa não é uma arquitetura criada para acumulação de riquezas através da exploração do trabalho.

Muito embora a moderação e a organização e seleção de conteúdos, serem os produtos principais das plataformas digitais, seus executivos

---

[162] CHERRY, Miriam A. *Plataformização do trabalho: entre datoficação, financeirização e racionalidade neoliberal*. Revista Eletrônica Internacional de Economia Política da Informação, da Comunicação e da Cultura, v. 22, n. 1, p. 106-122, 2020. Disponível em: <http://hdl.handle.net/20.500.11959/brapci/155390.> Acesso em 06 fev. 2023.

[163] KALIL, Renan Bernardi. *Capitalismo de plataforma e Direito do Trabalho: crodwork e o trabalho sob demanda por meio de aplicativos*. São Paulo, 2019. Tese (Doutorado) Universidade de São Paulo, USP, Programa de Pós-Graduação em Direito, Direito do Trabalho e da Seguridade Social, 2019, p. 80.

[164] GROHMANN, Rafael. *Trabalho plataformizado e luta de classes*. Revista Boitempo, nº 36, 1º semestre de 2021, p. 40 – 46.

ainda negam ou omitem essa ideia, sustentando, estrategicamente, principalmente quando tratamos da relação de trabalho existente nas plataformas, a imagem de meros intermediários.[165]

Contudo, é central compreender a gestão e controle algoritmo de todo o trabalho executado nas plataformas digitais. O código realiza as funções da figura do supervisor das fábricas, como a atribuição de tarefas, monitoramento da qualidade, a classificação dos funcionários, e até mesmo desligando-os.

Christina Colclough destaca que o gerenciamento algorítmico está disseminado entre as empresas, que modulam a coordenação e o controle da mão-de-obra por meio de um conjunto de instruções pré-determinadas. A autora ressalta que a tomada de decisões empresariais não se dá de forma aleatória, como desejam, mas passam pelo proprietário dos aplicativos, de forma que as decisões do algoritmo são decisões da própria empresa.[166]

Jeremias Adams-Prassl afirma que inicialmente os algoritmos de classificação foram criados inicialmente para fornecer aos consumidores e aos trabalhadores mecanismos de *feedback* precisos sobre outros provedores de plataforma, contudo rapidamente passaram a exercer o controle do empregado, servindo como um verdadeiro "laboratório inicial para o desenvolvimento de ferramentas de gerenciamento algorítmico".[167]

Na visão do autor, os funcionários se encontram sob o olhar atento do "chefe algorítmico":[168]

> Uma combinação de coleta de dados em tempo real e análise de aprendizagem por máquina permite que os empregadores monitorem e direcionem sua força de trabalho de forma contínua – enquanto dispersam a responsabilidade pelos algoritmos. Impulsionadas por parâmetros imprevisíveis

---

[165] JURNO, Amanda Chevtchouk. *Plataformas, algoritmos e moldagem de interesses*. Revista Boitempo, n° 36, 1° semestre de 2021, p. 47–53.

[166] COLCLOUGH, Christina. *"When Algorithms Hire and Fire"*. International Union Rights, vol. 25 no. 3, 2018, p. 6-7. Project MUSE. Disponível em: <muse.jhu.edu/article/838277> Acesso em: 22 de março de 2023.

[167] PRASSL-ADAMS, Jeremias. *Gestão algorítmica e o futuro do trabalho*. In CARELLI, Rodrigo de Lacerda, et. all. *Futuro do Trabalho: os efeitos da revolução digital na sociedade*. Brasília: ESMPU, 2020, p. 85-100.

[168] PRASSL-ADAMS, Jeremias. *Gestão algorítmica e o futuro do trabalho*. In CARELLI, Rodrigo de Lacerda, et. all. *Futuro do Trabalho: os efeitos da revolução digital na sociedade*. Brasília: ESMPU, 2020, p. 85-100.

e em rápida evolução, as decisões de gestão tornam-se difíceis de registrar, ou mesmo de explicar.

O autor aponta que o gerenciamento algorítmico permite o controle dos trabalhadores, desde o momento em que se registram na plataforma, em que se pede uma série de informações e documentos, antes mesmo de ativar as contas, em um processo mais invasivo que qualquer outra forma de prestação de serviços. No momento em que o trabalhador passa a se ativar na plataforma, o controle direciona quando e como a atividade será realizada e o pagamento das tarefas. O autor ainda destaca o sistema de avaliação, que desempenha papel central no controle dos trabalhadores. Ressalta que o objetivo é ter um controle restrito sobre a como a força de trabalho executa e entrega suas atividades, sendo seu maior problema a falta de transparência, que não permite que os trabalhadores saibam com clareza as regras de seu funcionamento.[169]

Neste sentido, a ideia do panóptico "algorítmico" é retomada por Jamie Woodcock em sua pesquisa sobre o trabalho desenvolvido na plataforma *Deliveroo*, como forma de explicar a gestão algorítmica do trabalho.[170]

O conceito do panóptico criado por Jeremy Bentham e popularizado por Michael Foucalt, centra-se na ideia de um mecanismo de supervisão do comportamento dos prisioneiros nas prisões, através da "ameaça", considerando-se que um único supervisor seria incapaz de observar o comportamento de todos os prisioneiros individualmente. Deste modo, a arquitetura do panóptico, projetada para prisões, consiste em uma torre central de vigia, permitindo que uma única pessoa no alto da torre, controle o comportamento de todos os reclusos.

Os prisioneiros não poderiam saber se estavam sendo observados ou não. Foucalt estende essa ideia para todos os setores da sociedade, pois

---

[169] PRASSL-ADAMS, Jeremias. *Gestão algorítmica e o futuro do trabalho*. In CARELLI, Rodrigo de Lacerda, et. all. *Futuro do Trabalho: os efeitos da revolução digital na sociedade*. Brasília: ESMPU, 2020, p. 85-100.

[170] WOODCOCK, Jamie. *O panóptico algorítmico da Deliveroo: mensuração, precariedade e a ilusão do controle*. In ANTUNES, Ricardo (org). *Uberização, trabalho digital e indústria 4.0*. 1ª ed. São Paulo: Boitempo, 2020, p. 23-45.

seria possível impor comportamentos em toda a sociedade baseada na ideia de vigilância constante.[171]

Contudo, Jeremy Bentham, em sua obra, já discute a utilidade do panóptico em "qualquer que seja a indústria"[172], retomado por Woodcock, ao esclarecer que o:[173]

> "algoritmo e, é claro, a mensuração necessária para ele seja eficaz, são portanto, parte de uma longa história de gestão do trabalho, um processo que envolve, impreterivelmente, tentativas de supervisionar, controlar, motivar e disciplinar os trabalhadores".

Para o Woodcock, o controle e gestão do trabalhador se dão, desde a ativação de aplicativo, através do monitoramento em tempo real por meio de um GPS, de seu posicionamento, horários de trabalho, pausa, o que caracterizaria especial assimetria entre o trabalhador e plataforma, considerando que ao trabalhador são fornecidas apenas informações sobre a próxima tarefa.[174]

Ao trabalhador é permitido, na plataforma *Deliveroo*, aceitar as entregas que lhe são oferecidas, ou "pular" a entrega, contudo, acredita-se que isso afete negativamente a classificação dos trabalhadores, muito embora nesta plataforma essa informação não se encontre disponível.

Diferentemente da Uber, na *Deliveroo* não há classificação do entregador, mas o cliente possui a opção de dar uma gorjeta pelo aplicativo. O pagamento por tarefa, segundo o autor, além de ser um método de transferência dos riscos do empreendimento ao trabalhador, é a forma mais eficaz de supervisão, incentivando os trabalhadores a realizar as entregas pontualmente.[175]

---

171 *A teoria da panóptica de Michel Foucault: sobre o poder político e econômico que nos controla sem que possamos perceber.* Pensar Contemporâneo. Disponível em: <https://www.pensarcontemporaneo.com/teoria-da-panoptica-de-michel-foucault/> Acesso em: 02 de fev. de 2023.

172 BENTHAM, Jeremy. *O panóptico.* Org e trad. Tomaz Tadeu. São Paulo: Editora Autêntica, 1º ed, 2019.

173 WOODCOCK, Jamie. *O panóptico algorítmico da Deliveroo: mensuração, precariedade e a ilusão do controle.* In ANTUNES, Ricardo (org). *Uberização, trabalho digital e indústria 4.0.* 1ª ed. São Paulo: Boitempo, 2020, p. 30-31.

174 WOODCOCK, Jamie. *O panóptico algorítmico da Deliveroo: mensuração, precariedade e a ilusão do controle.* In ANTUNES, Ricardo (org). *Uberização, trabalho digital e indústria 4.0.* 1ª ed. São Paulo: Boitempo, 2020, p. 30-31.

175 WOODCOCK, Jamie. *O panóptico algorítmico da Deliveroo: mensuração, precariedade e a ilusão do controle.* In ANTUNES, Ricardo (org). *Uberização, trabalho digital e*

Aos trabalhadores ainda é disponibilizado um relatório com informações sobre seu progresso, informando apenas que os motoristas "alcançaram seus objetivos" ou que "não atenderam às expectativas", sendo a disciplina imposta por "desativações".

Alex Rosenblat e Luke Stark afirmam que na empresa Uber o gerenciamento não é muito diferente. A combinação de aceitação às cegas das viagens e dos passageiros, juntamente com a política de fixação de tarifas determinadas pelo preço dinâmico do algoritmo, seriam fortes evidências de um gerenciamento algorítmico capaz de substituir a atuação de qualquer gerente.[176]

Ao aceitar uma viagem que a Uber oferece, o motorista assume o risco de o trabalho não ser lucrativo, uma vez que a empresa informa o destino e a estimativa dos ganhos somente após o aceite da oferta. O cancelamento das viagens ainda é um instrumento que pode levar à exclusão da plataforma, de forma que a Uber utiliza de vantagens para esconder informações relevantes sobre o mercado e definir seus padrões de prestação de serviços.

O valor da tarifa é estabelecido de unilateralmente pela empresa, demonstrando o poder em controlar e modificar os valores das viagens, a retórica utilizada pela empresa quando à autonomia dos motoristas, e seu caráter empreendedor. A fixação de tarifas baixas, segundo os autores, estimula os motoristas a trabalharem mais para garantirem sua subsistência, tornando seus horários de trabalho mais rígidos. Ainda a empresa oferece vantagens aos motoristas que mantenham determinado desempenho.[177]

Vitor Filgueiras e Ricardo Antunes, resumem as medidas de controle dos aplicativos, de forma mais genérica, em onze, aplicáveis em maior ou menor grau nas diferentes plataformas de trabalho digital, a partir de dados apurados dos termos de usos, autos de infração, processos judiciais e entrevistas realizadas. São elas: determinação de quem pode trabalhar; delimitação da tarefa; definição de qual trabalhador

---

indústria 4.0. 1ª ed. São Paulo: Boitempo, 2020, p. 30-31.

[176] ROSENBLAT, Alex; STARK, Luke. *Algorithmic labor and information asymmetries: a case study of Uber's Drivers*. International Journal of Communication, v. 10, p. 3762, 2016.

[177] ROSENBLAT, Alex; STARK, Luke. *Algorithmic labor and information asymmetries: a case study of Uber's Drivers*. International Journal of Communication, v. 10, p. 3762, 2016.

irá realizar cada serviço, não permitindo captação de clientes; delimitação de como as atividades serão efetuadas; determinação do prazo para execução dos serviços; estabelecimento de modo unilateral dos valores a serem recebidos; determinação de como os trabalhadores entram em contato com o aplicativo; pressão para os trabalhadores serem assíduos e não negarem serviços; pressão para os trabalhadores ficarem mais tempo à disposição; uso de bloqueios como forma de ameaça, por razões arbitrárias e não claras aos trabalhadores; dispensa a qualquer momento e sem justificativa, como forma de coerção e disciplinamento.[178]

O panóptico é retomado por Adam Prassl, ao destacar que o "chefe algorítmico pode pairar sobre cada trabalhador, desde a verificação de potenciais participantes e atribuição de tarefas até o controle de como o trabalho é feito e remunerado e a penalização do desempenho insatisfatório – muitas vezes sem qualquer transparência ou responsabilidade".[179]

A figura do "panóptico algoritmo" nos parece, neste sentido, encaixar-se perfeitamente, convertendo o regramento disponível no site do aplicativo em um mecanismo de gestão e controle da força de trabalho dos motoristas.

Não obstante, essa posição não é aceita por todos os pesquisadores voltados ao estudo do tema. André Zipperer, ao sustentar que o trabalho realizado nas plataformas se trata de um trabalho coordenado, e não subordinado, encontra nesta forma de controle, um exagero, que pretende "forçar" o encaixe de uma forma flexível de trabalho nos moldes trabalhistas.

Aduz o autor que a subordinação se encontra atenuada ou mesmo fragmentada, pelo desaparecimento das formas de controle, em uma forma de "organização chamada de flexível".[180]

---

178 VITOR, Figueiras; ANTUNES, Ricardo. *Plataformas Digitais, uberização do trabalho e regulação no capitalismo contemporâneo.* In ANTUNES, Ricardo (org). *Uberização, trabalho digital e indústria 4.0.* 1ª ed. São Paulo: Boitempo, 2020, p. 59-78.

179 PRASSL-ADAMS, Jeremias. *Gestão algorítmica e o futuro do trabalho.* In CARELLI, Rodrigo de Lacerda, et. all. *Futuro do Trabalho: os efeitos da revolução digital na sociedade.* Brasília: ESMPU, 2020, p. 85-100.

180 ZIPPERER, André Gonçalves. *A intermediação de trabalho via plataformas digitais: repensando o direito do trabalho a partir das novas realidades do século XXI.* São Paulo: LTr, 2019, p.160.

Para André Zipperer, o trabalhador pode livremente escolher quando e por quanto tempo irá trabalhar, o que é incompatível, por exemplo, com controle de jornada, descansos, faltas e férias. Somando-se ao fato de que o consumidor poderá escolher quem prestará o serviço, com base em avaliações anteriores; e a forma de remuneração, considerando que o trabalhador se apropria de grande parte do valor contratado, dentre outros fatores que os diferenciam.

Como estudaremos de forma mais aprofundada mais a frente, o autor se debruça em vários momentos nas incompatibilidades do trabalho realizado nas plataformas com os direitos dos trabalhadores subordinados. Em verdade, o autor, ressaltando a característica de trabalho humano que deve ser protegido, afasta-se dos conceitos clássicos de emprego e do mesmo modo do trabalhador autônomo, propondo uma nova forma de proteção.

Em nosso estudo, comungamos com a ideia da existência de um controle e gestão do trabalho realizado por meio do algoritmo, porém, não como elemento caracterizador da subordinação. Por outro lado, sustentamos a existência de uma relação de trabalho que precisa de uma regulamentação própria, capaz de se amoldar perfeitamente à cada uma das novas relações, e que, por meio desse controle "panóptico", permitiria facilmente ser realizada.

Defendemos que a ideia de trabalhador subordinado, deve ser construída conjugando elementos subjetivos e objetivos da atividade desempenhada, de forma que não bastaria o controle e a gestão, existentes nos momentos em que os trabalhadores se ativam à plataforma, para sua caracterização.

Sustentamos, como o autor André Zipperer, que a flexibilidade que permite ao trabalhador ativar-se à plataforma, nos dias e horários que deseja (ainda que não seja essa a realidade da maioria dos trabalhadores, que realizam verdadeiras jornadas de trabalho exaustivas, nos aplicativos, para conseguirem garantir sua subsistência), permitiriam um autogerenciamento, que não se confunde com o empreendedorismo, inexistente nas formas de trabalho subordinado.

Do mesmo modo, não é possível sustentar a ideia de "ampliação da autonomia", sendo a total independência do trabalhador na prestação de serviços, apenas uma ilusão.

Neste sentido, nos filiamos a ideia do autor Zipperer, em que o controle e a gestão, ainda que presentes, não nos conduzem a uma relação empregatícia. Contudo, como nos ensina Alexandre Negromonte Gonçalves Filho, essas relações desregulamentadas, que não apresentam nenhum grau de proteção legislativa trabalhista, não podem ficar à mercê da dicotomia que, ou protege integralmente sob o manto da subordinação, ou nada garante, por sua independência. De modo que, o trabalho subordinado não pode ser mais o único objeto do Direito do Trabalho.[181]

Com respeito a esse controle e gestão, ou ainda gerenciamento algorítmico, doutrinadores como De Stefano, ressaltam ainda pontos que precisam de mais atenção no momento das regulamentações. A forma como esses mecanismos funcionam para a gestão do trabalho, que raramente são transparentes, considerando que as empresas não compartilham os métodos pelos quais recolhem e processam os comentários dos clientes sobre as atividades dos trabalhadores; o gerenciamento por pontuação; as práticas de vigilância que podem violar materialmente a vida privada dos trabalhadores; o risco dos sistemas refletirem preconceitos de seus programadores e; ainda, a concentração da gestão apenas em aspectos de produtividade e desempenho, desconsiderando ou descartando candidatos a empregos com deficiências, ou com características que diferem das expectativas de seus programadores, são apenas alguns deles.[182]

A lógica de funcionamento do trabalho sob demanda por meio dos aplicativos apresenta peculiaridades que as distinguem das relações trabalhistas tradicionais, Ludmila Costek Abílio afirma que o capitalismo de plataforma nos conduziu à "viração", ou seja, a necessidade constante em se procurar trabalho, uma vez que os serviços são transitórios, instáveis, e não conferem identidade ao trabalhador. Essa nova forma de organização do trabalho, oferece serviços remunerados sem a tradicional forma do trabalho, sob formas de controle e expropriação que, ao mesmo tempo são evidentes e pouco localizáveis. Neste sentido:[183]

---

[181] FILHO, Alexandre Gonçalves. *As relações de trabalho pós-modernidade e a necessidade de tutela à luz dos novos princípios do direito do trabalho*. Revista LTr, vol. 82, nº 03, março de 2018.

[182] DE STEFANO, Valerio. *Automação, inteligência artificial e proteção laboral: patrões algorítimicos e o que fazer com eles*. In CARELLI, Rodrigo de Lacerda, et. all. Futuro do Trabalho: os efeitos da revolução digital na sociedade. Brasília: ESMPU, 2020, p. 22 - 61.

[183] ABILIO, Luciana Costek. *Uberização do trabalho: subsunção real da viração*. Passa Palavra. São Paulo, 19 fev. 2017. Disponível em: <http://passapalavra.

> A gig economy é feita de serviços remunerados, que mal têm a forma trabalho, que contam com o engajamento do trabalhador-usuário, com seu próprio gerenciamento e definição de suas estratégias pessoais. A gig economy dá nome a uma multidão de trabalhadores just-in-time (como já vislumbrava Francisco de Oliveira no início dos anos 2000 ou Naomi Klein ao mapear o caminho das marcas até os trabalhadores), que aderem de forma instável e sempre transitória, como meio de sobrevivência e por outras motivações subjetivas que precisam ser mais bem compreendidas, às mais diversas ocupações e atividades. Entretanto, essas atividades estão subsumidas, sob formas de controle e expropriação ao mesmo tempo evidentes e pouco localizáveis. A chamada descartabilidade social também é produtiva. Ao menos por enquanto.

Deste modo, o trabalho realizado por meio das plataformas apresenta ambiguidades e características que não permitem enquadrá-lo nas formas de subordinação, tampouco a liberdade que se limita a definir o melhor horário para o trabalho, e muitas vezes, nem isso, não é motivo suficiente para afastar a proteção trabalhista, relegando-o a regulamentação do Direito Civil.

Concluímos, portanto, que a tecnologia, deve ser entendida como uma aliada do trabalho humano, inevitável na sociedade do conhecimento e da informação. Restando-nos avaliar, a partir de tudo o quanto estudado, e antes mesmo de adentrarmos no mundo do tratamento jurídico conferido, a inevitável relação de trabalho existente e sua necessária proteção nos moldes constitucionais.

2.4. Natureza da relação entre as partes

Como apresentado nos capítulos anteriores, encontramos uma heterogeneidade de trabalhos que podem ser realizados via plataformas, como motoristas, advogados, médicos, enfermeiros (*home care*), serviços de limpeza, domésticos, consertos, entre tantos outros.

Até o ano de 2021, segundo os dados obtidos pela OIT, no mundo podíamos encontrar 777 (setecentos e setenta e sete) plataformas, oferecendo os mais diferentes serviços e bens e criando as mais diferentes formas de trabalho.[184]

---

info/2017/02/110685>. Acesso em: 22 de março de 2023.

[184] ORGANIZAÇÃO INTERNACIONAL DO TRABALHO. *World Employment and Social Outlook 2021: The role of digital labour platforms in transforming the world of work* International Labour Office. Geneva: ILO, 2021, p. 47.

As plataformas digitais, contudo, definem-se como serviços de tecnologia, apresentando-se como meras "intermediadoras", entre o consumidor final e o prestador de serviços. Em verdade, aduzem que a prestação de serviços ocorre diretamente para o consumidor final, de forma que os prestadores seriam "clientes" das plataformas, utilizando-as para prospectar consumidores, para prestar-lhe serviços diretamente. Pretendem, deste modo, descaracterizar o trabalho humano, conceito amplamente discutido em nosso estudo.

Em que pese essa definição, as evidências apontam em sentido distinto. Em julgamentos paradigmáticos sobre o tema, juízes por todo o mundo vem sustentando que empresas como a Uber, não produzem tecnologia, sendo sua caracterização como "serviços de tecnologia", um mero artifício mercadológico.

Nesta direção o julgamento do caso O`Connor v. Uber:[185]

> "a Uber não vende simplesmente software; vende corridas. A Uber não é mais empresa de tecnologia do que a Yellow Cab é empresa de tecnologia porque usa rádios para enviar táxis, John Deere é empresa de tecnologia porque usa computadores e robôs para manufaturar cortadores de grama ou Domino Sugar é empresa de tecnologia porque usa técnicas modernas de irrigação para fazer crescer cana-de-açúcar. De fato, poucas empresas não são empresas de tecnologia se o foco é somente em como criam ou distribuem seus produtos. Se, contudo, o foco é na substância do que a empresa realmente faz (como vender corridas de táxi, cortar grama ou açúcar), é claro que a Uber é uma empresa de transporte, embora tecnologicamente sofisticada."

No mesmo sentido, o julgamento Aslam e Farrar v. Uber:[186]

---

[185] Neste Sentido: UNITED STATES DISTRICT COURT, N.D. CALIFORNIA. Technologies, Inc., et. al., Defendants. Mar. 2015. Disponível em: <https://h2o.law.harvard.edu/collages/42126/export>. Acesso em: 10 de março de 2023; Dentre outros que podemos encontrar: UNITED KINGDOM. Employment Tribunals, Case number: 2202551/2015. London Central. Mr. Y. Yaslam, Mr. J. Farrar and Others v Uber Employment Tribunal judgment, 28 octuber 2016. Disponível em: < https://www.gov.uk/employment-appeal-tribunal-decisions/uber-b-v-and-others-v-mr-y--aslam-and-others-ukeat-0056-17-da> Acesso em 28 de fev. 2023; TRIBUNAL SUPERIOR DO TRABALHO. Recurso de Revista nº 100853-94.2019.5.01.0067. (TST - RRAg-100853-94.2019.5.01.0067, 8ª Turma, Relator Ministro Alexandre de Souza Agra Belmonte, DEJT 03/02/2023).

[186] UNITED KINGDOM. Employment Tribunals, Case number: 2202551/2015. London Central. Mr. Y. Yaslam, Mr. J. Farrar and Others v Uber Employment Tribunal judgment, 28 octuber 2016. Disponível em: < https://www.gov.uk/

"em nossa opinião, é irreal negar que a Uber está nos negócios como um fornecedor de serviços de transporte. [...] Além disso, o caso dos réus aqui é, acreditamos, incompatível com o fato consensual de que a Uber comercializa uma gama de produtos. Alguém pode perguntar: de quem é essa gama de produtos se não da Uber? Os produtos falam por si mesmos: eles são uma variedade de serviços de corridas. O sr. Aslam não oferece essa gama. Nem o sr. Farrar ou qualquer outro motorista individualmente. O marketing evidentemente não é feito para o benefício de qualquer motorista individualmente. Igualmente evidente, é feito para promover o nome da Uber e para vender os seus serviços de transporte.

Em nosso País, o julgamento do Recurso de Revista n.º 100853-94.2019.5.01.0067, de relatoria do Ministro Alexandre de Souza Agra Belmonte:[187]

"a Uber efetivamente organiza atividade de transporte por meio que instituiu a Infra-Estrutura de Chaves Públicas Brasileira. de plataforma digital e oferece o serviço público de transporte por meio de motoristas cadastrados em seu aplicativo. A Uber não fabrica tecnologia e aplicativo não é atividade. A atividade dessa empresa é, exclusivamente, propiciar o transporte, cujo aplicativo tecnológico de que se serve é o meio de conexão entre ela, o motorista "parceiro" e o usuário para efetivá-lo. É, enfim, uma transportadora que utiliza veículos de motoristas contratados para realizar o transporte de passageiros. Considerar a UBER (que no país de onde se origina é classificada como empresa de transporte por aplicativo e que inicialmente se autodenominava UBERTAXI) como empresa de tecnologia ou de aplicativo, uma vez que não produz nenhum dos dois, corresponderia a fazer do quadrado redondo e isentá-la de qualquer responsabilidade no trânsito quanto à sua efetiva atividade, o transporte que organiza e oferece, e para o qual o motorista é apenas o longa manus ou prestador contratado. Se fosse apenas uma plataforma digital não estipularia preço de corridas; não receberia valores e os repassaria aos motoristas; não classificaria o tipo de transporte fornecido e o preço correspondente; não estabeleceria padrões; não receberia reclamações sobre os motoristas e não os pontuaria. Enfim, como empresa de aplicativo e não como empresa de transporte que é, estaria atuando no mercado em desvio de finalidade.

Julia Tomassetti acrescenta que a plataforma é uma empresa que tem como objeto a venda de serviços, representando uma emergência da corporação pós-industrial, cujo objetivo é a obtenção lucro por

---

employment-appeal-tribunal-decisions/uber-b-v-and-others-v-mr-y-aslam-and-others-ukeat-0056-17-da> Acesso em 28 de fev. 2023;

[187] TRIBUNAL SUPERIOR DO TRABALHO. Recurso de Revista nº 100853-94.2019.5.01.0067. (TST - RRAg-100853-94.2019.5.01.0067, 8ª Turma, Relator Ministro Alexandre de Souza Agra Belmonte, DEJT 03/02/2023).

meio da especulação, da burla da lei, evasão de divisas e manipulação de ativos.[188]

Para a autora, a burla da lei se dá através do vácuo legal entre o conteúdo das transações econômicas e seu regramento, escondendo a dinâmica das reais relações econômicas entabuladas, classificando seus trabalhadores como autônomos, permitindo oferecer serviços sem arcar com os custos dos empregos.

Mas vale dizer que essa posição não é majoritária, tanto na doutrina quanto na jurisprudência, como nos aprofundaremos nos capítulos posteriores. Para nos atermos as decisões brasileiras, encontramos posicionamentos bem diferentes, até mesmo antagônicos, dentre os Ministros do Tribunal Superior do Trabalho, como o Ministro Ives Gandra da Silva Martins Filho, que analisando a questão, sustenta serem as empresas digitais, "empresas provedoras de tecnologias", ou ainda "empresas provedoras de plataformas digitais", comprando o discurso vendido pelos proprietários das plataformas.[189]

Neste tocante, o trabalho digital, desenvolvido por meio das plataformas digitais, deixaria de conferir uma identidade profissional ao trabalhador, identidade esta que percorre elementos socialmente reconhecidos e protegidos pelo Estado. Como consequência, o trabalhador perde sua identidade social, tornando-se invisível em sociedade, contribuindo diretamente para sua desumanização.[190]

Neste sentido, Ludmila Costhek Abílio:[191]

> *Crowdsourcing* e uberização concretizam uma crescente adesão a um trabalho que vai perdendo as formas socialmente reguladas e estabelecidas que lhe conferem a concretude do trabalho. A categoria do trabalho amador

---

188 TOMASSETTI, Julia. *Does Uber Redefine the Firm: The Postindustrial Corporation and Advanced Information Technology.* Hofstra Labor & Employment Law Journal, v. 34, 2016.

189 Neste sentido: TRIBUNAL SUPERIOR DO TRABALHO. Recurso de Revista nº 10555-54.2019.5.03.0179. (TST- RR: 10555-54.2019.5.03.0179, Relator: Ives Gandra Martins Filho, Data de Julgamento: 02/02/2021, 4ª Turma, Data de Publicação: DEJT 04/03/2021).

190 DE STEFANO, Valerio. *Automação, inteligência artificial e proteção laboral: patrões algorítimicos e o que fazer com eles.* In CARELLI, Rodrigo de Lacerda, et. all. Futuro do Trabalho: os efeitos da revolução digital na sociedade. Brasília: ESMPU, 2020, p. 22 - 61.

191 ABÍLIO, Ludmila Costhek. *Uberização: gerenciamento e controle do trabalhador just-in-time.* In ANTUNES, Ricardo (org). *Uberização, trabalho digital e indústria 4.0.* 1ª ed. São Paulo: Boitempo, 2020, p. 111-124.

> refere-se a um trabalho que é trabalho, mas que não confere uma identidade profissional bem estabelecida, que não tem alguns dos elementos socialmente estabelecidos que passam pelas regulações do Estado, envolvendo princípios que estruturam a identidade do trabalhador como tal.

Mas, tal como afirmamos, o trabalho realizado nas plataformas, digitalmente, ainda deve ser entendido como trabalho humano, merecendo uma regulamentação capaz de estender a todos os seus trabalhadores, hoje precarizados, a tutela efetiva dos direitos constitucionalmente previstos.

As relações de trabalho intermediadas por plataformas, entendido como "trabalho amador" ou "trabalho invisível", nada mais é que uma forma de trabalho, que apresenta peculiaridades, que precisam ser estudas, para sua melhor regulamentação.

De acordo com Ana Paula Silva Miskulin essas relações de trabalho fazem parte de uma proposta de reestruturação empresarial implementada nas últimas décadas de forma inacabada, que as distinguem das tradicionais, marcadas pela presença de mais de uma organização empresarial.[192]

Segundo a autora, vários estudos apontam que o local de trabalho foi fissurado nas últimas três décadas, de modo que o emprego não mais apresenta uma relação clara entre um empregador e um trabalhador.

David Weil é o autor que introduz essa ideia, afirmando que o local de trabalho foi profundamente transformado, de forma que, o pensamento formulado por David Harvey, de que trabalho é inerentemente baseado em um local, mostra-se insuficiente, e a ideia de que, diferentemente do capital, o trabalhador ao final de sua jornada, deveria retornar para sua casa, não mais traduz as relações de trabalho.[193]

Por fissuração do local de trabalho, Weil entende como sendo a opção empresarial pelo uso de estratégias que, não apenas buscam reduzir salários e cortar benefícios, como buscam viabilizar a descentralização das atividades de forma eficiente, sendo uma de suas faces o uso

---

[192] MISKULIN, Ana Paula. *Aplicativos e direito do trabalho: a era dos dados controlados por algoritmos*. 2ª ed. Campinas: Lacier Editora, 2022, p. 91.

[193] HARVEY, David. *Condição pós-moderna: uma pesquisa sobre as origens da mudança cultural*. Trad. Adail Ubirajara Sobral e Maria Stela Gonçalvez. São Paulo: Loyola, 1992.

de tecnologias de informação e comunicação, que permitem a redução de coordenação de transação de negócios.[194]

Nessa linha as empresas principais elaboram contratos ou desenvolvem estruturas organizacionais que as permitem monitorar as empresas descentralizadas, imputando-lhes penalidades caso não obtenham êxito em prover suas necessidades. Ainda, por mais que realizem um acompanhamento de suas atividades, criam um distanciamento quando se trata de verificar o cumprimento das obrigações legais, notadamente trabalhistas.

Neste sentido, ressalta o autor que, para os trabalhadores, as consequências dessa fissuração são perniciosas, considerando que ao transferirem suas necessidades para empresas terceirizadas, as empresas principais criam mercados com baixos salários, propagam ambientes de trabalho inseguros e promovem a desigualdade.[195]

Essas alterações no local de trabalho, apontadas por David Weil, são resultado de um processo de descentralização da produção, que como antes estudamos, tem início no começo da década de 1970, mas que se intensifica com a evolução dos computadores e das tecnologias.

Atualmente, os espaços de trabalho digitais conseguem borrar fronteiras entre o consumo e o trabalho. A atividade laboral atual é realizada nas redes de *internet*, ou com seu auxílio. As tecnologias possibilitam o trabalho à distância, mesmo que do outro lado de um oceano.

O trabalho realizado nas redes, entendido como global, para muitos, seria o responsável pela criação de uma espécie de espaço transacional, sem localização, inviabilizando qualquer forma de regulamentação.[196]

Contudo, observando esse mundo de trabalho digital com uma atenção maior, conseguimos verificar que os serviços prestados não acontecem em locais indefinidos, sendo possível, como bem observa Mark Graham e Mohammad Amir Anwar, identificar pelo menos duas formas de prestação: o trabalho geograficamente aderente (dirigir,

---

[194] WEIL, David. *Fissured Workplace: why work became so bad for many and what can be done to improve it.* Havard: University, 2017, p. 7.

[195] WEIL, David. *Fissured Workplace: why work became so bad for many and what can be done to improve it.* Havard: University, 2017, p. 7.

[196] GRAHAM, Mark; ANWAR, Mohammad Amir. *Trabalho Digital.* In ANTUNES, Ricardo (org). *Uberização, trabalho digital e indústria 4.0.* 1ª ed. São Paulo: Boitempo, 2020, p. 47-58.

por exemplo), e um trabalho geograficamente não aderente (como o de tradução).

Ambos desafiam regulamentações próprias, no entanto, ao contrário da teoria globalizante que implicaria em uma grande dificuldade em aplicarmos regras de proteção aos seus trabalhadores, quando bem analisados, cada forma de trabalho ainda se apresenta em concentrações evidentes, sob jurisdições específicas de pelo menos um local.

Compreender essas concentrações permite a criação de alianças entre os trabalhadores, abrindo oportunidades para remodelação das geografias econômicas do trabalho digital.[197]

Cada um dos trabalhadores, ao contrário do propagandeado pelas plataformas, tem garantido seu poder de barganha. Para os trabalhadores geograficamente aderentes, as ações coletivas mostram-se mais evidentes, como ocorrido no Reino Unido, recentemente, que trabalhadores de serviços de entregas que estavam em greve utilizaram os aplicativos para pedir comida e assim mobilizar outros trabalhadores.

Para os trabalhadores geograficamente não aderentes, as mesmas possibilidades lhes são garantidas. O trabalho realizado de modo cem por cento digital, pode mobilizar suas forças por meios digitais, como redes sociais, mediante abordagens midiáticas, promovendo o bloqueio das plataformas, estratégias que atingem a imagem destas frente a clientes e consumidores.

Superada a ideia de que o trabalho digital, por sua característica globalizada, não permitiria uma regulamentação específica, passamos a analisar o conceito de relação de trabalho, a partir do quanto debatido no começo de nosso estudo.

Neste comento, segundo Mauro Schiavi, trabalho pode ser conceituado como:[198]

> "trabalho prestado por conta alheia, em que o trabalhador, pessoa física coloca, em caráter preponderantemente pessoal, de forma eventual ou não eventual, gratuita ou onerosa, de forma autônoma ou subordinada, sua força de trabalho em prol de outra pessoa (física, jurídica, de direito público

---

[197] GRAHAM, Mark; ANWAR, Mohammad Amir. *Trabalho Digital*. In ANTUNES, Ricardo (org). *Uberização, trabalho digital e indústria 4.0*. 1ª ed. São Paulo: Boitempo, 2020, p. 47-58.

[198] SCHIAVI, Mauro. *Manual de Direito do Trabalho*. Salvador: Editora JusPodvim, 2021, p. 110.

ou privado), podendo o trabalhador correr ou não riscos da atividade que desempenhará".

Delgado aponta que a ciência do direito enxerga clara distinção entre relação de trabalho e relação de emprego, a primeira com caráter mais genérico, refere-se a todas as relações jurídicas caracterizadas por terem sua prestação essencial centrada no *labor humano*. Refere-se ainda a toda modalidade de contratação de trabalho humano, admissível. Segundo o autor:[199]

> Evidentemente que a palavra trabalho, embora ampla, tem uma inquestionável delimitação: refere-se a dispêndio de energia pelo *ser humano*, objetivando resultado útil (e não dispêndio de energia por seres irracionais ou pessoa jurídica). Trabalho é atividade inerente à pessoa humana, compondo o conteúdo físico e psíquico dos integrantes da humanidade. É, em síntese, o *conjunto de atividades, produtivas ou criativas, que o homem exerce para atingir determinado fim*.

Relação de emprego seria uma espécie do gênero, com a peculiaridade de ter se constituído a modalidade mais relevante de pactuação de prestação de serviços, do ponto de vista econômico-social, desde a instauração do capitalismo. Mas a relação de trabalho é a espécie que conteria esse gênero.

Fato é que, o exercício das atividades laborais na multidão produtora (*crowdwork*), capaz de promover um verdadeiro leilão sobre os trabalhadores, como nos ensina Valério De Stefano e o trabalho realizado por meio de plataformas digitais, apresentam alguns pressupostos claros capazes de lhes caracterizar como típicas relações de trabalho, apesar de sua heterogeneidade.[200]

Inicialmente, o trabalho é prestado por uma pessoa física, individualmente, aqui importa trazer os ensinamentos de Maurício Godinho Delgado, que lembra que os bens juridicamente tutelados no Direito do trabalho importam à pessoa física, e, assim, a figura do trabalhador sempre será a pessoa natural.[201]

---

[199] DELGADO, Maurício Godinho. *Curso de Direito do Trabalho*. 17. ed. rev. atual. ampl. São Paulo: LTr, 2018, p. 334.

[200] DE STEFANO, Valerio. *Automação, inteligência artificial e proteção laboral: patrões algorítimicos e o que fazer com eles*. In CARELLI, Rodrigo de Lacerda, et. all. Futuro do Trabalho: os efeitos da revolução digital na sociedade. Brasília: ESMPU, 2020, p. 22 - 61.

[201] DELGADO, Maurício Godinho. *Curso de Direito do Trabalho*. 17. ed. rev. atual. ampl. São Paulo: LTr, 2018, p. 334, p. 339.

Neste tocante ressaltamos a relação de trabalho será realizada por uma pessoa, através da exploração do trabalho humano, e não por meio de programas de computadores, algoritmos de inteligência artificiais. Lembrando que, por trás das redes temos os codificadores, humanos que criam os algoritmos que visam a acumulação de riquezas.

Muito embora não exista um consenso na doutrina especializada sobre o tema, no tocante à existência de uma remuneração (ou assalariamento, como apresentado por Ricardo Antunes), é certo que, em geral, existe proveito econômico na atividade do trabalho digital.

O trabalho é realizado em prol de outrem, essa ideia de que o trabalhador seria seu "patrão", não se sustenta, quando consideramos que as empresas de tecnologia (ou como se apresentam "intermediárias"), visam e obtém lucro, através da mais-valia.

Embora esse excedente apropriado pelo capital não se apresente da mesma forma que nas demais formas de trabalho assalariado, considerando-se, por exemplo, o caso da Uber, em que o trabalhador ficará com maior parte do valor pago decorrente da prestação de serviços, ao trabalhador também são repassados os riscos da atividade desempenhada.

Deste modo, o trabalho digital é típica relação de trabalho sendo: prestado por uma pessoa física; através da venda de força produtiva pelo trabalhador como forma de subsistência; de forma, em geral, onerosa e com pessoalidade no desenvolvimento do labor.

Com respeito ao tema, André Zipperer elenca mais alguns pressupostos para a caracterização do que ele apresenta como um novo conceito "trabalhador da multidão produtora", a saber: existência de uma relação triangular entre a empresa da plataforma, os trabalhadores e os clientes da plataforma; a conexão direta entre o requerente comprador e o trabalhador, via plataforma digital como sistema de conexão entre eles; prestação de trabalho humano e individual; descontinuidade das relações promovidas pela plataforma.[202]

Ressaltamos que, para o autor, não existe uma forma de controle, tal como sustentamos em nosso tópico anterior. Contudo, filiamo-nos à compreensão do autor, ao considerar o trabalho da plataforma, como um trabalho coordenado, envolvendo um certo grau de interferência

---

202 ZIPPERER, André Gonçalves. *A intermediação de trabalho via plataformas digitais: repensando o direito do trabalho a partir das novas realidades do século XXI.* São Paulo: LTr, 2019, p.175.

na execução e no desempenho do trabalho, porém sem subordiná-lo, mas capaz, em nosso entendimento, de permitir a efetivação de direitos dos trabalhadores mais facilmente.

Outros estudos também definem e apresentam características para o trabalho em plataformas digitais. A EUROFOUND (European Foundation for the Improvement of Living and Working Conditions) em atualização de seu estudo denominado *New forms of employment*, em 2018 e em 2020, define trabalho em plataformas como "uma forma de emprego que usa uma plataforma *on-line* para permitir que organizações ou indivíduos acessem outras organizações ou indivíduos para resolver problemas ou prestar serviços em troca de pagamento".[203]

Dentre as características destacam: a organização do trabalho remunerado por intermédio de uma plataforma; envolvimento de três partes: a plataforma, o trabalhador, e o cliente; a realização de tarefas específicas; operação sob forma de terceirização ou contratação externa; subdivisão do trabalho em tarefas; fornecimento dos serviços que ocorre sob demanda.[204]

O documento *El mercado laboral digital a debate*, adota a expressão "plataformização do trabalho" para referir-se ao trabalho intermediado pelas plataformas.[205]

Renan Kalil resume o trabalho sob demanda por meio de aplicativos como, um trabalho em que:[206]

> O trabalho sob demanda por meio de aplicativos é uma relação triangular, geralmente tendo a duração de minutos ou horas para cada tarefa. Trabalhadores manifestam a sua disponibilidade em realizar determinada atividade, consumidores indicam a sua necessidade na execução de uma tarefa e a plataforma viabiliza a conexão entre ambos. O trabalho é feito no local em que o trabalhador está ou no espaço que o cliente determinar. O grau de intervenção da empresa na relação entre seus clientes e trabalhadores

---

[203] EUROFOUND (2020). *New forms of employment: 2020 update.* New forms of employment series, Publications Office of the European Union, Luxembourg.

[204] EUROFOUND (2020). *New forms of employment: 2020 update.* New forms of employment series, Publications Office of the European Union, Luxembourg.

[205] CAÑIGUERAL, Albert. *El mercado laboral digital a debate: Plataformas, trabajadores, derechos y workertech.* COTEC, Fundación COTEC para la inovación. 2019.

[206] KALIL, Renan Bernardi. *Capitalismo de plataforma e Direito do Trabalho: crodwork e o trabalho sob demanda por meio de aplicativos.* São Paulo, 2019. Tese (Doutorado) Universidade de São Paulo, USP, Programa de Pós-Graduação em Direito, Direito do Trabalho e da Seguridade Social, 2019, p. 195.

é variável, especialmente quanto à pessoa que realizará a atividade e ao modo de execução da tarefa. A intensidade do controle e da coordenação das atividades executadas pelos trabalhadores, que ocorre pelo gerenciamento algorítmico, não é a mesma em todas as plataformas.

Evidentemente que o trabalho por meio de plataformas digitais, não esgota todas as modalidades de trabalho que surgiram com o capitalismo digital, fugindo aos modelos tradicionais. Para muitos, caracterizaram-se como verdadeiras relações de emprego, como analisaremos mais adiante, para outros, relações de trabalho, que preocupam por não apresentar uma proteção jurídico-laboral desvinculada da relação de emprego.

Com efeito, seu estudo, como formas de trabalho humano, que surgem com velocidades ímpares, compreendendo suas implicações no mundo jurídico e em seus ambientes sociais, políticos e econômicos, mostra-se até mais importante, do que o mero enquadramento em conceitos de subordinação e independência.

Como nos alerta Ana Paula Miskulin, esse ambiente que propicia o surgimento de novas relações de trabalho pode ser considerado paradoxal, pois, ao mesmo tempo, que abre novas possibilidades para um nicho de trabalhadores, por outro traduz-se em trabalhos instáveis quanto à renda e a segurança, precários, marcados pela descontinuidade, riscos à saúde e segurança e desproteção em relação aos direitos mínimos.[207]

A invisibilidade desses trabalhadores é apresentada por muitos doutrinadores como um atributo do trabalho digital, em ambas as formas. De acordo com Miriam Cherry, Winifred Poster e Marion Crain, o trabalho invisível envolve as atividades que os trabalhadores executam tarefas, em resposta às demandas dos empregadores, sendo essenciais para a geração de renda, ainda que frequentemente negligenciadas, ignoradas e/ou desvalorizadas por todos os atores sociais, e em última instância pelo próprio sistema jurídico.[208]

E as plataformas levaram à intensificação do desaparecimento desses trabalhadores. Primeiramente pelas terminologias utilizadas nos sites

---

[207] MISKULIN, Ana Paula. *Aplicativos e direito do trabalho: a era dos dados controlados por algoritmos*. 2ª ed. Campinas: Lacier Editora, 2022, p. 97.

[208] CRAIN, Marion; POSTER, Winifred; CHERRY, Miriam. *Introduction: conceptualizing invisible labor*. In CRAIN, Marion; POSTER, Winifred; CHERRY, Miriam. (Eds.). *Invisible labor: hidden work in the contemporary world*. Oakland, California: University of California Press, 2016, p. 6,

das plataformas e em seus estatutos, que não reconhecem na atividade desenvolvida pelas pessoas, como trabalho. As empresas não as reconhecem como trabalhadores, mas como "parceiros", "colaboradores", "empresários", denominações que desvalorizam a humanidade daqueles que eles mesmos contratam. Outra maneira de esconder esses trabalhadores da lei, é classificando-os como "autônomos", transmitindo a ideia de que trabalhadores que realizam atividades que demandam baixas qualificações são microempreendedores, contudo, dificilmente encontraríamos verdadeiros empresários trabalhando para obterem baixas remunerações, que não alcançam o mínimo legal.[209]

Renan Kalil ressalta que as plataformas dão grande ênfase na tecnologia, colocando o trabalho humano em segundo plano, o que o torna invisível. No entanto:[210]

> Apesar de existir um esforço de se colocar o trabalho humano como apêndice da tecnologia, verificamos que é um elemento central para as plataformas digitais, sem o qual seria inviável a oferta de serviços e, consequentemente, a própria existência dessas empresas.

Vale lembrar que a OIT ao tratar do tema trabalho, define como direito de todos os trabalhadores o trabalho digno (não se limitando ao emprego), como todo o trabalho produtivo que garante a igualdade de oportunidades e de tratamento entre homens e mulheres, proporcionando um rendimento justo, segurança no local de trabalho, proteção social para as famílias, perspectivas de desenvolvimento pessoal e liberdade aos trabalhadores para se expressarem e organização, de modo a participar de decisões que afetem suas vidas profissionais.[211]

Os preceitos de trabalho digno precisam ser observados nas novas formas de trabalho digitais, sendo necessária uma rede efetiva que combata meios ambientes de trabalho agressivos, com riscos potenciais à saúde e a qualidade de vida dos trabalhadores, que preveja

---

[209] CHERRY, Miriam. *People Analytics and Invisible Labor The Law and Business of People Analytics*. Saint Louis University Law Journal, v. 61, p. 4, 2016.

[210] KALIL, Renan Bernardi. *Capitalismo de plataforma e Direito do Trabalho: crodwork e o trabalho sob demanda por meio de aplicativos*. São Paulo, 2019. Tese (Doutorado) Universidade de São Paulo, USP, Programa de Pós-Graduação em Direito, Direito do Trabalho e da Seguridade Social, 2019, p. 198.

[211] ORGANIZAÇÃO INTERNACIONAL DO TRABALHO. *World Employment and Social Outlook 2021: The role of digital labour platforms in transforming the world of work International Labour Office*. Geneva: ILO, 2021, p. 47.

melhores remunerações, ou seja, que garanta direitos mínimos para aqueles que trabalham.

De modo que, em sendo o Direito do Trabalho, compreendido como ramo da ciência jurídica que objetiva regular todas as relações de trabalho, independentemente de serem relações de emprego ou não, resta-nos, por conseguinte, apenas estabelecer uma rede de proteção efetiva para os novos trabalhadores, seja através do enquadramento nos institutos clássicos do direito laboral ou por meio de uma regulamentação própria.

Porém, como o embate jurídico trabalhista concentra, por um lado, os trabalhadores que reivindicam direitos básicos e melhores condições trabalhistas, notadamente por meio da judicialização e busca de um enquadramento na relação de emprego. Por outro, as empresas digitais investem na ideia de melhorias sociais advindas de uma maior flexibilização das leis trabalhistas. Faz-se importante uma análise comparada entre os diferentes caminhos adotados para a solução dessa provocação mundial que o direito trabalhista enfrenta.

Passamos, assim, a analisar o tratamento jurídico conferido aos trabalhadores, no Brasil e alguns países do mundo, ressaltando conclusões apresentadas por pesquisadores que se aprofundam no tema.

3. ANALISANDO PARADIGMAS

Primeiramente, antes de começarmos a estudar como as novas relações de trabalho são enquadradas nos paradigmas do Direito do Trabalho, principalmente na dicotomia da independência e da subordinação, é importante destacar que o objetivo do presente trabalho não é esgotar todas as nuances sobre o assunto, uma vez que tais paradigmas podem ser examinados sob muitos enfoques.

Uma reflexão tão aprofundada fugiria do limite proposto por este estudo, que é tão somente reconhecer que cabe ao Direito do Trabalho, consolidado como direito social, a proteção dos trabalhadores, em suas diferentes modalidades, como forma de garantir a efetividade de seus direitos fundamentais.

Para tanto, vale dizer que a regulamentação das formas de trabalho no capitalismo digital pode ocorrer por diferentes modos. Nosso enfoque, no Direito do Trabalho, nos leva a analisar os motivos para o reconhecimento da natureza do trabalho intermediado por plataformas digitais, sob dois prismas: da relação empregatícia e da autonomia.

De outro modo, tendo em vista ser o Direito Laboral, o instrumento que permite a distribuição de renda, e mecanismo de inserção socioeconômico do ser humano no capitalismo, é que passamos, ainda, a analisar a existência uma zona cinzenta de trabalhadores, que se situam entre o binômio do trabalho autônomo e do trabalho subordinado, como uma possibilidade regulatória a esse nicho que, independentemente de serem ou não empregados, são trabalhadores e como tais, merecem acesso a direitos mínimos de proteção.[212]

---

[212] DELGADO, Maurício Godinho; DELGADO, Gabriela Neves. *O Direito do Trabalho na contemporaneidade: clássicas funções e novos desafios*. In LEME, Ana Carolina Paes; RODRIGUES, Bruno Alves; CHAVES JÚNIOR, José Eduardo de Resende (Coords.). *Tecnologias disruptivas e a exploração do trabalho humano: a intermediação de mão de obra a partir das plataformas eletrônicas e seus efeitos jurídicos e sociais*. São Paulo: LTr, 2017, p. 17-21.

No Brasil, um dos obstáculos ao acesso das normas protetivas encontra-se justamente na controvérsia da natureza jurídica do trabalho intermediário por plataformas digitais, considerando-se que, como em outros países, a proteção integral do Direito do Trabalho é extensiva apenas aos trabalhadores com vínculo empregatício, e plataformas que permitem que os trabalhadores definam seus horários de trabalho e a jornada, seria motivo suficiente para afastar esse reconhecimento.

Essa posição, no entanto, não nos parece acertada, considerando que temos outros trabalhadores que apresentam liberdade de horário e/ou trabalham por resultados, e nem por isso deixam de ser considerados trabalhadores. Como exemplos temos os trabalhadores externos (art. 62 da CLT), os trabalhadores intermitentes (art. 443 da CLT), os teletrabalhadores por produção (art. 75-B da CLT), neste caso verdadeiros empregados.

Por outro lado, os conceitos de subordinação continuam a "evoluir", abstraindo-se cada vez mais do termo original, como se a efetivação dos direitos trabalhistas fundamentais dos trabalhadores pós-modernos dependesse de um perfeito enquadramento no conceito de "empregado", sob o viés celetista, para sua proteção.

Ao que também não nos filiamos, considerando as peculiaridades do trabalho digital desenvolvido por meio de plataformas. Nessa relação de trabalho, o trabalhador não apenas pode definir seu horário de trabalho, como também a quantidade de horas e frequência de sua atividade, lado outro, não pode escolher seus clientes, não participa dos processos de definição de preços, além de depender de uma logística da plataforma, para prestar seus serviços.

A regulamentação do trabalho no capitalismo digital a partir do binômio subordinação e autonomia é objeto de críticas, com proposta para criação de uma "terceira via". A relação de trabalho por meio de plataformas digitais apresenta-se, portanto, sob um sistema "misto", em uma linha tênue entre a autonomia e a subordinação.

Neste sentido, a OIT, juntamente com a Organização para a Cooperação e Desenvolvimento Econômico (OCDE) apontam a existência de uma zona cinzenta, entre a subordinação e a autonomia. Para tanto, analisamos novas formas de regulação, tratando de propostas que ultrapassam essa zona fronteiriça.

Por fim, nos encaminharemos, ao final de nosso estudo, para análise dos caminhos jurídicos mais adequados para assegurar a proteção dos trabalhadores no capitalismo de plataformas no Brasil, considerando as relações individuais e sob outra perspectiva, com enfoque na organização e atuação coletiva dos trabalhadores.

3.1. A dicotomia regulatória: relação de emprego ou autonomia

O trabalho livre, enquanto categoria socioeconômica, tornou-se o elemento central na organização da produção a partir do Século XVIII. Everaldo Gaspar Lopes de Andrade, analisando as obras de Marx, ressalta que nem sempre foi assim:[213]

> O escravo não vendia sua força de trabalho ao escravista, do mesmo modo que o boi não vende seu trabalho ao lavrador. O escravo é vendido de uma vez e para sempre, com sua força de trabalho ao seu dono. É uma mercadoria que pode passar de mão de um dono à mão de outro. Ele é mercadoria, mas sua força de trabalho não o é. O servo da gleba só vende uma parte de sua força de trabalho. Não é ele quem obtém um salário do proprietário do solo, pelo contrário, é este, o proprietário do solo, quem percebe dele um tributo. Estas concepções de Marx são importantes para chegar-se à sua concepção de "trabalho livre", assalariado e da seguinte maneira: "Mas o uso da força de trabalho, o trabalho, é a própria atividade vital do trabalhador, a manifestação de sua própria vida. E ele vende essa atividade a outra pessoa para conseguir os meios de subsistência necessários".

Segundo o autor, a concentração do poder econômico e o desenvolvimento de atividades manufatureiras propiciaram o surgimento do capitalismo, enquanto a elite civilizatória substituiu a ambivalência por uma ordem coerente e transparente, instituindo o trabalho livre/subordinado centrado nos contratos de emprego, como o centro de referência para a sociabilidade humana.

As reivindicações das classes operárias por melhores condições sociais, definiram a necessidade de se estabelecer um equilíbrio nas relações de trabalho, visando a sobrevivência do próprio capital, fundado no trabalho assalariado.

Não que o Direito do Trabalho não seja fruto das lutas operárias, mas a doutrina liberal e seu corpo de doutrinas passaram a recepcionar ideologicamente uma teoria de conciliação, de uma sociedade não

---

[213] ANDRADE, Everaldo Gaspar de. *Teoria Geral do Direito do Trabalho: explicações científicas do método dialético discursivo e da crítica filosófica da modernidade*. 1ª ed. São Paulo: Tirant lo Blanch, 2022, p.211.

mais centrada no antagonismo entre a classe trabalhista e detentora do capital.

Segundo Palomeque Lopez:[214]

> A legislação operária responde, *prima facie*, a uma solução defensiva do Estado Burguês para, através de um quadro normativo protetor dos trabalhadores, promover a integração do conflito social em termos compatíveis com a viabilidade do sistema estabelecido, assegurando, deste modo, a dominação das relações de produção capitalistas.

A doutrina tradicional elege, deste modo, o trabalho livre/subordinado, como seu objeto de proteção, e faz dele sua base, com implicações na formação legislativa, conduzindo, em torno da relação de emprego, o Direito do Trabalho.[215]

Neste sentido, Delgado apresenta:[216]

> Passados duzentos anos do início de sua dominância no contexto socioeconômico do mundo ocidental, pode-se afirmar que a relação empregatícia tornou-se a mais importante relação de trabalho existente no período, quer sob a perspectiva econômico-social, quer sob a perspectiva jurídica. No primeiro plano, por se generalizar ao conjunto do mercado de trabalho, demarcando uma tendência expansionista voltada a submeter às suas regras a vasta maioria de fórmulas de utilização da força de trabalho na economia contemporânea. No segundo plano, por ter dado origem a um universo orgânico e sistematizado de regras, princípios e institutos jurídicos próprios e específicos, também com larga tendência de expansionismo — o Direito do Trabalho.

Como já estudamos essa hegemonia protecionista, contudo, começa a experimentar os primeiros sinais de crise na década de 70. O avanço tecnológico, somado à superação do capitalismo industrial, favorece o surgimento de formas flexíveis de contratação, cresce o desemprego estrutural, parte dos trabalhos formais desaparecem e são substituídos por terceirizados.

As relações de emprego, amplamente protegidas pelo Direito do Trabalho, apresentam sério declínio, dando lugar a formas flexíveis,

---

[214] PALOMEQUE LOPEZ. Manuel Carlos. *Direito do Trabalho e Ideologia*. Tradução de António Moreira. Coimbra: Almedina, 2001.

[215] ANDRADE, Everaldo Gaspar de. *Teoria Geral do Direito do Trabalho: explicações científicas do método dialético discursivo e da crítica filosófica da modernidade*. 1ª ed. São Paulo: Tirant lo Blanch, 2022, p. 212.

[216] DELGADO, Maurício Godinho. *Curso de Direito do Trabalho*. 17. ed. rev. atual. ampl. São Paulo: LTr, 2018, p. 335.

informais e até mesmo precárias, de prestação de serviços. A autonomia ganha espaço, mas ao contrário do trabalho livre/subordinado, não se encontra sob a tutela dos princípios protetivos trabalhistas.

A grande diferença entre o trabalho autônomo e o trabalho subordinado, afora a proteção conferida apenas ao empregado, encontra-se na liberdade do trabalhador. No contrato de emprego, a vontade do trabalhador é limitada pelo contrato de trabalho, decorrente de uma das prerrogativas do empregador em sua manifestação de poder empregatício, enquanto no trabalho autônomo, a liberdade é mais ampla, permitindo que o trabalhador e o contratante, negociem as obrigações de cada parte, sendo a atividade laboral desempenhada por conta própria.[217]

A relação empregatícia, enquanto fenômeno sociojurídico, resulta de uma síntese de fatores reunidos em um dado contexto social ou interpessoal, encontrando na subordinação, o fator que ganha maior proeminência em sua conformação legal.

Segundo Delgado:[218]

> De fato, a subordinação é que marcou a diferença específica da relação de emprego perante as tradicionais modalidades de relação de produção que já foram hegemônicas na história dos sistemas socioeconômicos ocidentais (servidão e escravidão). Será também a subordinação o elemento principal de diferenciação entre a relação de emprego e o segundo grupo mais relevante de fórmulas de contratação de prestação de trabalho no mundo contemporâneo (as diversas modalidades de trabalho autônomo)

A subordinação reflete a submissão da vontade do trabalhador ao poder empregatício do empregador, que detém o poder de dirigi-lo, controlá-lo, fiscalizá-lo e puni-lo, se necessário.

O trabalho autônomo pode até mesmo apresentar alguns dos elementos fático-jurídicos caracterizadores da relação de emprego, contudo, a subordinação afasta qualquer possibilidade de a atividade ser realizada de forma autônoma. Trabalho subordinado e trabalho autônomo são, portanto, antíteses.

---

[217] MANNRICH, Nelson. *Reinventando o Direito do Trabalho: novas dimensões do trabalho autônomo*. In FREDIANI, Yone (Org.). *A valorização do trabalho autônomo e a livre-iniciativa*. Porto Alegre: Magister, 2015, p. 236.

[218] DELGADO, Maurício Godinho. *Curso de Direito do Trabalho*. 17. ed. rev. atual. ampl. São Paulo: LTr, 2018, p. 335.

Rodrigo de Lacerda Carelli, apresenta ainda outros elementos que diferenciam o trabalho subordinado do trabalho autônomo, destacando que enquanto o trabalhador subordinado está inserido em atividade econômica alheia recebendo um salário, o autônomo realiza atividade própria, auferindo rendimentos da atividade que realiza. Não há heterodireção na autonomia, ou seja, o trabalhador não está sob as ordens de ninguém:[219]

> As categorias de trabalho subordinado, também conhecido como emprego, e de trabalho autônomo foram construídas a partir de uma diferença básica: o trabalhador subordinado está inserido na atividade econômica alheia enquanto o autônomo realiza atividade econômica própria. O trabalhador subordinado, ou empregado, presta trabalho em negócio alheio, enquanto que o segundo realiza negócio próprio. O empregado é, como o próprio nome já diz, empregado em negócio alheio, no sentido comum de "utilizado", ou seja, o emprego é o fato do empregador empregar ou utilizar o empregado em sua atividade econômica. Por outro lado, o trabalhador autônomo não é empregado por empreendimento alheio, pois ele mesmo realiza pessoalmente o seu próprio negócio. O trabalhador autônomo tem sua própria empresa ou empreendimento. Uma empresa, seja ela individual ou coletiva, é aquele empreendimento que assume os riscos da atividade econômica, realizando um negócio próprio. Um trabalhador autônomo é justamente aquele que realiza um trabalho individual por conta própria, ou seja, que realiza negócio próprio em empreendimento por ele mesmo organizado e estruturado; por sua vez, o empregado não realiza empreendimento, não tem negócio próprio e apenas se insere na atividade econômica de outrem ou a ela adere. O trabalhador autônomo aufere os rendimentos da sua própria atividade econômica, enquanto que o empregado recebe uma remuneração fixa ou variável estipulada por tempo ou produção pelo empregador. O empregado recebe salário, presta serviços de natureza não eventual sob a dependência do empregador, que assume os riscos da atividade econômica e admite, assalaria e dirige a prestação de serviços. O trabalhador autônomo, por sua vez, não é admitido, assalariado e nem é dirigido em sua prestação de serviços.

Esse binômio, autonomia e subordinação ocupam papel central na análise do enquadramento jurídico dos trabalhadores sob demanda por plataformas digitais, gerando soluções judiciais conflitantes que merecem especial destaque em nosso estudo. A classificação dos

---

219 CARELLI, Rodrigo de Lacerda. *O trabalho em plataformas e o vínculo de emprego: desfazendo mitos e mostrando a nudez do rei.* In CARELLI, Rodrigo de Lacerda, et. all. *Futuro do Trabalho: os efeitos da revolução digital na sociedade.* Brasília: ESMPU, 2020, p. 66-83.

trabalhadores é relevante, enquanto, seu enquadramento em uma ou outra categoria tem efeitos concretos em seus direitos.

3.2. Trabalho subordinado: controle e gestão

De forma geral, é na relação de emprego que nasce para o empregador o poder empregatício e para o empregado o dever de obediência, sujeição, que se exterioriza pela subordinação.

No Brasil a relação de emprego é definida pela combinação de cinco elementos fático-jurídicos presentes nos artigos 2º e 3º da Consolidação das Leis do Trabalho (CLT), a partir dos conceitos legais de empregador e empregado. Neste sentido, será relação de emprego a prestação de trabalho por pessoa natural, realizada com pessoalidade pelo trabalhador, de forma não eventual (ou com habitualidade), com subordinação e realizado com onerosidade.[220]

A subordinação, como já mencionado anteriormente, é o elemento mais importante na caracterização da relação de emprego.

A palavra "subordinação" tem sua origem no latim, derivada do termo *subordinare*, refletindo, deste modo, a submissão da vontade do trabalhador ao poder empregatício, que detém o poder de dirigi-lo, controlá-lo, fiscalizá-lo e puni-lo, se necessário.

Como nos ensina Maurício Godinho Delgado, por muito se debateu sobre a natureza jurídica da subordinação na relação de emprego, pacificando-se na doutrina e na jurisprudência nacional, como um fenômeno jurídico, derivado do contrato de trabalho.[221]

Contudo, em um primeiro momento, na evolução do Direito do Trabalho, a subordinação foi associada à ideia de dependência econômica do trabalhador ao empregador, único detentor dos meios de produção.

---

[220] Art. 2º - Considera-se empregador a empresa, individual ou coletiva, que, assumindo os riscos da atividade econômica, admite, assalaria e dirige a prestação pessoal de serviço. Art. 3º - Considera-se empregado toda pessoa física que prestar serviços de natureza não eventual a empregador, sob a dependência deste e mediante salário. BRASIL, Decreto Lei nº 5.452 de 1º de maio de 1943. Consolidação das Leis do Trabalho. Disponível em: < http://www.planalto.gov.br/ccivil_03/decreto-lei/Del5452.htm> Acesso em: 23 de fev. de 2023.

[221] DELGADO, Maurício Godinho. *Curso de Direito do Trabalho*. 17. ed. rev. atual. ampl. São Paulo: LTr, 2018, p. 351 - 352.

Vale lembrarmos que o início do processo industrial foi marcado pela concentração dos meios de produção nas mãos de pequena parcela da população, o que sujeitava o trabalhador, possuindo apenas sua energia laboral, ao trabalho, em troca de um pagamento que provia sua subsistência.[222]

Com o tempo, essa noção de subordinação econômica mostrou-se imprecisa e incapaz de explicar corretamente a assimetria existente entre o poder de direção e a subordinação, muito embora seja inegável sua validade sociológica, enfatizando a disparidade econômica que separa o empregador e o empregado.

Dentre as críticas enfrentadas pela concepção econômica da subordinação, podemos destacar a impossibilidade de distinguir a relação de emprego de outras formas de trabalho, notadamente do trabalho autônomo desenvolvido exclusivamente para um único empregador. Ainda, situações fáticas nas quais o trabalhador possui mais de uma relação de emprego, ou empregados que apresentam uma situação economicamente privilegiada frente a seu empregador.[223]

Essa imprecisão deu lugar a um novo conceito, vinculando a subordinação à dependência técnica do trabalhador em relação ao empregador. O empregador passa a ser entendido como detentor dos meios de produção, com o domínio das técnicas adequadas que devem ser empregadas para a correta utilização do seu maquinário.

Por certo, essa concepção também enfrentou críticas, principalmente ao se analisar o grau de conhecimento técnico do trabalhador. De modo que, quanto maior o conhecimento do trabalhador sobre as técnicas necessárias para a produção, menor ou até mesmo inexistente seria sua subordinação. Vale lembrarmos que muitos equipamentos possuem especificidades que somente o trabalhador conhece e sabe manejar e, justamente por este conhecimento, é contratado pelo empregador.

A concepção mais moderna, encontra na subordinação jurídica, sua mais forte expressão. A dimensão jurídica da subordinação surge na relação de trabalho, como um limitador da autonomia da vontade do trabalhador, que terá sua atividade gerida e organizada pelo empregador.

---

222 GAIA, Fausto Siqueira. *Uberização do trabalho: aspectos da subordinação jurídica/ disruptiva.* 2ª ed. Rio de Janeiro: Lumen Juris, 2020, p. 156.

223 PORTO, Lorena Vasconcelos. *A subordinação no contrato de trabalho: uma releitura necessária.* São Paulo: LTr, 2009, p.59.

Os contornos da subordinação jurídica, se manifestam em três principais dimensões, em decorrência das transformações que acompanham a sociedade e as diferentes nuances do capitalismo.

Até os anos 70, como estudamos no primeiro capítulo, predominava o modelo industrial de produção, em que a rigidez e a organização do trabalho fabril, com controle e vigilância constantes, eram marcas identificadoras de uma subordinação jurídica clássica ou tradicional.

A idealização da subordinação ou dependência jurídica, encontra-se associada, desta forma, à ideia de sujeição do trabalhador às ordens passadas por seus empregadores, ao poder diretivo, fiscalizatório e punitivo, típicos do poder empregatício.[224]

A subordinação clássica, manifesta-se, portanto, pela intensidade de ordens do tomador de serviços, pela heterodireção da atividade do empregado, presentes nos meios de produção tayloristas e fordistas.[225]

Delgado ressalta que essa forma de subordinação, característica deste momento histórico, em que a servidão dá lugar à exploração do trabalho assalariado, difundida pelos séculos seguintes, ainda continua presente, como expressão, mais comum e recorrente, das relações empregatícias tradicionais.[226]

Não obstante, a evolução dos modelos produtivos, demonstraram a insuficiência do modelo clássico em acolher todas as novas formas de trabalho, o que nos levou às "tendências expansionistas do conceito de subordinação".[227]

Como antes estudado, a produção em massa, através de linhas de montagem e fabricação de produtos homogêneos, unido ao modelo

---

[224] Termo que aparece em nossa Consolidação das Leis do Trabalho (CLT), art. 3º, *caput*, "Considera-se empregado toda pessoa física que prestar serviços de natureza não eventual a empregador, sob a dependência deste e mediante salário." BRASIL, Decreto Lei nº 5.452 de 1º de maio de 1943. *Consolidação das Leis do Trabalho.* Disponível em: < http://www.planalto.gov.br/ccivil_03/decreto-lei/Del5452.htm> Acesso em: 23 de fev. de 2023.

[225] GAIA, Fausto Siqueira. *Uberização do trabalho: aspectos da subordinação jurídica/disruptiva.* 2ª ed. Rio de Janeiro: Lumen Juris, 2020, p. 164.

[226] DELGADO, Maurício Godinho. *Curso de Direito do Trabalho.* 17. ed. rev. atual. ampl. São Paulo: LTr, 2018, p.353.

[227] ZIPPERER, André Gonçalves. *A intermediação de trabalho via plataformas digitais: repensando o direito do trabalho a partir das novas realidades do século XXI.* São Paulo: LTr, 2019, p.107.

taylorista, de controle de tempo, deu lugar a uma nova concepção do trabalho, alterada totalmente com o fenômeno da globalização.

A reestruturação do processo produtivo, ao priorizar a flexibilidade como norma orientadora, propiciou o aparecimento de novas formas de trabalho, como o trabalho informal, a terceirização e o trabalho em tempo parcial, levando o trabalhador a se organizar em espaços produtivos desregulamentados, sem a rigidez dos contratos formais.

A noção da subordinação clássica, passa, assim, por uma necessária releitura, alargando-se o conceito, sob as vertentes objetiva e estrutural.

A descentralização no uso da força de trabalho nos processos produtivos imprimiu novos contornos para a subordinação jurídica, que deixa de passar pelo prisma da direção e obediência, atrelando-se a aspectos objetivos, relacionados à atividade do trabalhador na empresa.

A ideia de subordinação objetiva, apresentada inicialmente por Paulo Emílio Ribeiro de Vilhena, toma como base a integração do trabalhador nos objetivos do empreendimento, ou seja, pela integração do trabalhador na estrutura produtiva da empresa.

Maurício Godinho Delgado conceitua subordinação jurídica objetiva como: "a subordinação que se manifesta pela integração do trabalhador nos fins e objetivos do empreendimento do tomador de serviços, ainda que afrouxadas... as amarras do vínculo empregatício".[228]

Essa perspectiva objetiva, contudo, não se acomodou, totalmente, em nosso ordenamento jurídico, enfrentando duras críticas na doutrina. A principal delas, é sua incapacidade de diferenciar o trabalho autônomo do labor subordinado, principalmente quando a prestação do serviço se aperfeiçoa fora do estabelecimento empresarial.[229]

Em outras palavras, a perspectiva jurídica objetiva considera apenas a inserção do trabalhador nos objetivos empresariais, de forma que incluiria como empregado qualquer trabalhador que preste serviços ligados à atividade da empresa tomadora de serviços.

Visando readequar o conceito de subordinação, Maurício Godinho Delgado, apresenta, em 2006, a subordinação jurídica estrutural,

---

[228] DELGADO, Maurício Godinho. *Curso de Direito do Trabalho*. 17. ed. rev. atual. ampl. São Paulo: LTr, 2018, p. 353.

[229] DELGADO, Maurício Godinho. *Direitos Fundamentais na relação de trabalho*. Revista LTr, São Paulo, v. 70, n. 06, p. 667, jun. 2006.

como uma possibilidade de releitura da relação antitética existente entre o poder empregatício e a subordinação do empregado, na relação de trabalho.

A subordinação estrutural é, neste sentido, definida pelo autor como:[230]

> a subordinação que se manifesta pela inserção do trabalhador na *dinâmica do tomador de seus serviços*, independentemente de receber (ou não) suas ordens diretas, *mas acolhendo, estruturalmente, sua dinâmica de organização e funcionamento*. (destaques no original).

Deste modo, a definição proposta por Godinho, ressalta o papel secundário da submissão do empregado às ordens do tomador de serviços, sendo suficiente que este esteja integrado à dinâmica de organização e funcionamento da empresa, independentemente de a atividade realizada ser ou não vinculada aos fins do empreendimento.

Neste sentido, nos explica Gaia, que a subordinação jurídica estrutural se diferencia da subordinação objetiva, justamente por não ser necessária a vinculação com os fins do empreendimento. De modo que, basta estar associado de forma integrativa ao tomador de serviços, mesmo que o trabalho seja realizado nas chamadas "atividade-meio".[231]

Objetiva Godinho, com a nova formulação, estender os direitos trabalhistas fundamentais às mais diversas relações de trabalho, não empregatícias, principalmente em casos de terceirização:[232]

> A ideia de subordinação estrutural supera as dificuldades de enquadramento de situações fáticas que o conceito clássico de subordinação tem demonstrado, dificuldades que se exacerbaram em face, especialmente, do fenômeno contemporâneo da terceirização trabalhista. Nessa medida, ela viabiliza não apenas alargar o campo de incidência do Direito do Trabalho, como também conferir resposta normativa eficaz a alguns de seus mais recentes instrumentos desestabilizadores – em especial, a terceirização.

A proposta é louvável, superando crise conceitual agravada pela difusão do fenômeno da terceirização, contudo, ainda não consegue tutelar adequadamente todas as formas de trabalho que surgem em velocidade ímpar na pós-modernidade.

---

[230] DELGADO, Maurício Godinho. *Direitos Fundamentais na relação de trabalho*. Revista LTr, São Paulo, v. 70, n. 06, p. 667, jun. 2006.

[231] GAIA, Fausto Siqueira. *Uberização do trabalho: aspectos da subordinação jurídica/disruptiva*. 2ª ed. Rio de Janeiro: Lumen Juris, 2020, p. 175.

[232] DELGADO, Maurício Godinho. *Direitos Fundamentais na relação de trabalho*. Revista LTr, São Paulo, v. 70, n. 06, p. 667, jun. 2006.

Neste aspecto, relembrando os ensinamentos de Georges Abboud, as instituições consagradas pelo tempo encontram-se em momento crítico, não conseguindo alcançar as mudanças impostas pela pós-modernidade, sendo que o conceito de subordinação, não foge à regra.[233]

Essa crise conceitual da subordinação, leva a novas construções doutrinárias, que tramitam entre elementos subjetivos e objetivos para chegar a um novo conceito "chave".

Surgem na ciência do direito do trabalho, seguindo a linha de ampliação do sistema de proteção legal dos trabalhadores, conceitos como: a subordinação jurídica estrutural-reticular, a subordinação jurídica integrativa e a subordinação jurídica potencial.

A subordinação jurídica estrutural-reticular, tem como fundamento a interdependência dos negócios do setor produtivo pós-moderno. O modelo de atuação conjunta e coordenada das atividades produtivas das empresas e sua atuação em rede, é considerada elemento essencial para a caracterização da relação laboral subordinada.

Nesta perspectiva, o reconhecimento da relação empregatícia surgiria quando a atividade do trabalhador se encontra inserida em organização produtiva alheia, desde que o trabalhador não tenha controle da atividade econômica. Desta maneira, mesmo que o trabalhador detenha parte dos meios da produção, ainda assim, poderá ostentar a qualidade de empregado.

Neste sentido:[234]

> sempre que reconhecida a atividade econômica em rede, é necessário imputar a condição de empregador a todos os integrantes da rede econômica, atraindo assim a incidência do princípio da proteção e seus aspectos conseqüentes: a aplicação da regra ou da condição mais benéfica.

---

233 GEORGES, Abboud. *Direito constitucional pós-moderno*. São Paulo: Thomson Reuters Brasil, 2021, p. 521.

234 MENDES, Marcus Menezes Barberino; CHAVES JÚNIOR, José Eduardo de Resende. *Subordinação estrutural-reticular: uma perspectiva sobre a segurança jurídica*. Revista do Tribunal Regional do Trabalho da 3ª Região, Belo Horizonte, v. 46, n. 76, p. 208, jul./dez. 2007.

Ideia ousada que amplia os contornos da subordinação jurídica, reconhecendo como empregadores todos os integrantes de uma mesma rede econômica-produtiva, visando:[235]

> Reconhecer a condição de "empregado por interpretação constitucional" aos trabalhadores que ingressam na estrutura da empresa ou da rede de empresas, ainda que suas contratações estejam amparadas por contratos de trabalho autônomos. Trata-se de atrair para a proteção dos direitos fundamentais socioeconômicos aqueles que têm semelhanças com o empregado e que em outros sistemas jurídicos recebem tratamento distinto, com proteção jurídica e social inferior ao do empregado.

Por sua vez, a subordinação jurídica integrativa, pode ser definida como aquela em que o trabalhador, não possuindo organização empresarial própria, integra-se à organização de terceiros, sem assumir os riscos do empreendimento, e os frutos do trabalho não lhe pertencem.[236]

Sobre o tema, Lorena Vasconcelos Porto, defende a subordinação integrativa como uma ideia que remonta a subordinação objetiva, importando para o conceito se a atividade do trabalhador está ou não integrada ao fim do negócio.[237]

Outrossim, a ideia da subordinação integrativa, merece, pela generalidade, as mesmas críticas da subordinação objetiva, no mais, por trazer como pressuposto a não-assunção de riscos do empreendimento e a alheabilidade, como elementos caracterizadores, desprestigia o conceito, pois se apodera de mais um instituto fático-jurídico, delimitador da relação de emprego.

A subordinação jurídica potencial, por seu turno, agrega elementos subjetivos da relação de trabalho e elementos objetivos. Passa, deste modo, pela análise dos poderes do empregador, manifestos pela direção, controle, organização, normatização e disciplina do trabalho, bem como, na integração do trabalhador na atividade empresarial.

---

[235] MENDES, Marcus Menezes Barberino; CHAVES JÚNIOR, José Eduardo de Resende. *Subordinação estrutural-reticular: uma perspectiva sobre a segurança jurídica*. Revista do Tribunal Regional do Trabalho da 3ª Região, Belo Horizonte, v. 46, n. 76, p. 208, jul./dez. 2007.

[236] PORTO, Lorena Vasconcelos. *A subordinação no contrato de trabalho: uma releitura necessária*. São Paulo: LTr, 2009, p. 253.

[237] PORTO, Lorena Vasconcelos. *A necessidade de uma releitura do conceito de subordinação*. Revista de Direito do Trabalho, São Paulo, ano 34, n. 130, p. 136, abr./jun.2008.

Sobre o tema, Danilo Gonçalves Gaspar, sintetiza o conceito em sua dissertação de Mestrado, da seguinte maneira:[238]

> Nesse sentido, pode-se afirmar que há subordinação potencial quando o trabalhador, sem possuir o controle dos fatores de produção e, portanto, o domínio da atividade econômica, presta serviços por conta alheia, ficando sujeito, potencialmente, à direção do tomador dos serviços, recebendo ou não ordens diretas deste, em razão de sua inserção na dinâmica organizacional do tomador. A nota de destaque, portanto, do conceito potencial de subordinação jurídica se encontra no fato de que, a partir deste conceito, será subordinado tanto o trabalhador que sofra o exercício direto e intenso do poder diretivo do tomador de serviços (ordens diretas), como o trabalhador que, em que pese inserido na organização empresarial, possui maior liberdade na execução de sua atividade, até porque, como visto, isto é resultado de uma nova lógica empresarial inaugurada com o processo de reestruturação produtiva.

Para tanto, destaca o autor alguns elementos que caracterizariam a subordinação potencial: a não subordinação clássica; ausência do controle dos fatos de produção, ou seja, domínio da atividade econômica; prestação de serviços por conta alheia, recebendo valor inferior a 50% do resultado do produto do trabalho; à disposição do tomador do serviço e recebendo ordens diretas ou não de seu empregador, sujeitando-se potencialmente à direção do tomador de serviços, em razão de sua inserção na dinâmica organizacional empresarial.[239]

A dimensão proposta apresenta aspectos de reflexão crítica, considerando que se mostra como uma tentativa de enquadramento de uma maior gama de trabalhadores economicamente dependentes na tutela dos direitos trabalhistas, mas que, no entanto, não consegue acolher os trabalhadores filhos do capitalismo digital.

Os trabalhadores por aplicativos, não fugindo de nosso objeto de estudo, em geral, são detentores dos meios de produção (consideremos os carros dos motoristas do Uber, por exemplo), "recebem" por seus serviços prestados, muitas vezes mais do que o percentual estipulado

---

[238] GASPAR, Danilo Gonçalves. *A crise da subordinação jurídica clássica enquanto elemento definidor da relação de emprego e a proposta da subordinação potencial.* Dissertação de mestrado. Disponível em: <https://repositorio.ufba.br/bitstream/ri/12378/1/Disserta%c3%a7%c3%a3o%20de%20Mestrado%%20A%20Crise%20da%20Subordina%c3%a7%c3%a3o%20Jur%c3%addica%20Enquanto%20Elemento%20Definidor%20da%20Rela%c3%a7%c3%a3o_0.pdf> Acesso em: 23 de fev. de 2023.

[239] GASPAR, Danilo Gonçalves. *Subordinação potencial: encontrando o verdadeiro sentido da subordinação jurídica.* São Paulo: LTr, 2016, p. 200.

aleatoriamente pelo autor, desconsiderando, ainda, a contribuição que compete à cada parte para a realização da atividade produtiva.

É cediço, como já adiantamos em passagens anteriores, entender que as relações de trabalho da pós-modernidade estão passando por transformações em sua forma de organização. As empresas passam a manter um menor número de empregados. Aqueles ainda ligados à produção, no setor industrial, são contratados de forma flexível, através da terceirização e outras formas de contratos de trabalho precários.

De sorte que, os conceitos de subordinação continuam a "evoluir", abstraindo-se cada vez mais do conceito original, como se a efetivação dos direitos trabalhistas fundamentais dos trabalhadores pós-modernos, em especial destacamos os trabalhadores desta era digital, dependesse de um perfeito enquadramento no conceito de "empregado", sob o viés celetista, para sua proteção.

Delgado, muito embora, utilize-se de entendimentos que ampliam o conceito "mais relevante" da relação de emprego, nos lembra que é preciso construir um "processo extensivo dos direitos fundamentais trabalhistas a determinados vínculos não empregatícios, ainda que respeitada a necessária adequação da matriz jurídica à especificidade de tais relações *lato sensu*".[240]

Importante lembrarmos que o Direito do Trabalho, constitucionalmente garantido, não deve ser entendido como um direito que tutela e protege apenas os empregados, assim entendidos, como trabalhadores subordinados.

O trabalho, e não o "emprego" ocupa uma posição privilegiada em nossa Constituição, sendo um dos Princípios Constitucionais Estruturantes, um Direito Social e, ainda, o primado da ordem social.

Não obstante, em nossos estudos encontramos muitos doutrinadores que ainda sustentam ser a subordinação a "chave de acesso", única e exclusiva, aos direitos e garantias trabalhistas. Considerando que o Direito do Trabalho é, em verdade, o direito do empregado.

Valendo lembrar que a relação de emprego ainda é a porta de entrada para a ampla proteção trabalhista, pois o empregado tem direitos que apenas lhes são reconhecidos, como salário-mínimo, limitação da jornada de trabalho, tutela quanto à extinção do contrato de trabalho,

---

[240] DELGADO, Maurício Godinho. *Direitos Fundamentais na relação de trabalho.* Revista LTr, São Paulo, v. 70, n. 06, p. 667, jun. 2006.

fundo de garantia, licenças maternidade e paternidade, repouso semanal remunerado, férias, décimo terceiro salário, dentre outros.

Neste caminho, parcela considerável da doutrina identifica nas novas relações de trabalho, a subordinação, nos mesmos moldes como a conhecemos, permitindo ao capitalismo adequar-se, mas continuar a explorar o trabalho humano de forma subordinada. Como explicado anteriormente nos primeiros capítulos, os algoritmos assumiriam a posição de controlador, gestor, da atividade prestada, subordinando os trabalhadores por meio de uma nova roupagem. Como uma forma de heterodireção, como elemento fático-jurídico fundamental para a caracterização do emprego.[241]

A ideia de subordinação algorítmica, se concretizaria com o uso de sistema de computadores e outros instrumentos telemáticos, capazes de emitir ordens e comandos ao trabalhador. As ordens e o controle não seriam expressos, como nas unidades fabris, mas transvestidos de metas, cobranças veladas e poder punitivo consubstanciado no medo do "desligamento imotivado" das plataformas.[242]

Neste sentido, a interação com os algorítmicos, segundo Castilho:[243]

> Não cabe afirmar que isso que o algoritmo faz não pode ser considerado como um fato jurídico que induz à subordinação, argumentando que se trata apenas do controle do negócio. Nesse caso "controle do negócio" é mero eufemismo. Em verdade, o algoritmo somente executa aquilo que um ser humano programou e, nesse sentido, é mero instrumento de gestão de alguém ou de alguma organização empresarial. O capital deu-se ao luxo de abrir mão da subsunção material do trabalho ou seja, de controlar pessoal e diretamente o empregado, preferindo fazê-lo à distância, exigindo comportamentos e resultados pelos meios telemáticos. É um direito potestativo do empregador na antiga noção de *jus variand*.

Para Reis e Corassa analisando o conteúdo da relação de trabalho, emergem os elementos de subordinação e dependência, os quais

---

[241] Neste sentido, temos os textos apresentados no livro do doutrinador Ricardo Antunes, a saber: ANTUNES, Ricardo (org). *Uberização, trabalho digital e indústria 4.0*. 1ª ed. São Paulo: Boitempo, 2020.

[242] Ainda encontrada na doutrina como subordinação por algoritmo. Neste sentido: CASTILHO, Paulo Cesar Baria de. *Subordinação por algoritmo*. Revista Themis, Ano 01, vol. 01, jan./jun. 2020, p. 31-59.

[243] CASTILHO, Paulo Cesar Baria de. *Subordinação por algoritmo*. Revista Themis, Ano 01, vol. 01, jan./jun. 2020, p. 31-59.

se manifestam por um sistema de controle realizado por meio dos algoritmos.[244]

Neste sentido, Murilo Carvalho Sampaio Oliveira aduz:[245]

> As circunstâncias fáticas dos trabalhadores de plataformas eletrônicas afastam-se da clássica situação de subordinação jurídica, embora seja relativamente fácil a visualização de um poder fiscalizatório e disciplinar, numa subordinação algorítmica além do escancaramento de uma flagrante condição de hipossuficiência, nitidamente expressada nos baixos salários e extensas jornadas de trabalho.

Os autores Chaves Júnior, Mendes e Oliveira, ressaltam que diante do desaparecimento de alguns elementos mais tradicionais, presentes na subordinação clássica, a dependência econômica voltou a ter destaque. Diante de seu conceito indeterminado, a dependência econômica permite amoldar novas teorias a respeito da subordinação.

Para os autores, a subordinação jurídica estaria ocultada pelo capitalismo tecnológico, de forma que a subordinação em sua dimensão reticular e a dependência sugerem uma alteração para a conceituação de relação de emprego, notadamente ante a alienidade.[246]

Rodrigo Carelli destaca que o capitalismo de plataformas centrado no algoritmo representa uma liberdade fictícia aos trabalhadores, considerando que estes respondem aos comandos do próprio algoritmo.[247]

O autor ainda destaca que a subordinação no capitalismo de plataformas é caracterizada pelo controle realizado por meio de sanções e premiações, sendo que os trabalhadores que seguem os comandos corretamente são devidamente recompensados, e seu descumprimento pode levar à exclusão da plataforma.

---

[244] REIS, Daniela Muradas; CORASSA, Eugênio Demaestro. *Aplicativos de Transporte e Plataforma de Controle: o mito de tecnologia disruptiva do emprego e a subordinação por algoritmos*. In CHAVES JÚNIOR, José Eduardo de Resende (Org.). Tecnologias Disruptivas e a Exploração do Trabalho Humano. São Paulo: Ltr, 2017.

[245] OLIVEIRA, Murilo Carvalho Sampaio. *O Direito do Trabalho (des)conectado das plataformas digitais*. Teoria Jurídica Contemporânea. Jan. – junho de 2019. PPGD/UFRJ – ISSN 2526-0464, p. 246-266.

[246] CHAVES JÚNIOR, José Eduardo de Resende (Org.). *Tecnologias Disruptivas e a Exploração do Trabalho Humano*. São Paulo: Ltr, 2017, p. 179.

[247] CARELLI, Rodrigo de Lacerda. *O caso Uber e o controle por programação: de carona para o século XIX*. In CHAVES JÚNIOR, José Eduardo de Resende (Org.). Tecnologias Disruptivas e a Exploração do Trabalho Humano. São Paulo: Ltr, 2017, p. 141-142.

O controle da qualidade da prestação do serviço, exercido por intermédio do controle telemático, permite a plataforma definir se mantém ou não o motorista trabalhando para a empresa. Esse modelo de gerência do trabalho, denominado "programação por comandos" pelo autor, consistiria em uma combinação entre flexibilidade e elevado controle de condutas de seus trabalhadores.

Para Carelli "essa relação entre trabalhador e empresa passa por uma nova nomenclatura: é uma relação de aliança, em refeudalização das relações".[248] Deste modo, a plataforma daria uma suposta liberdade ao trabalhador, ao passo que retiraria essa liberdade com o controle dos preços e da qualidade do serviço prestado pelo "parceiro".

Segundo o autor, a controle exercido por empresas como a Uber, encaixar-se-ia perfeitamente nos conceitos de subordinação, considerando que em nenhum momento a CLT determinada que o trabalhador deverá receber ordens ou se enquadrar na ideia de subordinação clássica. Em verdade, a realização do trabalho "sob dependência" do empregador, se identificaria perfeitamente no controle por programação. Ainda, o controle e supervisão dos meios telemáticos e informatizados se equiparam às ordens diretas e pessoas, conforme previsão do art. 6º da CLT.[249]

Seguindo este raciocínio, a 3ª Turma do Tribunal Superior do Trabalho, em decisão proferida no processo n.º 100353-02.2017.5.01.0066, reconheceu, de forma inédita nos Tribunais Superiores nacionais, na relação entre aplicativos de transporte e motoristas das plataformas digitais, os cinco elementos caracterizadores de vínculo empregatício, dentre eles o considerado mais importante: a subordinação.[250]

---

248 CARELLI, Rodrigo de Lacerda. *O caso Uber e o controle por programação: de carona para o século XIX*. In CHAVES JÚNIOR, José Eduardo de Resende (Org.). Tecnologias Disruptivas e a Exploração do Trabalho Humano. São Paulo: Ltr, 2017, p. 141-142.

249 CARELLI, Rodrigo de Lacerda. *O caso Uber e o controle por programação: de carona para o século XIX*. In CHAVES JÚNIOR, José Eduardo de Resende (Org.). Tecnologias Disruptivas e a Exploração do Trabalho Humano. São Paulo: Ltr, 2017, p. 143-144.

250 TRIBUNAL SUPERIOR DO TRABALHO. Recurso de Revista nº 100353-02.2017.5.01.0066. (TST- RR: 100353-02.2017.5.01.0066, Relator: Maurício Godinho Delgado, Data de Julgamento: 19/11/2020, 3ª Turma, Data de Publicação: DEJT 20/11/2020).

De forma sucinta, em reclamação trabalhista, apresentada por um motorista de Queimados, município da Região Metropolitana do Rio de Janeiro, o trabalhador sustentou que prestou serviços, de forma subordinada, para a plataforma digital Uber, por dois meses, de segunda a sábado, com jornada de 13 horas diárias e 78 horas semanais. Por fim, no terceiro mês de trabalho, fora desligado imotivadamente da plataforma.

Em sua defesa, a empresa Uber afirmou que a contratação da plataforma se dá pelo motorista, a fim de prospectar clientes e, assim, desenvolver suas atividades, e não ao contrário, e que os riscos do empreendimento devem ser assumidos pelo próprio prestador, sendo retribuído, por cada viagem, com valor correspondente a 20% (vinte por cento) ou 25% (vinte e cinco por cento).

O Tribunal Regional do Trabalho da 1ª Região, negou o vínculo empregatício, argumentando ser a empresa Uber, uma empresa de tecnologia e não de transporte, ainda, sustentou que o motorista possuía plena liberdade na realização do trabalho, estipulando os dias e horários que trabalharia, bem como seus horários de descanso.

Ao chegar ao Tribunal Superior, o relator do Recurso de Revista, Ministro Maurício Godinho Delgado, ressaltou o necessário exame e reflexão sobre "as novas e complexas fórmulas de contratação da prestação laborativa, algo distintas do tradicional sistema de pactuação e controle empregatícios", analisando os elementos da relação empregatícia.

Ressalta o relator, a inexistência de regulamentação das relações trabalhistas entre prestadores de serviços e empresas de tecnologia digital:[251]

> Nada obstante, é inexistente a produção regulatória do Poder Legislativo do País sobre as questões de natureza trabalhista no âmbito das relações entre prestadores de serviço e empresas que utilizam as plataformas digitais. O enfrentamento dessa problemática pelas Cortes Trabalhistas, por outro lado, ainda não é significativa, notadamente no âmbito do TST, inexistindo uma jurisprudência pátria consolidada sobre o tema.

---

[251] TRIBUNAL SUPERIOR DO TRABALHO. Recurso de Revista nº 100353-02.2017.5.01.0066. (TST- RR: 100353-02.2017.5.01.0066, Relator: Maurício Godinho Delgado, Data de Julgamento: 19/11/2020, 3ª Turma, Data de Publicação: DEJT 20/11/2020).

Cumprindo destacar as relevantes discussões doutrinárias entabuladas no Brasil e no mundo, sobre o tema. Destacando o direito comparado, em que se tem verificado:[252]

> a tendência de o Poder Judiciário, tanto nos EUA como na Europa, reconhecer a natureza trabalhista/empregatícia da relação jurídica entre prestadores de serviços e as empresas que exploram as plataformas digitais de transporte de pessoas e entregas, restringindo o livre império das forças de mercado na regência da administração do labor humano nessa específica área.

Ressalta ainda a existência de dois grupos de empresas de plataformas digitais, com diferenças significativas entre elas: as realmente disruptivas, que aproximam o consumidor final do fornecedor final, sem a intermediação de trabalho humano, e as empresas que se "dizem partícipes da economia compartilhada", mas que "passam pela utilização intensiva do trabalho humano, sem respeitar regras civilizatórias trabalhistas", como as empresas de transporte:[253]

> Ora, aqui não se trata das lídimas empresas da economia de compartilhamento. Trata-se de sistemas empresariais digitais que, mediante sofisticado sistema de algoritmos, conseguem realizar uma intensiva utilização de mão de obra com o fito de alcançarem o objetivo empresarial de fornecerem transporte imediato a pessoas e coisas. E assim o fazem sem o cumprimento da ordem jurídica constitucional e legal trabalhista.

Enfrentando os elementos fáticos-jurídicos caracterizadores da relação de emprego, ressaltamos, em nosso estudo, o elemento da subordinação, por ser considerado, pelo próprio Ministro, como "o que ganha maior proeminência na conformação do tipo legal da relação empregatícia", e objeto central de nossa discussão.

O Ministro afirma que o Brasil é um dos poucos países que já têm legislação que se aplica "como uma luva" aos novos trabalhadores de plataformas. Trata-se do parágrafo único do artigo 6.º da CLT, segundo o qual "os meios telemáticos e informatizados de comando, controle

---

[252] TRIBUNAL SUPERIOR DO TRABALHO. Recurso de Revista nº 100353-02.2017.5.01.0066. (TST- RR: 100353-02.2017.5.01.0066, Relator: Maurício Godinho Delgado, Data de Julgamento: 19/11/2020, 3ª Turma, Data de Publicação: DEJT 20/11/2020).

[253] TRIBUNAL SUPERIOR DO TRABALHO. Recurso de Revista nº 100353-02.2017.5.01.0066. (TST- RR: 100353-02.2017.5.01.0066, Relator: Maurício Godinho Delgado, Data de Julgamento: 19/11/2020, 3ª Turma, Data de Publicação: DEJT 20/11/2020).

e supervisão se equiparam, para fins de subordinação jurídica, aos meios pessoais e diretos de comando, controle e supervisão do trabalho alheio".

Segundo seu entendimento, os fatos retratados nos autos, evidenciavam que o trabalho realizado pelo motorista era integralmente controlado pela Empresa, "que assumia integralmente a direção sobre a atividade econômica e sobre o modo de realização da prestação de serviço, inclusive com a manifestação disciplinar do poder empregatício".

A saber:[254]

> Desse quadro, percebe-se a configuração da subordinação jurídica nas diversas dimensões: a) a clássica, em face da existência de ordens diretas da Reclamada promovidas por meios remotos e digitais (art. 6º, parágrafo primeiro, da CLT), demonstrando a existência da assimetria poder de direção/subordinação e, ainda, os aspectos diretivo, regulamentar, fiscalizatório e disciplinar do poder empregatício; b) a objetiva, tendo em vista o trabalho executado estritamente alinhado aos objetivos empresariais; c) a estrutural, mediante a inteira inserção do profissional contratado na organização da atividade econômica desempenhada pela Reclamada, em sua dinâmica de funcionamento e na cultura jurídica e organizacional nela preponderante; d) e, por fim, a subordinação algorítmica, em vista de a empresa valer-se de um sistema sofisticado de arregimentação, gestão, supervisão, avaliação e controle de mão de obra intensiva, à base de ferramentas computadorizadas, internáuticas, eletrônicas, de inteligência artificial e hiper-sensíveis, aptas a arquitetarem e manterem um poder de controle empresarial minucioso sobre o modo de organização e de prestação dos serviços de transportes justificadores da existência e da lucratividade da empresa reclamada.

No mesmo sentido, decisão de relatoria do Ministro Alexandre de Souza Agra Belmonte, em processo n.º 100853-942019.5.01.0067, ressalta:[255]

> Verificou-se, finalmente, a subordinação. A Corte Regional consignou que a Uber exerce controle, por meio de programação neo-fordista e, portanto, pela presença da subordinação jurídica algorítmica. Para tanto, adotou o conceito de "subordinação jurídica disruptiva", desenvolvido pelo Exmo. Sr. Desembargador do TRT/17ª Região, Fausto Siqueira Gaia, em sua tese

---

[254] TRIBUNAL SUPERIOR DO TRABALHO. Recurso de Revista nº 100353-02.2017.5.01.0066. (TST- RR: 100353-02.2017.5.01.0066, Relator: Maurício Godinho Delgado, Data de Julgamento: 19/11/2020, 3ª Turma, Data de Publicação: DEJT 20/11/2020).

[255] TRIBUNAL SUPERIOR DO TRABALHO. Recurso de Revista nº 100853-94.2019.5.01.0067. (TST - RRAg-100853-94.2019.5.01.0067, 8ª Turma, Relator Ministro Alexandre de Souza Agra Belmonte, DEJT 03/02/2023).

de doutorado. Como dito antes, subordinação algorítmica é, ao nosso ver, licença poética. Trabalhador, quando subordinado, é a pessoa física ou jurídica, ainda que ela se sirva do controle por meio do algoritmo, do GPS e de outros meios tecnológicos, como a internet e o smartphone. Como o mundo dá voltas e a história se repete com outros contornos, verifica-se que estamos aqui diante de situação que remete ao nascedouro do Direito do Trabalho, ou seja, da razão de ser da proteção trabalhista: a impossibilidade do trabalhador de acesso ou controle por meios produtivos. Em outras palavras, frente à UBER, estamos diante da subordinação clássica ou subjetiva, também chamada de dependência. O trabalhador é empregado porque não tem nenhum controle sobre o preço da corrida, o percentual do repasse, a apresentação e a forma da prestação do trabalho. Até a classificação do veículo utilizado é definida pela empresa, que pode, a seu exclusivo talante, baixar, remunerar, aumentar, parcelar ou não repassar o valor destinado ao motorista pela corrida. Numa situação como essa, pouco importa se o trabalhador pode recusar corrida ou se deslogar. A recusa ou o deslogamento se refletem na pontuação e na preferência, pelo que penalizam o motorista.

Seguindo a ideia da subordinação como elemento "chave" para a proteção dos direitos dos trabalhadores, Fausto Gaia, citado pelo relator Ministro Alexandre Agra Belmonte, nos apresenta em sua obra uma construção de uma nova forma de subordinação, que seria, segundo o autor, capaz de se amoldar à nova realidade das relações de trabalho: a subordinação jurídica disruptiva.

Sustenta o autor que a programação dos algoritmos ocasionou uma verdadeira ruptura nas formas tradicionais pelas quais se manifestam os poderes de gestão e controle do empregado e empregador.

Deste modo, a subordinação jurídica objetiva, analisada sob a perspectiva do trabalhador, não mais se encaixaria nesta nova realidade. As novas tecnologias propiciariam o surgimento de um novo modelo produtivo, que prioriza as "empresas vazias" ou "empresas enxutas".

Nesta perspectiva, a integração da atividade do trabalhador na empresa, deve seguir à luz do grau de dependência apresentado pelo empregador em relação à força de trabalho, analisando-se a integração da atividade realizada pelo trabalhador, sob a ótica daquele que se beneficia dessa força de trabalho.

Segundo o autor, a subordinação jurídica, em seus conceitos tradicionais, seria incapaz de tutelar os direitos dos novos trabalhadores, sendo necessário conjugar tanto os aspectos subjetivos quanto os contornos objetivos da relação de trabalho, para sua caracterização. Neste sentido:[256]

> A subordinação jurídica disruptiva, portanto, é o liame jurídico, oriundo o uso de aparatos tecnológicos no processo produtivo, que vincula o empregado ao empregador, por meio do qual este, em razão da dependência funcional do uso da força de trabalho para o desenvolvimento da atividade produtiva, exerce a gestão, o controle e o poder disciplinar sobre a força de trabalho contratada.

Vale dizer que o conceito apresentado pelo autor, ressalta como necessária a análise das situações fáticas em que o tomador de serviços é funcionalmente dependente do uso da força de trabalho. Como ocorreria nos casos das plataformas de intermediação do trabalho humano.

Outras, decisões proferidas, no esteio da subordinação algorítmica, nas Varas Trabalhistas, merecem nossa atenção. A exemplo, as decisões proferidas pela 34ª Vara do Trabalho de Belo Horizonte (Minas Gerais), processo n.º 0011098-61.2019.5.03.0113, reformada posteriormente pelo Tribunal; as decisões da 13ª Vara do Trabalho de Fortaleza, processo n.º 0000527-58.2021.5.07.0013 bem, como processos n.º 0011201-24.2017.5.03.0021, 0010555-54.2019.5.03.0179, em que os magistrados concluíram pela existência de vínculo empregatício, na modalidade de contrato de trabalho intermitente.

Segundo os magistrados, os trabalhadores das plataformas são subordinados como quaisquer outros, submetidos aos direcionamentos das empresas digitais, tralhando muitas horas e sobrevivendo de seu labor, sendo suas atividades, inteiramente geridas pelos aplicativos.

A modalidade intermitente, inovação proposta pela Reforma Trabalhista, implementada pela Lei n.º 13.467 em 2017, ressalta a existência de um labor subordinado, em que a prestação de serviços, não é contínua, tal qual ocorreria com os trabalhadores de aplicativos.[257]

---

256 GAIA, Fausto Siqueira. *Uberização do trabalho: aspectos da subordinação jurídica/disruptiva*. 2ª ed. Rio de Janeiro: Lumen Juris, 2020, p. 310.

257 Art. 443, §3º da CLT - § 3º Considera-se como intermitente o contrato de trabalho no qual a prestação de serviços, com subordinação, não é contínua, ocorrendo com alternância de períodos de prestação de serviços e de inatividade, determinados em horas, dias ou meses, independentemente do tipo de atividade do empregado e do empregador, exceto para os aeronautas, regidos por legislação própria. (Incluído pela Lei nº 13.467, de 2017). BRASIL, Decreto Lei nº 5.452 de 1º de maio de 1943. *Consolidação das Leis do Trabalho*. Disponível em < http://www.planalto.gov.br/ccivil_03/decreto-lei/Del5452.htm>>. Acesso em: 23 de fevereiro de 2023.

A comunicação entre empregados e empregadores, no contrato de trabalho intermitente, pode ser realizado por qualquer meio eficaz, conforme disposição do art. 452-A, §1º da CLT, incluindo o telemático, o que reforçaria o caráter subordinado da relação.

Neste sentido decisão do juiz Paulo Eduardo Queiroz da 1ª Vara do Trabalho de Sete Lagoas:[258]

> O motorista não tem outra opção para aumentar seus vencimentos, como um contratante autônomo, que se destaca no mercado pela excelência de seu trabalho, a única forma de majorar seus ganhos é atender prontamente aos chamados, seguir a rota estabelecida no GPS para evitar cancelamentos pelos clientes, colocar-se à disposição nos locais indicados pela reclamada como de maior demanda de clientes, e dedicar-se mais e mais ao trabalho, por cada vez mais horas, postando-se segundo os benfazejos critérios de excelência exigidos pela plataforma - se possível com ar condicionado, balas, boa música, para ser bem avaliado e continuar cadastrado na empresa. (...) Os meios telemáticos e informatizados de comando, controle e supervisão se equiparam, para fins de subordinação jurídica, aos meios pessoais e diretos de comando, controle e supervisão do trabalho alheio.

Por fim, o estudo apresentado pelo Ministério Público do Trabalho, "Empresas de Transporte, Plataformas digitais e a relação de emprego: um estudo do trabalho subordinado sob aplicativos", preconiza sobre o assunto:[259]

> O direito do trabalho brasileiro tem instrumental para lidar com a nova técnica de exploração do trabalho. De fato, tanto no art.2.º quanto no art.3.º da Consolidação do Trabalho não há referência a estar 'sob ordens', ou subordinação no sentido clássico da palavra. Os elementos encontrados na lei são 'direção do trabalho' e 'dependência' que são facilmente encontráveis no modelo de organização do trabalho por programação.

---

[258] TRIBUNAL REGIONAL DO TRABALHO DA 3ª REGIÃO. Juiz reconhece vínculo de emprego entre motorista e empresa de aplicativo de transporte, na modalidade intermitente. Disponível em: <https://portal.trt3.jus.br/internet/conheca-o-trt/comunicacao/noticias-juridicas/juiz-reconhece-vinculo-de-emprego-entre-motorista-e-empresa-de-aplicativo-de-transporte-na-modalidade-intermitente#:~:text=%E2%80%9CO%20motorista%20n%C3%A3o%20tem%20outra%20op%C3%A7%C3%A3o%20para%20aumentar,ser%20bem%20avaliado%20e%20continuar%20cadastrado%20na%20empresa%E2%80%9D.> Acesso em: 20 de abril de 2023

[259] OITAVEN, Juliana Carreiro Corbal. *Empresas de transporte, plataformas digitais e a relação de emprego: um estudo do trabalho subordinado sob aplicativos.* Brasília: Ministério Público do Trabalho (MPT), 2018, pg. 41.

Por conseguinte, como antes afirmamos, os conceitos de subordinação continuam a "evoluir", abstraindo-se cada vez mais dos conceitos tradicionais. Inferimos, deste modo, que os doutrinadores se apegam a ideia de que as novas formas de trabalho, devem ser analisadas sobre dois prismas únicos, a subordinação ou a autonomia.

Sendo que a efetivação dos direitos trabalhistas fundamentais dos trabalhadores pós-modernos, em especial destacamos os trabalhadores desta era digital, ficam presos ao conceito de "empregado subordinado", sob o viés celetista, para receber alguma proteção.

Ideia que leva, inclusive, à discussão acerca da validade da subordinação como elemento caracterizador da relação empregatícia.

Neste comento, nos filiamos à ideia de que o controle e gestão do trabalho realizado por meio do algoritmo não seriam capazes de caracterizar a subordinação, mesmo em suas mais diversas concepções. Por outro lado, sustentamos, assim como defendido por outros doutrinadores, que, por mais que seja necessária a adequação do instituto às mudanças sociais, ainda mais quando entendemos ser o direito fruto de sua sociedade em constante evolução, não será com a ampliação irrefreada da subordinação, que conseguiremos tutelar as novas formas de trabalho, conferindo-lhe a proteção constitucional devida.[260]

Devemos considerar a consequência legal de decisões que consideram tais trabalhadores como empregados de forma irrestrita, conferindo-lhes todas as regras trabalhistas.

Como nos ensina, Adrián Todolí-Signes, "algumas dessas regras simplesmente não se encaixam nesse novo modelo de negócio" e "os tribunais, confrontados com este tipo de decisão, não poderiam escolher

---

[260] Neste sentido Antônio Rodrigues de Freitas Júnior, apresenta uma crítica a esta insistência em classificarmos todos os trabalhadores como empregados, sob pretexto de ser esta a única forma de proteção. O mesmo, os autores André Zipperer, Adriana Calvo, Marcelo Rodrigues Prata, a saber: FREITAS JÚNIOR, Antônio Rodrigues. *On demand: trabalho sob plataformas digitais*. Belo Horizonte: Arres Editores, 2020, p. 127. PRATA, Marcelo Rodrigues. *Uberização nas relações de trabalho: trabalho sob demanda via aplicativos*. Curitiba: Juruá, 2021. CALVO, Adriana e ZIPPERER, André Gonçalves. *Trabalho em plataformas, no chile e na Califórnia, experiências legislativas*. In MANRICH, Nelson (org.). *80 anos da CLT: passado, presente e futuro das relações de trabalho no Brasil*. Londrina: Thoth, 2023, p. 329-342.

qual as regras seriam aplicáveis ou que novas soluções poderiam ser melhores".[261]

Sendo pertinente a doutrina de Piñero-Royo, que destaca que o reconhecimento da natureza empregatícia indiscriminadamente aos trabalhadores de plataformas, pode ser inadequado e inapropriado em muitos casos em que, diante do binômio autonomia/subordinação, muitos trabalhadores não se enquadrariam em nenhuma das formas.[262]

Em verdade, teríamos que abstrair sobremaneira o conceito de subordinação, para conseguir enquadrar a infinidade de novas identidades laborais, flexíveis, algumas até mesmo fugazes, em uma economia marcada pelo crescimento de softwares, inteligência artificial, computação em nuvem, dentre outros, que alteram a produção, distribuição e consumo de bens e serviços, rapidamente.

Muito embora comunguemos da ideia de que o algoritmo pode ser utilizado como gestor do trabalho humano realizado, não compreendemos que os trabalhadores dessa economia digital, por sua "semiautonomia", em conectar-se ou desconectar-se da plataforma, possibilidade de recusar corridas e até mesmo não trabalhar em dias específicos, ao seu critério, encaixem-se perfeitamente nos mais diversos conceitos da subordinação ou mesmo nos conceitos de trabalho por produção e trabalho intermitente (ambos subordinados).

Como apresentado pelo Relator Ministro Alexandre Agra Belmonte, embora sustente a relação empregatícia em seu voto, a autonomia do motorista de aplicativo, gera um "autogerenciamento"[263], considerando que será o trabalhador que sofrerá do "próprio remédio" ao optar pela desconexão, por exemplo.[264]

---

261 TODOLÍ-SIGNES, Adrián. The 'gig economy': employee, self-employed or the need for a special employment regulation? Disponível em: < https://deliverypdf. ssrn.com/delivery.php > Acesso em: 10 de março de 2023.

262 PIÑERO-ROYO, Miguel Rodriguez. *La agenda reguladora de la economia colaborativa: aspectos laborales y de seguridad social*. Temas laborales. 2017, p. 125-161

263 ABÍLIO, Ludmila Costhek. *Uberização: Do empreendedorismo para o autogerenciamento subordinado*. Revista: Psicoperspectivas, v. 18, nº 3, 15 de novembro de 2019.

264 Neste sentido apresenta o relator: "E quanto ao fato de ter autonomia para se logar ou deslogar do sistema, isso não traz para a UBER qualquer impacto (e por isso não é procedimento vedado) diante do número de motoristas na praça e do fato de que o próprio motorista sofre do próprio remédio, a partir do momento em que fora do sistema não pontua." TRIBUNAL SUPERIOR DO TRABALHO. Recurso de Revista

Em não sendo possível fugir à dicotomia doutrinária, que ora protege os trabalhadores subordinados, e ora os deixa à própria sorte, poderíamos, considerando a gestão e controles exercidos pelos algoritmos, até mesmo seguir o entendimento de Ludmila Abílio, em seus diferentes estudos sobre o tema, sobre o "autogerenciamento subordinado".

Segundo a autora, "ao compreender-se a uberização como um novo meio de controle, gestão e organização do trabalho, propõe a passagem da figura do empreendedor de si, para a do trabalhador "gerente de si subordinado".[265]

Não obstante, entendemos pelo autogerenciamento, com uma subordinação difusa, impossível da caracterização do trabalhador plataformizado nos moldes celetistas de empregado.

Por outro lado, não nos filiamos a ideia de uma autonomia plena, como desejado pelos aplicativos, incapaz de regulação dos direitos de seus trabalhadores, ou, ainda, que relegue os trabalhadores à regulamentação do Direito Civil.

De todo modo, como o sistema jurídico nacional adota o sistema binário para classificar as relações de trabalho, cabe estudarmos as motivações que levam a doutrina a posicionar-se no sentido de classificar os trabalhadores digitais, como autônomos, amparados pelo princípio constitucional da livre iniciativa.

3.3. Trabalho autônomo: liberdade e flexibilidade

No Brasil, basta realizar uma pesquisa rápida nos principais sites dos tribunais para perceber que, em diversos casos, o Ministério Público do Trabalho e ex-motoristas, entram na Justiça para reivindicar vínculo empregatício com as plataformas digitais. Sendo recorrente a negativa da Justiça, fundamentando suas decisões na autonomia e no trabalho autônomo desenvolvido pelos "prestadores de serviços".

Nos ensina Delgado, que os "diversificados vínculos de trabalho autônomo existentes afastam-se da figura técnica-jurídica da relação de

---

nº 100853-94.2019.5.01.0067. (TST - RRAg-100853-94.2019.5.01.0067, 8ª Turma, Relator Ministro Alexandre de Souza Agra Belmonte, DEJT 03/02/2023).

265 ABÍLIO, Ludmila Costhek. *Uberização: Do empreendedorismo para o autogerenciamento subordinado.* Revista: Psicoperspectivas, v. 18, nº 3, 15 de novembro de 2019

emprego *essencialmente* pela ausência do elemento fático-jurídico da subordinação".[266]

Deste modo, o trabalho autônomo seria a antítese do trabalho subordinado, pois, na *"autonomia, a direção central do modo cotidiano de prestação de serviços preserva-se com o prestador de trabalho"*.[267]

Nelson Mannrich acrescenta um elemento à caracterização do trabalho autônomo, definindo-o como sendo "a pessoa natural que, habitualmente e por contra própria e mediante remuneração, exerce atividade econômica de forma independente, mediante estrutura empresarial própria, ainda que modesta".[268]

Desta forma, diferenciam a relação empregatícia do trabalho autônomo, a propriedade e a organização, considerando-se o trabalhador por conta própria, o titular dos meios de produção (ainda que modestos), que organiza e dirigi sua própria atividade.

Neste diapasão, Paulo Merçon analisa a figura do trabalhador autônomo, sob a ideia da hipossuficiência, em que o trabalhador opera os meios de sua própria produção, vendendo, não sua força de trabalho, mas o produto de sua atividade.[269]

Vale lembrar que, o contrato de trabalho autônomo, pode ser pactuado com os demais elementos fático-jurídicos da relação de emprego, como a pessoalidade, onerosidade, habitualidade, diferenciando-se, essencialmente, pela ausência da subordinação.

Em verdade, as relações de trabalho autônomo correspondem a um leque diversificado de vínculos de trabalho, apresentando até mesmo uma razoável distinção entre si. Podemos encontrar em nosso ordenamento jurídico algumas espécies de contratos autônomos, como, por exemplo: a prestação de serviços (art. 593 a 609 do Código Civil); empreitada (art. 610 a 626 do CC); contrato de representação comercial

---

[266] DELGADO, Maurício Godinho. *Curso de Direito do Trabalho*. 17. ed. rev. atual. ampl. São Paulo: LTr, 2018, p. 339 – Grifos no original.

[267] DELGADO, Maurício Godinho. *Curso de Direito do Trabalho*. 17. ed. rev. atual. ampl. São Paulo: LTr, 2018, p. 398 – Grifos no original.

[268] MANNRICH, Nelson. *Reiventando o direito do trabalho: novas dimensões do trabalho autônomo*. In FREDIANI, Yone (coord.). *A valorização do trabalho autônomo e a livre iniciativa*. Porto Alegre: Lex Magister, 2015, p.235.

[269] MERÇON, Paulo Gustavo de Amarante. *Direito do Trabalho Novo*. Revista do Tribunal Regional do Trabalho da 3ª Região, Belo Horizonte, v.51, n.81, p.137-154, jan./jun.2010.

(Lei n. 4.886/1965), agência de distribuição (art. 710 a 721 do CC), dentre outros.[270]

Dentre os mais relevantes, os contratos de prestação de serviços e de empreitada, são os que mais se destacam, por serem facilmente encontrados e pactuados corriqueiramente.

A modalidade de prestação de serviços, encontra-se regulamentada pelo Código Civil (CC), nos artigos 593 a 609, porém o conteúdo dos artigos não apresenta um tratamento específico para o trabalho autônomo.

Nos termos do artigo 593 do CC, a prestação de serviços, não se sujeita às leis trabalhistas ou leis especiais, sendo regidas pelo Código Civil. Dessa forma, o Código Civil apenas se limita a definir o trabalho autônomo a partir do que não for relação de emprego ou de trabalho. Os demais artigos tratam do objeto da contratação, formas de contratação, remuneração, duração da prestação e extinção do contrato.

Com relação à empreitada, regulamentada pelos artigos 610 a 626 do Código Civil, as partes pactuam a elaboração de uma determinada obra, por um prestador, em benefício do tomador, mediante remuneração.

A pessoalidade não é inerente ao contrato de empreitada, da mesma forma que na prestação de serviços. Em comum, o prestador preserva a direção de sua prestação laborativa, não se sujeitando à direção do tomador de serviços.

A legislação previdenciária, por sua vez ao determinar os segurados obrigatórios da Previdência Social apresentava uma definição legal para o trabalhador autônomo, em seu artigo 11, incisos IV e V, da Lei 8.213/91, como aquele que presta serviços de natureza urbana ou rural, em caráter eventual, a uma ou mais empresas, sem relação de emprego, e a pessoa física que exerce, por conta própria, atividade econômica de natureza urbana, com fins lucrativos ou não, equiparando ainda algumas formas de prestação de serviços ao trabalho autônomo.

Contudo, essa definição encontra-se revogada pela Lei 9.876, desde o ano de 1999.

Procurando suprir uma lacuna normativa, a Reforma Trabalhista, introduzida pela Lei n. 13.467 de 2017, apresentou uma referência,

---

[270] DELGADO, Maurício Godinho. *Curso de Direito do Trabalho.* 17. ed. rev. atual. ampl. São Paulo: LTr, 2018, p. 397.

ainda que simplista, para o trabalhador autônomo ao inserir na Consolidação das Leis do Trabalho (CLT) o artigo 442-B que assim aduz: a contratação do autônomo, cumpridas por este todas as formalidades legais, com ou sem exclusividade, de forma contínua ou não, afasta a qualidade de empregado prevista no art. 3º desta Consolidação.

O texto do artigo, contudo, não afasta a necessidade do reconhecimento de seus requisitos caracterizadores, pela doutrina e jurisprudência, bem como pela conjugação dos elementos presentes no artigo 3º da CLT, notadamente a subordinação.

Seguindo a ideia da autonomia do trabalhador de plataformas digitais, boa parte das decisões proferidas, nos tribunais trabalhistas brasileiros, afastam o reconhecimento do vínculo empregatício, sustentando, em geral, que: a) as plataformas são empresas de tecnologia ou de aplicativo, e não de serviços; b) os prestadores possuem ampla liberdade para conexão e desconexão; c) as empresas gerenciam o próprio aplicativo e não o trabalho; d) o prestador, como autônomo, é responsável pelos custos da prestação do serviço.

Neste comento, a primeira decisão, sobre o tema que nos desperta interesse, em tribunais superiores, foi proferida pelo Superior Tribunal de Justiça (STJ), em Conflito Negativo de Competência, n.º 164.544-MG, em que os Ministros concluíram que os prestadores de serviços detentores de veículos particulares atuam como empreendedores individuais, sem vínculo de emprego com a empresa proprietária da plataforma.[271]

Seguindo o mesmo entendimento, a 5ª Turma do Tribunal Superior do Trabalho, em fevereiro de 2020, analisando o Recurso de Revista n.º 1000123.89.2017.5.02.0038, decidiu afastar o reconhecimento do vínculo de emprego entre um motorista e a Uber do Brasil.[272]

Nos termos da decisão, o motorista de aplicativo tem a possibilidade de ficar *"offline*, sem delimitação de tempo" situação que indica flexibilidade na prestação de serviços. Essa autonomia, em determinar sua rotina de trabalho é, segundo o relator Ministro Breno Medeiros,

---

[271] SUPERIOR TRIBUNAL DE JUSTIÇA. CONFLITO DE COMPETÊNCIA Nº 164.544 - MG (2019/0079952-0). CC n. 164.544/MG, relator Ministro Moura Ribeiro, Segunda Seção, julgado em 28/8/2019, DJe de 4/9/2019.

[272] TRIBUNAL SUPERIOR DO TRABALHO. Recurso de Revista nº 1000123-89.2017.5.02.0038. (TST- RR 1000123-89.2017.5.02.0038, 5ª Turma, Relator Ministro Breno Medeiros, DEJT 07/02/2020).

incompatível com a relação de emprego, que tem dentre seus requisitos, a subordinação.

A 4ª Turma do Tribunal adota o mesmo posicionamento, como podemos inferir da decisão proferida no processo n.º 10575-88.2019.5.03.0003, relator Ministro Alexandre Luiz Ramos.[273]

Em particular o relator ressalta que o enquadramento da relação estabelecida entre os motoristas de aplicativos e as plataformas apresenta maior afinidade jurídica aos transportadores autônomos, regulamentados pela Lei n.º 11.442 de 2207, assim identificada como atividade econômica de natureza comercial, exercida por pessoa física ou jurídica em regime de livre concorrência.

Conclui o relator:[274]

> "o trabalho pela plataforma tecnológica – e não para ela -, não atende aos critérios definidos nos artigos 2º e 3º da CLT, pois o usuário-motorista pode dispor livremente quando e se disponibilizará seu serviço de transporte para os usuários-clientes, sem qualquer exigência de trabalho mínimo, de número mínimo de viagens por período, de faturamento mínimo, sem qualquer fiscalização ou punição por esta decisão do motorista".

Voltando a apreciar a temática na 4ª Turma, o entendimento adotado foi reiterado, negando-se vínculo de emprego entre a plataforma e seu motorista, processo n.º 10555-54.2019.5.03.0179.[275]

O relator, Ministro Ives Gandra Martins Filho, afirmou na sessão de julgamento que existe "autonomia ampla do motorista para escolher dia, horário e forma de trabalhar, podendo desligar o aplicativo a qualquer momento e pelo tempo que entender necessário, sem nenhuma vinculação a metas determinadas pela Uber".

---

[273] TRIBUNAL SUPERIOR DO TRABALHO. Agravo de Instrumento em Recurso de Revista nº 0010575-88.2019.5.03.0003. (TST- AIRR: 0010575-88.2019.5.03.0003, Relator: Ministro Alexandre Luiz Ramos, Data de Julgamento: 09/09/2020, 4ª Turma, Data de Publicação: DEJT 11/09/2020).

[274] TRIBUNAL SUPERIOR DO TRABALHO. Agravo de Instrumento em Recurso de Revista nº 0010575-88.2019.5.03.0003. (TST- AIRR: 0010575-88.2019.5.03.0003, Relator: Ministro Alexandre Luiz Ramos, Data de Julgamento: 09/09/2020, 4ª Turma, Data de Publicação: DEJT 11/09/2020).

[275] TRIBUNAL SUPERIOR DO TRABALHO. Recurso de Revista nº 10555-54.2019.5.03.0179. (TST- RR: 10555-54.2019.5.03.0179, Relator: Ives Gandra Martins Filho, Data de Julgamento: 02/02/2021, 4ª Turma, Data de Publicação: DEJT 04/03/2021).

Durante a sessão, os ministros ainda se manifestaram em relação à decisão judicial do Reino Unido. Para o Ministro Guilherme Caputo, as decisões fora do Brasil, não devem influenciar o judiciário brasileiro, devido à diferença de seus sistemas jurídicos.

Quanto à subordinação estrutural, o relator assim aduz:[276]

> Já quanto à alegada subordinação estrutural, não cabe ao Poder Judiciário ampliar conceitos jurídicos a fim de reconhecer o vínculo empregatício de profissionais que atuam em novas formas de trabalho, emergentes da dinâmica do mercado concorrencial atual e, principalmente, de desenvolvimentos tecnológicos, nas situações em que não se constata nenhuma fraude, como é o caso das empresas provedoras de aplicativos de tecnologia, que têm como finalidade conectar quem necessita da condução com o motorista credenciado, sendo o serviço prestado de motorista, em si, competência do profissional e apenas uma consequência inerente ao que propõe o dispositivo.

Mais recentemente, a 1ª Turma do TST reconheceu, pela nona vez na história do Tribunal Superior, inexistir relação de emprego entre os motoristas e os aplicativos digitais. Na decisão, o relator Ministro Amaury Rodrigues Pinto Júnior afirma que o motorista tem ampla liberdade para ligar e desligar o aplicativo "na hora que bem entender, fazendo suas corridas na hora que quiser, pelo tempo que quiser". Ressalta ainda, que os motoristas, inclusive, têm liberdade para "escolher os clientes que quiser, onde quiser", uma "ampla margem de liberdade e autodeterminação evidencia autonomia, o que é incompatível com a relação de emprego".[277]

O relator ainda lembra que o motorista tem livre escolha em se cadastrar nos aplicativos, que não os submete a processo seletivo, entrevista ou treinamento. Destaca que o motorista pode ser substituído a qualquer momento, não havendo sequer pessoalidade na prestação.

Com esse raciocínio e até mesmo extrapolando, o Ministro Alexandre de Morais, do Supremo Tribunal Federal (STF), anulou uma decisão da Justiça do Trabalho, que reconhecera vínculo entre um

---

[276] TRIBUNAL SUPERIOR DO TRABALHO. Recurso de Revista nº 10555-54.2019.5.03.0179. (TST- RR: 10555-54.2019.5.03.0179, Relator: Ives Gandra Martins Filho, Data de Julgamento: 02/02/2021, 4ª Turma, Data de Publicação: DEJT 04/03/2021).

[277] TRIBUNAL SUPERIOR DO TRABALHO. Recurso de Revista nº 271-74.2022.5.13.0026. (TST- RR: 271-74.2022.5.13.0026, Relator: Amaury Rodrigues Pinto Júnior, Data de Julgamento: 19/04/2023, 1ª Turma).

motorista e um aplicativo, na Reclamação n.º 59.795, Minas Gerais, declarando a incompetência da Justiça do Trabalho e remetendo o caso para a Justiça Comum.[278]

Consoante o entendimento do Ministro, a decisão da justiça trabalhista, que havia reconhecido o vínculo de emprego entre um motorista com a empresa que se utiliza de plataforma digital para a gestão de serviços de transporte de passageiros, desconsiderou jurisprudência firmada anteriormente pelo Supremo, que declarou a Lei 11.442/2007 constitucional, assim identificada como atividade econômica de natureza comercial, exercida por pessoa física ou jurídica em regime de livre concorrência, bem como entendeu viável a terceirização da atividade-fim. Recorda, ainda, que a jurisprudência do STF é firme no sentido de serem lícitas formas alternativas de trabalho.

Os paradigmas controle para a análise do caso foram: ADC 48, a ADPF 324, o RE 958.252 (Tema 725-RG), a ADI 5835 MC e o RE 688.223 (Tema 590-RG).

Segundo o Ministro:[279]

> A interpretação conjunta dos precedentes permite o reconhecimento da licitude de outras formas de relação de trabalho que não a relação de emprego regida pela CLT, como na própria terceirização ou em casos específicos, como a previsão da natureza civil da relação decorrente de contratos firmados nos termos da Lei 11.442/2007 (ADC 48 e ADI 3.961), ou a previsão da natureza civil para contratos de parceria entre salões de beleza e profissionais do setor, nos termos da Lei 13.352/2016 (ADI 5.625, Red. para o Acórdão Min. NUNES MARQUES). (...) Verifica-se, assim, a posição reiterada da CORTE no sentido da permissão constitucional de formas alternativas da relação de emprego, conforme também já se reconheceu em casos de afastamento da ilicitude de terceirizações por meio da contratação de pessoas jurídicas constituídas para prestação de serviços na atividade fim da entidade contratante: Rcl 39.351 AgR (Rel. Min. ROSA WEBER, Red. p/ Acórdão Min. ALEXANDRE DE MORAES, Primeira Turma, julgado em 11/5/2020) e da Rcl 47.843 AgR (Rel. Min. CÁRMEN LÚCIA, Red. p/ Acórdão Min. ALEXANDRE DE MORAES, Primeira Turma, DJe de 7/4/2022).

---

278 SUPREMO TRIBUNAL FEDERAL. RECLAMAÇÃO 59.795 MINAS GERAIS. (STF – Número Único: 0075674892023100000, Relator: Ministro Alexandre de Moraes, Data de Julgamento: 19/05/2023).

279 SUPREMO TRIBUNAL FEDERAL. RECLAMAÇÃO 59.795 MINAS GERAIS. (STF – Número Único: 0075674892023100000, Relator: Ministro Alexandre de Moraes, Data de Julgamento: 19/05/2023).

Analisando a competência para o julgamento do caso, o Ministro defendeu que a controvérsia sobre as relações jurídicas decorrentes da Lei 11.442/2007, devem ser analisadas pela Justiça Comum, e não pelo Justiça do Trabalho, diante da natureza jurídica comercial que as circundam.

Para o Ministro, a relação estabelecida entre o motorista de aplicativo e a plataforma mais se assemelha ao transportador autônomo, sendo o motorista "proprietário de vínculo próprio com relação de natureza comercial."

Por fim, "com base no art. 161, parágrafo único, do Regimento Interno do Supremo Tribunal Federal", julgou procedente, "o pedido de forma que sejam cassados os atos proferidos pela Justiça do Trabalho (Processo 0010140.79.2022.5.03.0110)", determinando, a remessa dos autos à Justiça Comum.[280]

A decisão sofreu críticas, levando o motorista do aplicativo a apresentar Agravo Regimental à 1ª Turma do STF, salientando que nenhuma das decisões apresentadas pelo Ministro, retira da Justiça do Trabalho a competência para julgar ações entre prestadores e tomadores de serviços, tampouco o Ministro analisou, acerca do tema do reconhecimento do vínculo empregatício, fraude à legislação trabalhista.

Ainda, segundo o Agravo, o afastamento da Justiça do Trabalho contraria o disposto no art. 114, I da Constituição Federal, que atribui à Justiça do Trabalho o encargo de "processar e julgar as ações oriundas da relação de trabalho".

Nove entidades ligadas à advocacia, dentre elas, a Ordem dos Advogados do Brasil, Seccional de São Paulo, AASP - Associação dos Advogados de São Paulo, ABRAT - Associação Brasileira de Advogados Trabalhistas, FENADV - Federação Nacional dos Advogados, SASP - Sindicato dos Advogados de São Paulo, AATSP - Associação dos Advogados Trabalhistas de São Paulo, AATC - Associação dos Advogados Trabalhistas de Campinas, AATJ - Associação dos Advogados Trabalhistas de Jundiaí e AATS - Associação dos Advogados Trabalhistas de Santos, formularam documento se posicionando contra o afastamento da competência da justiça trabalhista para decidir sobre o tema.

---

280 SUPREMO TRIBUNAL FEDERAL. RECLAMAÇÃO 59.795 MINAS GERAIS. (STF – Número Único: 00756748920231000000, Relator: Ministro Alexandre de Moraes, Data de Julgamento: 19/05/2023).

Segundo a nota:[281]

> Diante, portanto, do que dispõe expressamente a Constituição Federal e da ausência de afronta a qualquer precedente da Suprema Corte, o provimento de Reclamação com o consequente deslocamento da competência para julgar ação judicial, cujo pedido é de vínculo de emprego, para a Justiça Comum, só pode ser interpretado como preocupante tentativa de esvaziamento da competência da Justiça do Trabalho, com o que as entidades abaixo subscritas não podem, por óbvio, concordar.

Na mesma direção, processo julgado em dezembro de 2022 pela 8ª Turma do TST, processo n.º 100853-94.2019.5.01.0067, de relatoria do Ministro Alexandre Agra Belmonte, que reconheceu o vínculo de emprego de uma motorista do Rio de Janeiro, a discussão foi enviada para o Supremo.[282]

Após a interposição de Recurso Extraordinário, contra decisão proferida pela 8ª Turma, o Ministro Aloysio Corrêa da Veiga, destacando precedente do STF relacionados ao princípio constitucional da livre iniciativa, dentre eles os apresentados pelo Ministro Alexandre de Moraes, admitiu a interposição, considerando possível violação ao artigo 170, IV da Constituição Federal, remetendo, dessa forma, à análise para o Supremo.

É de se referir que no Recurso Extraordinário interposto, a empresa Uber, insurgiu-se apenas quanto ao reconhecimento do vínculo de emprego entre a motorista e a empresa, sem alegar incompetência material da Justiça do Trabalho, como analisamos na decisão do Ministro Alexandre de Moraes.

O TST manteve a decisão de reconhecimento de vínculo, condenando a empresa a proceder a anotação da Carteira de Trabalho da reclamante. Entretanto, a empresa arguiu repercussão geral com base em violação aos artigos 1º, IV, 5º, II e XIII e 170, IV, todos da Constituição Federal.

---

[281] Manifestação das entidades representativas da advocacia sobre a competência da Justiça do Trabalho. Disponível em: < https://www.migalhas.com.br/arquivos/2023/5/179650C739B23A_nota-advocacia.pdf>. Acesso em 08 de junho de 2023.

[282] TRIBUNAL SUPERIOR DO TRABALHO. Recurso Extraordinário - 100853-94.2019.5.01.0067. (RRAg-100853-94.2019.5.01.0067, 8ª Turma, Relator Ministro Alexandre de Souza Agra Belmonte, DEJT 03/02/2023)

Conforme exposto na decisão:[283]

> Alega que a afirmação da ilicitude do trabalho prestado por meio de aplicativo, sem a formalização de contrato de trabalho, afronta os princípios constitucionais da livre iniciativa e da concorrência, além de repercutir em todo o novo modelo de negócios de "economia compartilhada" de trabalho intermediado por plataformas tecnológicas. Aduz que a Lei 13.640/2018, que alterou a Lei nº 12.587/2012, para regulamentar o transporte remunerado privado individual de passageiros, determina que os motoristas devem ter inscrição como contribuinte individual para fins previdenciários, o que implica dizer que não se trata de qualquer relação de emprego, mas sim, apenas, de relação comercial entre o motorista parceiro e a empresa. Propugna que a aplicabilidade da CLT à modalidade de contratação regulamentada pela Lei 13.640/2018 ofende o artigo 5º, II, da CF. Sustenta que, embora seja este o primeiro recurso extraordinário sobre o tema, estimam-se mais de 10.000 (dez mil) processos tramitando na Justiça do Trabalho sobre as plataformas de algoritmo, os quais dependem do presente julgamento. Afirma que o TST, ao reconhecer o vínculo empregatício desamparado de legislação específica, põe em xeque um marco revolucionário nos modelos de mobilidade urbana, com o potencial de inviabilizar a continuidade do funcionamento da empresa. Argumenta ser empresa de tecnologia, e não de transportes, e que seus serviços são utilizados pelos motoristas parceiros para a localização e captação de usuários que desejam se deslocar. Pontua que o acórdão recorrido, ao alterar a natureza jurídica da atividade da empresa, atribuindo-lhe feição diversa (de empresa de transporte e não de tecnologia), com a finalidade de ver reconhecido vínculo empregatício entre o motorista parceiro e o aplicativo, tolhe o direito à livre iniciativa de exercício de atividade econômica.

Analisando o recurso, o Ministro Aloysio Corrêa da Veiga destaca que a jurisprudência da Suprema Corte tem se orientado no sentido de que há permissão constitucional de formas alternativas da relação de emprego, sendo reconhecida a licitude de outras formas de relação de trabalho, que não a relação de emprego regida pela CLT.

Destacou ainda que, a relação estabelecida entre o motorista de aplicativo e a plataforma mais se assemelha a situação prevista na Lei 11.442/2007, do transportador autônomo constituindo uma relação de natureza comercial.

Por fim, remeteu ao Supremo Tribunal Federal, por possível violação do art. 170, IV da Constituição Federal.

---

[283] TRIBUNAL SUPERIOR DO TRABALHO. Recurso Extraordinário - 100853-94.2019.5.01.0067. (RRAg-100853-94.2019.5.01.0067, 8ª Turma, Relator Ministro Alexandre de Souza Agra Belmonte, DEJT 03/02/2023)

Atualmente, o cenário jurídico, encontra-se preponderantemente dividido entre a dicotomia clássica da subordinação e da autonomia. Ambos com argumentos válidos e interessantes, a 3ª e 8ª Turmas do TST apresentam-se como favoráveis ao vínculo empregatício, caracterizado pela subordinação, e a 1ª, 4ª e 5ª Turmas, contrárias.

O tema se encontra, na Subseção Especializada de Dissídios Individuais (SBDI-1), órgão do Tribunal Superior responsável pela uniformização interna da jurisprudência do TST, mas o julgamento encontra-se parado por pedido de vista.

Em que pese respeitáveis entendimentos dos tribunais brasileiros, é válido afirmar que, ao sustentar um discurso pautado na antítese, subordinação e autonomia, em relação à possível relação jurídica do trabalho desenvolvido através dos aplicativos, em verdade, estamos deixando uma nova classe de trabalhadores à margem de qualquer proteção jurídica.

O reconhecimento do trabalhador sob demanda por meio de aplicativos na condição de autônomos suscita graves problemas, uma vez que inexiste um rol de direitos específicos para essa categoria de trabalhadores, considerando-se ainda que não existe uma regulamentação clara e detalhada para essa figura no direito brasileiro.

Neste comento importante destacar os ensinamentos de Souto Maior, para quem o trabalho autônomo "baseia-se numa lógica do direito civil, pois não se insere no contexto de uma produção capitalista, na qual o trabalho alheio é utilizado como fonte de enriquecimento dentro do contexto de uma atividade empresarial".[284]

Em um cenário mais apocalíptico, se a decisão do Supremo Tribunal Federal prevalecer, admitindo-se o trabalho contratado formalmente como civil, negaríamos todos os direitos fundamentais expressos em nosso art. 7º da CF/88.

O capitalismo digital se apresenta com formas laborais em que a organização e a gestão do trabalho são compartilhadas, entre as empresas e os detentores da força de trabalho. Podemos falar em formas de organização e gestão realizadas pelos aplicativos, da mesma forma que sustentamos a existência de um autogerenciamento pelos trabalhadores.

Como nos ressalta Ana Paula Silva Campos Miskulin, o trabalho realizado via plataformas digitais, diferencia-se do trabalho autônomo,

---

[284] MAIOR, Jorge Luiz Souto. *Curso de Direito do Trabalho*. São Paulo: LTr, 2008, p.773.

em que a direção, organização e controle da atividade que é objeto do contrato, pertencem ao próprio prestador dos serviços, assim como os lucros decorrente do serviço prestado, pois existe uma dependência do trabalhador ao *software* da plataforma, ou seja, o trabalhador não organiza sua atividade.[285]

Ainda, segunda a autora, outro fator de preocupação é que as relações jurídicas firmadas entre os trabalhadores e plataformas, sujeitam o trabalhador a uma relação de desigualdade, de vulnerabilidade, diante de uma assimetria que não se coaduna com à incidência do Direito Civil, que pressupõe uma igualdade entre os contratantes.[286]

Para Rodrigo Carelli:[287]

> Fica claro que as plataformas criaram as figuras de trabalhadores autônomos sem autonomia e independentes sem terem seu próprio negócio. E devemos constatar que isso não é somente nas plataformas: cresce de maneira generalizada na nossa sociedade o número de autônomos somente no nome, com o fim de fuga da legislação em geral. São falsos empreendedores, que não formam negócio por não terem clientela e por isso não têm qualquer chance de prosperar. O verbo empreender afasta-se de sua acepção verdadeira de realização de atividade econômica própria para se tornar sinônimo de trabalhar sem direitos em negócio alheio.

Assinala ainda que, muitos autores e juristas, tem criado elementos novos para a caracterização das relações de emprego, que inexistem na lei. O que seria o caso da exclusividade, haja vista algumas plataformas utilizarem como argumento que esses trabalhadores não são empregados, pois podem prestar serviços a várias empresas ao mesmo tempo, o que não se sustenta, pois, a lei prevê regras para existência de multiplicidade de vínculos.[288]

---

[285] MISKULIN, Ana Paula. *Aplicativos e direito do trabalho: a era dos dados controlados por algoritmos*. 2ª ed. Campinas: Lacier Editora, 2022, p. 116.

[286] MISKULIN, Ana Paula. *Aplicativos e direito do trabalho: a era dos dados controlados por algoritmos*. 2ª ed. Campinas: Lacier Editora, 2022, p. 117.

[287] CARELLI, Rodrigo de Lacerda. *O trabalho em plataformas e o vínculo de emprego: desfazendo mitos e mostrando a nudez do rei*. In CARELLI, Rodrigo de Lacerda, et. all. *Futuro do Trabalho: os efeitos da revolução digital na sociedade*. Brasília: ESMPU, 2020, p. 66-83.

[288] CARELLI, Rodrigo de Lacerda. *O trabalho em plataformas e o vínculo de emprego: desfazendo mitos e mostrando a nudez do rei*. In CARELLI, Rodrigo de Lacerda, et. all. *Futuro do Trabalho: os efeitos da revolução digital na sociedade*. Brasília: ESMPU, 2020, p. 66-83.

Importa dizer que contornos clássicos que separavam os trabalhadores subordinados dos trabalhadores autônomos, encontram-se borrados, pela mudança na divisão e organização do trabalho e descentralização produtiva.[289]

Nas novas relações de trabalho, influenciadas pelo emprego de tecnologias, que ampliam a autonomia do trabalhador, os conceitos clássicos trabalhistas, precisarão passar por diferentes elementos subjetivos e objetivos da prestação dos serviços, para sua correta caracterização, bem como para perfeita compreensão e regulamentação do trabalho desenvolvido nas (e com o auxílio das) "tecnologias disruptivas".

Certo é que, os elementos fático-jurídicos que caracterizam o trabalho digital, não se coadunam nem com o vínculo empregatício, nem com as características do trabalho autônomo.[290]

A flexibilidade que permite ao trabalhador ativar-se à plataforma, nos dias e horários que deseja (ainda que não seja essa a realidade da maioria dos trabalhadores, que realizam verdadeiras jornadas de trabalho exaustivas, nos aplicativos, para conseguirem garantir sua subsistência), permitiriam um autogerenciamento, que não se confunde com o empreendedorismo, inexistente nas formas de trabalho subordinado.

Por outro lado, essa flexibilidade, que permite que o trabalhador defina seu horário de trabalho e jornada, não é motivo suficiente para afastar o controle e a gestão da plataforma, ainda que difusa. É de se ressaltar que temos outros trabalhadores que apresentam liberdade de horário e/ou trabalham por resultados, e nem por isso deixam de ser considerados trabalhadores, que merecem proteção. Como exemplos temos os trabalhadores externos (art. 62 da CLT), os trabalhadores intermitentes (art. 443 da CLT), os teletrabalhadores por produção (art. 75-B da CLT), neste caso verdadeiros empregados.

Lembrando que não é possível desconsiderar que essas tecnologias compreendem um novo modelo de inserção no mercado de trabalho, que deve ser estimulado, por ser inovador e auxiliar, ainda que,

---

[289] GAIA, Fausto Siqueira. *Uberização do trabalho: aspectos da subordinação jurídica/disruptiva*. 2ª ed. Rio de Janeiro: Lumen Juris, 2020, p. 200.

[290] Neste sentido: BOSKOVIC, Alessandra Barichello, et. al. *Trabalho sob demanda via aplicativos e o problema da anomia em relação ao trabalho nas plataformas digitais*. In MANRICH, Nelson (org.) *Relações de trabalho e os desafios da tecnologia em um ambiente pós-pandemia*. Leme, São Paulo: Mizuno, 2021, p. 35-54.

atualmente, de forma desregulamentada e precária, a geração de renda pela exploração do trabalho humano.

Como nos ensina Alexandre Negromonte Gonçalves Filho, as relações desregulamentadas, que não apresentam qualquer grau de proteção legislativa trabalhista, não podem ficar à mercê desta dicotomia, que ou protege integralmente, ou nada garante. De modo que, o trabalho subordinado não pode ser mais o único objeto do Direito do Trabalho.[291]

Neste sentido, Renan Kalil aduz:[292]

> Destacam-se a existência de características da subordinação e da autonomia nessas novas formas de trabalho, a prevalência da dependência econômica e não mais da subordinação como elemento característico da relação dos trabalhadores com as plataformas digitais, o desajustamento da aplicação de um modelo concebido para a realidade dos séculos XIX e XX - apesar da identificação da subordinação -, a necessidade de aumentar o escopo do Direito do Trabalho e de tutelar outros tipos de trabalho além do subordinado e o fato da presente forma de regulação ser datada, demandando a sua atualização com enfoque na atuação coletiva dos trabalhadores.

Cada vez que novas modalidades de trabalho, que não mais se identificam com os modelos tradicionais da relação de emprego, surgem novas vozes defendendo a atualização do ordenamento jurídico, na defesa da modernização das leis e da tentativa de incluir esses trabalhadores no manto protetivo.

Neste sentido, como esse movimento também ganha força em vários países, importante analisar como essas novas formas de trabalho encontram-se tuteladas.

3.4. Modelos de Proteção no Direito Estrangeiro

Em um contexto de intensa globalização facilmente verificamos uma universalização dos desafios jurídicos. A tutela das novas formas de

---

291 FILHO, Alexandre Gonçalves. *As relações de trabalho pós-modernidade e a necessidade de tutela à luz dos novos princípios do direito do trabalho*. Revista LTr, vol. 82, nº 03, março de 2018.

292 KALIL, Renan Bernardi. *Capitalismo de plataforma e Direito do Trabalho: crodwork e o trabalho sob demanda por meio de aplicativos*. São Paulo, 2019. Tese (Doutorado) Universidade de São Paulo, USP, Programa de Pós-Graduação em Direito, Direito do Trabalho e da Seguridade Social, 2019. p. 234.

trabalho frutos da pós-modernidade encontram-se no centro dos debates mundiais.

O direito comparado apresenta-se como uma forma de aproximação de modelos de solução de conflitos, utilizado desde o final da Primeira Guerra Mundial, possibilitando, não apenas o confronto entre as disposições legais de diferentes países, mas o estudo de sua jurisprudência, seu contexto social e sua melhor prática.[293]

Nessa conjuntura globalizada pode-se dizer que o Direito do Trabalho, mais do que qualquer outra área do direito, pela sua natureza, influenciado pelas mudanças sociais, nos conduz a uma tendência de universalização que merece ser estudada. Por conseguinte, para garantirmos uma justiça social nas relações trabalhistas, o estudo do direito comparado do trabalho se torna muito importante.

Portanto, passamos a analisar, ainda que de forma não exaustiva, decisões e legislações produzidas fora do Brasil, que visam a tutelar esse novo trabalhador.

3.4.1. O caso dos Estados Unidos

Antes de analisarmos a realidade juslaboral dos trabalhadores plataformizados americanos, devemos lembrar que o sistema legal norte-americano é de *commom law*, em que seu ordenamento jurídico é construído por seus precedentes judiciais, ou seja, seu sistema jurídico é basicamente formado com base na jurisprudência de seus Tribunais.[294]

Superada essa necessária diferenciação, analisando decisões nas quais os trabalhadores pleiteiam vínculo empregatício diretamente com as plataformas, nos deparamos com uma das primeiras decisões judiciais proferida em junho de 2015, no Estado da Califórnia.[295]

---

[293] PEREIRA, Caio Mário da Silva. *Direito Comparado e o seu Estudo*. Universidade de Minas Gerais, Revista da Faculdade de Direito, v.7, out/1955, p. 35.

[294] CASAGRANDE, Cássio. *Litigância trabalhista nos Estados Unidos da América em perspectiva comparada*. In MOREIRA, Aline Lorena Mourão et. al. Direito Comparado do Trabalho, no mundo globalizado. Fortaleza: Escola Social, 2020, p. 62.

[295] UNITED STATES DO AMERICA. California Labor Comission Apeal. Case number CGC-15-546378. Uber Technologies, Inc., A. Delaware Corporation vs Barbara Berwick, Juin., 16h, 2015. Disponível em: < http://lawweb.pace.edu/library/ubercase.pdf>. Acesso em: 28 de fev. de 2023.

Vale lembrar que na Califórnia encontramos o Vale do Silício, berço das plataformas digitais, não por acaso as decisões e regulamentações jurídicas produzidas no Oeste dos EUA, chamam a atenção do mundo do trabalho.

Nesta primeira decisão, envolvendo a motorista de aplicativos Barbara Berwick e as empresas Uber Technologies e Delawere Corporation, a *California Labor Comission Apeal,* da Corte Superior da Califórnia, reconheceu a existência de relação de emprego, condenando as demandadas ao reembolso de todos os gastos incorridos pela reclamante e ao pagamento de juros.

De forma resumida, a autora apresentou sua reclamação ao Escritório do Comissariado do Trabalho, pleiteando o pagamento de salários atrasados, reembolso das despesas previstas no Código de Trabalho, danos líquidos e multa por tempo de espera.

A empresa Uber defendeu-se alegando ser uma plataforma de tecnologia, responsável por fornecer apenas suporte administrativo entre os condutores, que são trabalhadores autônomos, e os passageiros, não exercendo nenhum controle sobre as horas trabalhadas, não realizando o reembolso das despesas relativas aos gastos pessoais dos veículos, e realizando o controle de procedimentos dos motoristas e dos passageiros.

No julgamento, foram utilizados dois precedentes da Suprema Corte, em que se analisou critérios objetivos e subjetivos para distinção entre relação de emprego e trabalho autônomo.[296]

Fausto Gaia explica que os precedentes apresentados ressaltam a necessidade de se verificar o controle da atividade exercida pelo trabalhador e se a atividade desenvolvida está ou não inserida nos fins do empreendimento da empresa. Dessa maneira, a existência de subordinação jurídica, mostra-se como pressuposto essencial do vínculo empregatício.[297]

---

296 Precedentes utilizados: S. G. Borello & Sons, Inc. v. Dep't of Indus. Relations, 769 P.2d 399 (Cal. 1989) e Yellow Cab Coorperative v. Workwers Compensation appeals Board (1991) 226 Cal. App. 3d 1288. Neste sentido: UNITED STATES OF AMERICA. California Labor Comission Appeal. Disponível em: < https://scholar.google.com/scholar_case?case=11040952055087564436&q=S.+G.+Borello+%26+-Sons,+Inc.+v.+Dep%27t+of+Indus.+Relations&hl=en&as_sdt=6,33>. Acesso em: 28 de fev. de 2023.

297 GAIA, Fausto Siqueira. *Uberização do trabalho: aspectos da subordinação jurídica/disruptiva.* 2ª ed. Rio de Janeiro: Lumen Juris, 2020, p. 254.

Com essa consideração, a decisão refutou a inexistência de controle das atividades desenvolvidas pela motorista, reafirmando que não é necessário o controle pleno para a caracterização do emprego. Ainda, afirmou que a empresa Uber controla cada aspecto de sua operação.

Uma segunda decisão interessante, proferida em 2018, também no Estado da Califórnia, envolveu a *Dynamex* e seus motoristas, sendo considerada um *leading case* (precedente), importante para o marco regulatório do Estado. A *Dynamex* é uma empresa de entregas, que segue o mesmo modelo da Uber, cadastrando seus motoristas por meio de um aplicativo, e realizando o pagamento por tarefa executada. Os motoristas recebiam um uniforme da empresa e caso descumprissem seu regulamento, poderiam ser desligados unilateralmente.[298]

Na decisão, a Corte Superior do Estado da Califórnia, entendeu que, em alguns casos, a empresa classificava erroneamente seus colaboradores, como trabalhadores independentes. Em seu entendimento, o desvirtuamento, seria um subterfúgio utilizado pelas empresas, como meio de pagar menos impostos ou encargos trabalhistas.

Consoante os elementos elencados em um novo teste (ABC *test*) elaborado pela Suprema Corte, que rejeitou o teste de Borello, há muito tempo aplicado na determinação dos trabalhadores como autônomos ou empregados, somente será considerado um parceiro autônomo se restar demonstrado que: o trabalhador está livre de controle e direção da plataforma contratante, tanto no aspecto formal, quanto material; se o trabalhador está habitualmente inserido em um comércio, ocupação ou negócio independente, da mesma natureza do trabalho desempenhado e; se o indivíduo realiza trabalho que está fora da atividade habitual do contratante.

Deste modo, como nos explica Renan Calil, o precedente inverte as premissas até então estabelecidas no mundo trabalhista, determinando que todos os trabalhadores que desempenham atividades mediante contraprestação, serão enquadrados como empregados, sendo exceção os que se enquadrarem nos requisitos apresentados no Teste ABC.[299]

---

[298] UNITED STATES OF AMERICA. Court of appeal of the State of California. PEOPLE OF THE STATE OF CALIFORNIA v. UBER TECHNOLOGIES, INC. et al, Los Angeles County. Decisão 22/10/2020. Disponível em: < https://law.justia.com/cases/california/court-of-appeal/2020/a160701.html> Acesso em: 26 de fev. de 2023.

[299] KALIL, Renan Bernardi. *Capitalismo de plataforma e Direito do Trabalho: crodwork e o trabalho sob demanda por meio de aplicativos*. São Paulo, 2019. Tese (Doutorado)

O impacto dessa decisão encontrou repercussão no caso *Vazquez et al. V. Jan-Pro Franchising International*, da Corte de Apelações do Nono Circuito dos Estados Unidos, em que a Corte não apenas aplicou o teste formulado pela Suprema Corte, como determinou sua aplicação retroativamente.[300]

Seguindo essa importante decisão, a Assembleia Legislativa do Estado da Califórnia aprovou um projeto de lei, denominado *Assembly Bill 5 (AB5),* que entrou em vigor em janeiro de 2020, obrigando as empresas de aplicativo a contratarem seus motoristas como empregados.

Em resposta, a empresa Uber, juntamente com outras empresas de plataformas digitais, processaram o estado da Califórnia alegando ser a lei AB5 inconstitucional e potencialmente danosa para o mercado, o que acabaria minando a flexibilidade de empresas que funcionam via aplicativos digitais.

Em decisão, extensa e esclarecedora, proferida em outubro de 2020, o juiz do tribunal de apelações do Estado da Califórnia afirmou que as empresas de aplicativos devem seguir as leis trabalhistas estaduais. Ainda, sustentou, ser a suposta escolha que as plataformas oferecem a seus trabalhadores, artificial, "mascarando verdadeira relação trabalhista".[301]

Por fim, a AB5 foi revogada mediante um referendo, que ficou conhecido como *Proposta 22 (App-Based Drivers as Contractors and Labor Policies Iniciative)* promovida pelas empresas UBER, Lyft, DoorDash e Instacart, realizado em novembro de 2020. Mais da metade dos californianos votaram pela queda da lei influenciados por uma campanha milionária promovida pelas empresas de aplicativo.

As empresas de aplicativos, prometeram oferecer 120% (cento e vinte por cento) do salário-mínimo aos parceiros, uma escala de cobertura

---

Universidade de São Paulo, USP, Programa de Pós-Graduação em Direito, Direito do Trabalho e da Seguridade Social, 2019, p. 226.

300 UNITED STATES OF AMERICA. Supreme Court of Califórnia. VAZQUEZ v. JAN-PRO FRANCHISING INTERNATIONAL, INC.Opinion of the Court by Cantil-Sakauye, C. J. Ninth Circuit 17-16096. Disponível em: < https://law.justia.com/cases/california/supreme-court/2021/s258191.html> Acesso em: 1 de março de 2023.

301 ESTADOS UNIDOS DA AMÉRICA. Court of appeal of the State of California. PEOPLE OF THE STATE OF CALIFORNIA v. UBER TECHNOLOGIES, INC. et al, Los Angeles County. Decisão 22/10/2020. Disponível em: < https://law.justia.com/cases/california/court-of-appeal/2020/a160701.html> Acesso em: 26 de fev. de 2023.

de seguro saúde e reembolso de despesas, a depender do tempo de engajamento de cada prestador, para além de outros benefícios.[302]

Apesar da revogação da lei em 2020, parte das decisões proferidas no território estadunidense continuaram influenciadas pela AB5. A saber, no ano de 2021, a Corte Superior de Alameda, no processo *Castellanos vs. Califórnia*, considerou a Proposta 22 inconstitucional, pois violaria regras de competência originária do Poder Legislativo, para a modificação de leis trabalhistas, uma vez que somente permitiriam alterações com a aprovação de 7/8 (sete oitavos) do quórum de congressistas da Califórnia, o que não ocorreu, sendo, portanto "inaplicável".[303]

Contudo, a celeuma persiste, mais recentemente, em 2023, o Tribunal Estadual de Apelações da Califórnia, reverteu a decisão proferida pela Corte Superior de Alameda, declarando a Proposta 22, que concede status de autônomo aos motoristas de aplicativos, como constitucional.[304]

Diante desse imperativo, conclui-se dessa análise que, muito embora os Estados Unidos seja um país marcado fortemente pelo liberalismo, os tribunais e governos estaduais, ainda sustentam uma necessária proteção estatal aos trabalhadores de plataformas, reconhecendo, por vezes, verdadeira relação empregatícia entre trabalhadores e aplicativos. Embora, a discussão sobre a natureza jurídica ainda exista.

3.4.2. O caso do Reino Unido

A Suprema Corte do Reino Unido, em fevereiro de 2021, decidiu de forma unânime que os motoristas do aplicativo Uber devem ser

---

[302] INFOMONEY. *UBER e Lyft tentam derrubar lei na Califórnia que torna motoristas em empregados.* Disponível em: < https://www.infomoney.com.br/negocios/uber-e--lyft-tentam-derrubar-lei-na-california-que-torna-motoristas-em-empregados/> Acesso em: 01 de fev. de 2023.

[303] UNITED STATES OF AMERICA. Court of appeal of the State of California. HECTOR CASTELLANOS v. STATE OF CALIFORNIA. et al, Los Angeles County. Decisão 20/08/2021. Disponível em: < https://law.justia.com/cases/california/court-of-appeal/2023/a163655.html> Acesso em: 26 de fev. de 2023.

[304] UNITED STATES OF AMERICA. Court of appeal of the State of California. HECTOR CASTELLANOS v. STATE OF CALIFORNIA. et al, Los Angeles County. Decisão 13/03/2023. Disponível em: <https://law.justia.com/cases/california/court-of-appeal/2023/a163655m.html> Acesso em: 08 de junho de 2023.

classificados como *workers*[305], categoria intermediária existente no sistema trabalhista inglês.[306]

No Reino Unido, o ordenamento jurídico classifica os trabalhadores em três categorias: os *employees*, que seriam os trabalhadores dependentes, que realizam suas atividades sob o regime de um contrato de trabalho, com subordinação; os *independent contractors*, trabalhadores autônomos, que realizam trabalhos diretamente para seus clientes, por conta própria; e os *workers*, categoria intermediária de trabalhadores que prestam seus serviços com subordinação mitigada, aos quais se garante o direito ao salário-mínimo, férias anuais, dentre outros direitos.

O processo trabalhista, envolvendo os motoristas de aplicativo, iníciou-se no ano de 2015, quando Yaseen Aslam, James Farraf entre outros, propuseram, em um tribunal de trabalho britânico, uma reclamação contra a Uber, requerendo a declaração de *dependent workers* (*employees*). Na longa batalha judicial, a empresa apresentou sua apelação ao tribunal superior após perder em três instâncias inferiores.[307]

Dentre os temas enfrentados pela decisão, a Corte Trabalhista de Londres, consignou que a Uber administra uma empresa de prestação de serviços de transporte e não de intermediação, como desejam sustentar, sendo "absurda" a alegação da empresa.

---

305 Nos termos da legislação inglesa, *workers* são definidos da seguinte maneira ("ERA" – Employment Rights Act 1996, seção 34, e regulamento 36 WTR – Working Time Regulations 1998): In this Act "worker" ... means an individual who has entered into or works under (or, where the employment has ceased, worked under) - (a) a contract of employment, or (b) any other contract, whether express or implied and (if it is express) whether oral or in writing, whereby the individual undertakes to do or perform personally any work or services for another party to the contract whose status is not by virtue of the contract that of a client or customer of any profession or business undertaking carried on by the individual; and any reference to a worker's contract shall be construed accordingly.

306 AQUINO, Gabriela M. T.; BÍCEGO, Bruno Ett. *Caso Uber na Suprema Corte do reino Unido: possíveis repercussões no cenário brasileiro*, 15 de maio de 2021. Disponível em: <https://medium.com/o-centro-de-ensino-e-pesquisa-em-inova%C3%A7%C3%A3o-est%C3%A1/caso-uber-na-suprema-corte-do-reino-unido-fe751689957e.> Acesso em: 28 de fev. de 2023.

307 UNITED KINGDOM. Employment Tribunals, Case number: 2202551/2015. London Central. Mr. Y. Yaslam, Mr. J. Farrar and Others v Uber Employment Tribunal judgment, 28 octubre 2016. Disponível em: < https://www.gov.uk/employment-appeal-tribunal-decisions/uber-b-v-and-others-v-mr-y-aslam-and-others-ukeat-0056-17-da> Acesso em 28 de fev. 2023.

Com relação à dinâmica laboral, os julgadores concluíram que o motorista, ao realizar o transporte de passageiros, firma um contrato para condução de pessoas desconhecidas, para um destino desconhecido e por um valor desconhecido, até o momento em que inicia a viagem, sendo todos os dados centralizados no próprio aplicativo, que realiza a gestão e o controle destes.

Sendo a remuneração paga aos motoristas pelo trabalho realizado, fixada pela empresa, que não permite nenhuma liberdade negocial aos motoristas, a liberdade de escolha sobre quando e onde trabalhar é limitada, pois uma vez conectados ao aplicativo, essa escolha é mitigada, pois aceitar ou recusar pedidos, conduzem a penalidades.

Ressalta a Corte, que a Uber exerce um grau significativo de controle sobre como os motoristas prestam seus serviços, considerando que, muito embora, utilizem veículos próprios, a empresa determina quais modelos de carros poderão ser utilizados. Ainda, a tecnologia essencial ao serviço é toda de propriedade da Uber, e controlada por ela.

Por fim, a Corte determinou que a Uber deve reconhecer os motoristas como *workers*, desde o momento em que se conectam ao aplicativo até o momento de sua desconexão, garantindo proteção aos "trabalhadores" mesmo nos longos períodos em que se encontram esperando que um passageiro solicite viagem pelo aplicativo.

A empresa acatou a decisão, ofertando para seus motoristas o pagamento de um salário mínimo, férias com base em percentuais de seus ganhos, plano de pensão privada com contribuições mistas, manutenção do seguro em casos de doença ou lesão, o pagamento de licença-maternidade ou paternidade, bem como a manutenção da liberdade do motorista em escolher se deseja ou não dirigir, transformando assim, uma decisão desfavorável, em um grande projeto de marketing da empresa.

3.4.3. O caso da União Europeia

A União Europeia merece destaque, em nossos estudos, ao apresentar interessantes decisões e por seu pioneirismo em regulamentar os trabalhadores de aplicativos, desta nova Era Digital.

Em meados de dezembro de 2017 encontramos uma decisão determinante no Tribunal de Justiça da União Europeia, produzida nos autos do processo n.º C-434/2015, em um incidente do Tribunal de Comércio n.º 3, de Barcelona, Espanha.[308]

Na ação originária, uma associação profissional de motoristas de táxis da cidade de Barcelona, pretendia o reconhecimento de que as atividades desenvolvidas pela Uber violam a legislação em vigor e constituem práticas enganosas e de concorrência desleal, proibindo a atividade da empresa no futuro.

No julgado do Tribunal de Comércio n.º 3 de Barcelona, restou consignado o entendimento de que, em sendo a atividade ligada à plataforma internacional, justificar-se-ia a apreciação do tema ao nível da União Europeia, salientando que nem a Uber e nem seus motoristas dispõem de licenças e credenciais previstas no Regulamento sobre serviços de táxi de Barcelona, de 22 de julho de 2004.

O pedido de análise de questões prejudiciais, envolvendo a interpretação de artigos que regulamentariam o serviço oferecido pela empresa Uber, foi apresentado, pela *Asociación Profesional Elite Taxi* e a *Uber Spain, SL*. Empresa ligada à *Uber Technologies e* apreciado pelo Tribunal de Justiça da União Europeia, levando-se em consideração os seguintes pontos:[309]

---

308 UNIÃO EUROPEIA. Tribunal de Justiça. Processo nº C-434/2015. Associación Profisional Elite Taxi contra Uber Systems Spain, SL., 20 de dezembro de 2017. Disponível em: < https://www.uc.pt/site/assets/files/475840/20171220_acordao_tribunal_justica_ue_c_434_15.pdf> Acesso em: 28 de fev. de 2023.

309 «1) Na medida em que o artigo 2.º, n.º 2, alínea d), da [Diretiva 2006/123] exclui as atividades de transportes do seu âmbito de aplicação, deve a atividade de intermediação entre o proprietário de um automóvel e a pessoa que necessita de se deslocar dentro de uma cidade, atividade exercida com caráter lucrativo pela [Uber Systems Spain] e no âmbito da qual esta última gere os meios informáticos — interface e aplicação de programas informáticos ("telefones inteligentes e plataformas tecnológicas" segundo as palavras da [Uber Systems Spain]) — que permitem estabelecer a ligação entre essas pessoas, ser considerada uma mera atividade de transporte, ou deve ser considerada um serviço eletrónico de intermediação ou um serviço próprio da sociedade da informação na aceção do artigo 1.º, [ponto] 2, da [Diretiva 98/34]? 2) Para a determinação da natureza jurídica desta atividade, poderá esta ser parcialmente considerada um serviço da sociedade de informação e, sendo esse o caso, deverá o serviço eletrónico de intermediação beneficiar do princípio da livre prestação de serviços consoante este é garantido pelo direito da União, mas precisamente pelo artigo 56º TFUE e pelas Diretivas [2006/123] e [2000/31]? 3) Se o Tribunal de Justiça considerar que o serviço prestado pela [Uber Systems Spain] não é um serviço de transporte e que, por conseguinte, está abrangido pelos casos referidos na Diretiva 2006/123, deve o conteúdo do artigo 15.º da Lei [n.º

«1) Na medida em que o artigo 2.º, n.º 2, alínea d), da Diretiva 2006/123 exclui as atividades de transportes do seu âmbito de aplicação, deve a atividade de intermediação entre o proprietário de um automóvel e a pessoa que necessita se deslocar em uma cidade, atividade exercida com caráter lucrativo pela Uber Systems Spain e no âmbito da qual esta última gere os meios informáticos — interface e aplicação de programas informáticos ("telefones inteligentes e plataformas tecnológicas" segundo as palavras da Uber Systems Spain) — que permitem estabelecer a ligação entre essas pessoas, ser considerada uma mera atividade de transporte, ou deve ser considerada um serviço eletrônico de intermediação, ou um serviço próprio da sociedade da informação na concepção do artigo 1.º, ponto 2, da Diretiva 98/34? 2) Para a determinação da natureza jurídica desta atividade, poderá esta ser parcialmente considerada um serviço da sociedade de informação e, sendo esse o caso, deverá o serviço eletrônico de intermediação beneficiar-se do princípio da livre prestação de serviços, considerando que este é garantido pela União, mas, precisamente no artigo 56º TFUE e pelas Diretivas 2006/123 e 2000/31? 3) Se o Tribunal de Justiça considerar que o serviço prestado pela Uber Systems Spain não é um serviço de transporte e que, por conseguinte, está abrangido pelos casos referidos na Diretiva 2006/123, deve o conteúdo do artigo 15º da Lei nº 3/1991 da concorrência desleal de 10 de janeiro de 1991 — relativo à violação das normas que regulam a atividade da concorrência — considerar-se contrário à Diretiva 2006/123, concretamente ao seu artigo 9º, relativo à liberdade de estabelecimento e aos regimes de autorização, na medida em que remete para leis ou disposições jurídicas internas sem ter em conta que o regime de obtenção das licenças, autorizações ou credenciais não pode, em caso nenhum, ser restritivo ou desproporcionado, ou seja, não pode constituir um entrave não razoável ao princípio da liberdade de estabelecimento? 4) Caso se confirme que a Diretiva 2000/31 é aplicável ao serviço

---

3/1991] da concorrência desleal [de 10 de janeiro de 1991] — relativo à violação das normas que regulam a atividade da concorrência — considerar-se contrário à Diretiva 2006/123, concretamente ao seu artigo 9.º, relativo à liberdade de estabelecimento e aos regimes de autorização, na medida em que remete para leis ou disposições jurídicas internas sem ter em conta o facto de que o regime de obtenção das licenças, autorizações ou credenciais não pode, em caso nenhum, ser restritivo ou desproporcionado, ou seja, não pode constituir um entrave não razoável ao princípio da liberdade de estabelecimento? 4) Caso se confirme que a Diretiva [2000/31] é aplicável ao serviço prestado pela Uber System Spain, constituem as restrições às quais um Estado-Membro, sob a prestação do serviço eletrónico de intermediação a partir de outro Estado-Membro, sob a forma de exigência de uma autorização ou de uma licença, ou sob a forma de ordem judicial de cessação da prestação do serviço eletrónico de intermediação decretada com base na legislação nacional em matéria de concorrência desleal, medidas válidas que consubstanciem exceções ao disposto no artigo 3.º, n.º 2, da Diretiva [2000/31], por força do disposto no artigo 3.º, n.º 4, da mesma diretiva?» - Tradução Livre da Autora.

prestado pela Uber System Spain, constituem as restrições às quais um Estado-Membro, sob a prestação do serviço eletrônico de intermediação a partir de outro Estado-Membro, sob a forma de exigência de uma autorização ou de uma licença, ou sob a forma de ordem judicial de cessação da prestação do serviço eletrônico de intermediação decretada com base na legislação nacional em matéria de concorrência desleal, medidas válidas que consubstanciem exceções ao disposto no artigo 3.º, n.º 2, da Diretiva 2000/31, por força do disposto no artigo 3.º, n.º 4, da mesma diretiva?»

Como vemos, a questão principal do julgado não envolve a existência ou não de vínculo empregatício, mas trata da natureza jurídica existente entre a Uber e seus motoristas, enquadrando o serviço prestado nas regulamentações que cercam os taxistas. Contudo, repercute na compreensão da relação de trabalho existente entre a plataforma e seus prestadores.

Quanto ao mérito, foi destacado pelo Tribunal que o serviço prestado pela plataforma digital não se limita a um serviço de intermediação que consiste em estabelecer uma ligação, através do aplicativo, entre um motorista profissional que utiliza o seu próprio veículo e uma pessoa.

Neste sentido:[310]

> Com efeito, numa situação como a referida pelo órgão jurisdicional de reenvio, em que o transporte de passageiros é assegurado por motoristas

---

310 Com efeito, numa situação como a referida pelo órgão jurisdicional de reenvio, em que o transporte de passageiros é assegurado por motoristas não profissionais que utilizam o seu próprio veículo, o prestador desse serviço de intermediação cria, ao mesmo tempo, uma oferta de serviços de transporte urbano, que torna acessível designadamente através de ferramentas informáticas, tais como a aplicação em causa no processo principal, e cujo funcionamento geral organiza a favor das pessoas que pretendam recorrer a essa oferta para efeitos de deslocação urbana. A este respeito, resulta das informações de que dispõe o Tribunal de Justiça que o serviço de intermediação da Uber assenta na seleção de motoristas não profissionais que utilizam o seu próprio veículo, aos quais esta sociedade fornece uma aplicação sem a qual, por um lado, esses motoristas não seriam levados a prestar serviços de transporte e, por outro, as pessoas que pretendessem efetuar uma deslocação urbana não teriam acesso aos serviços dos referidos motoristas. Além disso, a Uber exerce uma influência decisiva nas condições da prestação desses motoristas. Quanto a este último ponto, verifica-se, designadamente, que a Uber fixa, através da aplicação com o mesmo nome, pelo menos, o preço máximo da corrida, cobra esse preço ao cliente antes de entregar uma parte ao motorista não profissional do veículo e exerce um certo controlo sobre a qualidade dos veículos e dos respetivos motoristas assim como sobre o comportamento destes últimos, que pode implicar, sendo caso disso, a sua exclusão. – Tradução livre da autora.

não profissionais que utilizam o seu próprio veículo, o prestador desse serviço de intermediação cria, ao mesmo tempo, uma oferta de serviços de transporte urbano, que torna acessível designadamente através de ferramentas informáticas, tais como a aplicação em causa no processo principal, e cujo funcionamento geral organiza a favor das pessoas que pretendam recorrer a essa oferta para efeitos de deslocação urbana. A este respeito, resulta das informações de que dispõe o Tribunal de Justiça que o serviço de intermediação da Uber assenta na seleção de motoristas não profissionais que utilizam o seu próprio veículo, aos quais esta sociedade fornece uma aplicação sem a qual, por um lado, esses motoristas não seriam levados a prestar serviços de transporte e, por outro, as pessoas que pretendessem efetuar uma deslocação urbana não teriam acesso aos serviços dos referidos motoristas. Além disso, a Uber exerce uma influência decisiva nas condições da prestação desses motoristas. Quanto a este último ponto, verifica-se, designadamente, que a Uber fixa, através da aplicação com o mesmo nome, pelo menos, o preço máximo da corrida, cobra esse preço ao cliente antes de entregar uma parte ao motorista não profissional do veículo e exerce um certo controlo sobre a qualidade dos veículos e dos respetivos motoristas assim como sobre o comportamento destes últimos, que pode implicar, sendo caso disso, a sua exclusão.

Por conseguinte, o Tribunal reconheceu o controle exercido pela plataforma Uber, ao selecionar seus motoristas, fixar os valores dos serviços a serem prestados, controlar a qualidade dos veículos e dos serviços prestados, caracterizando a relação jurídica como verdadeiro serviço de transporte e não de "informação", como sustenta a empresa.

Continuando na Espanha, o Pleno do Tribunal Supremo, declarou a existência de relação de trabalho entre um "rider" (ciclista) e a empresa Glovo, no final do ano de 2020, considerando-se que a empresa não é mera intermediadora na contração de serviços entre comércios e ciclistas, sendo, sim, uma empresa que presta serviços de entregas, fixando condições essenciais para a realização da atividade prestada.[311]

Ressaltam os julgadores, que os empregados não dispõem de uma organização empresarial própria e autônoma, prestando atividades que se encontram inseridas na organização empresarial do empregador.

No caso em comento, o ciclista Juan Mollins García-Atance, após ser desligado da plataforma, em período em que se encontrava adoentado, apresentou uma primeira reclamação (*papeleta de conciliación ante el SMAC*) afirmando que sua relação com a empresa Glovo era laboral

---

[311] ESPAÑA. Tribunal Supremo. Processo nº 4746/2019. Recurso de casación para la unificación de doctrina. Disponível em: < https://www.poderjudicial.es/search/openDocument/05986cd385feff03>. Acesso em: 1 de março de 2023.

e que havia sido despedido, tacitamente, como consequência de sua ausência por enfermidade, pleiteando a nulidade da despedida, e solicitando uma indenização por danos e prejuízos causados. Em segunda reclamação, solicitou a extinção indenizada de seu contrato de trabalho, por falta de ocupação e pagamento.

Ante as respostas emitidas pela empresa, o autor formulou recurso de *suplicación* ao Tribunal Superior de Justiça de Madrid, que negou provimento. Contra a decisão, o reclamante apresentou novo recurso, ao Pleno do Tribunal Supremo, para a unificação da doutrina, pois a decisão do Tribunal Superior de Madrid estava em contradição com a sentença proferida pelo Tribunal Superior de Justiça de Asturias, datada de julho de 2019.

O Tribunal declarou a existência de relação laboral, considerando que o motorista assumia a obrigação de prestar pessoalmente os serviços, ainda, a geolocalização por GPS do motorista, demonstra a dependência e controle empresarial, sobre a atividade prestada. A empresa não se limitava a encomendar a realização de um determinado serviço, em verdade determinava como deveria ser prestado, controlando o correto cumprimento através do aplicativo.

Quanto à remuneração, nos termos do julgamento, a empresa Glovo paga uma compensação financeira aos motoristas pelo tempo de espera, e toma todas as decisões comerciais, unilateralmente, como o preço a ser cobrado e a forma de pagamento de seus prestadores, apropriando-se dos frutos do trabalho realizado.

Seguindo o mesmo entendimento, o governo espanhol editou um Decreto-Lei, *Real Decreto-Ley 9/2021*, que alterou a redação do Estatuto dos Trabalhadores, garantindo direitos trabalhistas às pessoas que se dedicam à distribuição no domínio das plataformas digitais.[312]

Vale a leitura das disposições gerais do Decreto:[313]

---

312 ESPAÑA. Real Decreto-Ley 9/2021, de 11 de mayo. «BOE» núm. 113, de 12 de mayo de 2021, páginas 56733 a 56738 (6 págs.). Disponível em:< https://boe.es/diario_boe/txt.php?id=BOE-A-2021-7840>. Acesso em: 1 de março de 2023.

313 Tradução livre do trecho: El presente real decreto-ley cuenta con un artículo y dos disposiciones finales, cuya finalidad es la precisión del derecho de información de la representación de personas trabajadoras en el entorno laboral digitalizado, así como la regulación de la relación trabajo por cuenta ajena en el ámbito de las plataformas digitales de reparto. El artículo único modifica el texto refundido de la Ley del Estatuto de los Trabajadores, aprobado por el Real Decreto Legislativo 2/2015, de 23 de octubre, en dos aspectos. En primer lugar, modifica el artículo

Este Real Decreto-Lei tem um artigo e duas disposições finais, cuja finalidade é a precisão do direito à informação da representação dos trabalhadores no ambiente de trabalho digitalizado, bem como a regulação da relação de trabalho no domínio das plataformas digitais de distribuição. O artigo único modifica o texto revisto da Lei do Estatuto dos Trabalhadores, aprovada pelo Real Decreto Legislativo 2/2015, de 23 de outubro, em dois aspetos. Em primeiro lugar, altera o artigo 64.º, relativo aos direitos de informação e consulta da representação legal dos trabalhadores, acrescentando um novo número. O n.º 4, que reconhece o direito do conselho de empresa ser informado, pela empresa, dos parâmetros, regras e instruções em que se baseiam algoritmos ou sistemas de inteligência artificial que afetam a tomada de decisões que possam ter impacto nas condições de trabalho, no acesso e na manutenção do emprego; incluindo a criação de perfis. Em segundo lugar, introduz nova disposição adicional sobre a presunção de emprego das atividades de distribuição ou distribuição de qualquer tipo de produto ou mercadoria, quando a empresa exerce os seus poderes de organização, direção e controlo, por meio da gestão algorítmica do serviço ou das condições de trabalho, através de uma plataforma digital. Esta presunção não afeta o disposto no n.º 3 do artigo 1.º do Estatuto dos Trabalhadores.

Incorporando os critérios e parâmetros estabelecidos nas decisões proferidas pelo Tribunal Supremo, o decreto objetiva refletir as novas realidades laborais, claramente, ressaltando que, a flexibilidade ou liberdade por parte dos trabalhadores das plataformas é apenas aparente, levando, em realidade, a um controle que reflete diretamente na manutenção do emprego, e nas condições do trabalho.[314]

64, relativo a los derechos de información y consulta de la representación legal de las personas trabajadoras añadiendo un nuevo párrafo d) a su apartado 4, en el que se reconoce el derecho del comité de empresa a ser informado por la empresa de los parámetros, reglas e instrucciones en los que se basan los algoritmos o sistemas de inteligencia artificial que afectan a la toma de decisiones que pueden incidir en las condiciones de trabajo, el acceso y mantenimiento del empleo, incluida la elaboración de perfiles. En segundo lugar, introduce una nueva disposición adicional sobre la presunción de laboralidad de las actividades de reparto o distribución de cualquier tipo de producto o mercancía, cuando la empresa ejerce sus facultades de organización, dirección y control, mediante la gestión algorítmica del servicio o de las condiciones de trabajo, a través de una plataforma digital. Dicha presunción no afecta a lo previsto en el artículo 1.3 del Estatuto de los Trabajadores.

314 Neste sentido: De este modo, en el Estatuto de los Trabajadores se contempla que las facultades empresariales, a las que se refiere el artículo 20 de dicha norma, pueden ser ejercidas de numerosas maneras y, entre ellas, por medio de la gestión algorítmica del servicio o de las condiciones de trabajo a través de una plataforma digital, que son, por lo tanto, los activos clave y esenciales de la actividad. En

Ressalta o Decreto que a nova disposição se baseia na valoração da natureza do vínculo, dependendo de uma análise do caso em concreto apresentado:[315]

> Na avaliação da real natureza do vínculo, dependerá em grande medida da informação verificável que esteja disponível sobre o desenvolvimento da atividade através de plataformas, que devem permitir discernir se as condições de prestação de serviços que se manifestam numa relação específica enquadram-se na situação descrita por aquele dispositivo, sempre com o maior respeito pelos segredos industriais e comerciais das empresas de acordo com a regulamentação, que não são questionadas por essas informações sobre os derivados trabalhistas de algoritmos ou outras operações matemáticas a serviço da organização empresarial.

Certo é que a Espanha é pioneira em apresentar uma regulamentação clara e objetiva da relação de trabalho entabulada entre os trabalhadores e plataformas digitais. O Decreto abre caminho para novas regulações, mundo afora, ao incluir no Estatuto dos Trabalhadores nova disposição que presume relação de trabalho nas plataformas digitais:[316]

> Presunção de emprego no domínio das plataformas digitais de entrega. Por aplicação do disposto no n.º 1 do artigo 8.º, presume-se incluída no âmbito de aplicação desta lei a atividade das pessoas que prestam serviços

---

consecuencia, la forma indirecta o implícita de ejercicio de las facultades empresariales abarca los supuestos en los que una cierta flexibilidad o libertad por parte de la persona trabajadora en la ejecución del trabajo sea solo aparente, por llevar en realidad aparejada consecuencias o repercusiones en el mantenimiento de su empleo, en su volumen o en el resto de sus condiciones de trabajo.

315 Tradução livre do trecho: en la valoración de la naturaleza real del vínculo, va a depender en gran medida de la información verificable que se tenga acerca del desarrollo de la actividad a través de plataformas, que debe permitir discernir si las condiciones de prestación de servicios manifestadas en una relación concreta encajan en la situación descrita por dicha disposición, siempre desde el mayor respeto a los secretos industrial y comercial de las empresas conforme a la normativa, que no se ven cuestionados por esta información sobre las derivadas laborales de los algoritmos u otras operaciones matemáticas al servicio de la organización empresarial.

316 Tradução livre do trecho: «Disposición adicional vigesimotercera. Presunción de laboralidad en el ámbito de las plataformas digitales de reparto. Por aplicación de lo establecido en el artículo 8.1, se presume incluida en el ámbito de esta ley la actividad de las personas que presten servicios retribuidos consistentes en el reparto o distribución de cualquier producto de consumo o mercancía, por parte de empleadoras que ejercen las facultades empresariales de organización, dirección y control de forma directa, indirecta o implícita, mediante la gestión algorítmica del servicio o de las condiciones de trabajo, a través de una plataforma digital. Esta presunción no afecta a lo previsto en el artículo 1.3 de la presente norma.»

remunerados que consistam na distribuição ou distribuição de qualquer produto ou mercadoria de consumo, por empregadores que exerçam os poderes empresariais de organização, direção e controle direto, indireto ou implicitamente, por meio da gestão algorítmica do serviço ou das condições de trabalho, por meio de uma plataforma digital. Esta presunção não afeta o disposto no artigo 1º, nº 3, da presente norma.

No mesmo caminho, temos alguns outros países da União Europeia. De forma muito sucinta, na França, a decisão 374 da Corte de Cassação de Paris firmou importante balizador para a jurisprudência francesa. Em seu julgamento o tribunal compreendeu haver típico trabalho subordinado na relação entre o UBER e seus motoristas, a tese empresarial de autonomia foi prontamente rechaçada sob o fundamento de que o motorista não tinha clientela própria, nem fixava os preços de suas viagens.[317]

Igualmente interessante, a análise do dossiê dos trabalhadores de plataforma, aprovado em 2023, no plenário do Parlamento Europeu. O texto consagra uma presunção de emprego para os trabalhadores de plataformas e reforça a necessária proteção de direitos em face à gestão algorítmica.[318]

A votação do dossiê foi apertada, com 376 votos a favor e 212 contra, com parlamentares de centro-esquerda alertando sobre as dificuldades da criação de uma presunção geral de emprego, por sua impossibilidade, tanto legal quanto técnica.

O texto foi mediado por Elisabetta Gualmini, política italiana eleita como membro do Parlamento Europeu em 2019, na Comissão dos Assuntos do Emprego (EMPL). A aprovação do Parlamento confere a Gualmini a possibilidade de encetar negociações interinstitucionais juntamente com a Comissão e Conselho Europeu.

Na votação, a relatora retirou o foco de critérios, que em conjunto poderiam motivar uma presunção de emprego, levando a discussão para a relação contratual efetiva entre a plataforma e o trabalhador, o

---

[317] MARQUES, Rafael da Silva. Aplicativo de transporte – relação de emprego: decisão 374 da Corte de Cassação, Sala Social da França. Disponível em: https://revisaotrabalhista.net.br/2020/08/05/aplicativo-de-transporte-relacao-de-emprego-decisao-374-da-corte-de-cassacao-sala-social-franca/. Acesso em: 25 de março de 2023.

[318] GONSE-BOURGERY THÉO. *Eu Parliament adopts positions on plataforma worker directive*. Euroactiv.com, 2 fev. de 2023. Disponível em: < https://www.euractiv.com/section/gig-economy/news/eu-parliament-adopts-position-on-platform-workers-directive/> Acesso em 1 de março de 2023.

que foi duramente criticado pelas plataformas, que argumentaram que isto levaria a uma insegurança jurídica.

Quanto aos algoritmos, os legisladores preferiram incluir requisitos de transparência e informação, sobre como essas ferramentas são utilizadas para a gestão da relação de trabalho.

Por último, os Ministros do Emprego e dos Assuntos Sociais da União Europeia chegaram a um acordo sobre uma nova lei europeia para proteger os trabalhadores de plataformas digitais. A proposta apresenta duas melhorias fundamentais: ajuda a determinar corretamente um estatuto profissional para as pessoas que trabalham em plataformas digitais e, estabelece as primeiras regras da União Europeia sobre a utilização da inteligência artificial no local de trabalho.[319]

De acordo com a orientação do Conselho, presume-se juridicamente que os trabalhadores de plataformas são empregados, se preencherem, ao menos, três de sete critérios estabelecidos na diretiva. Dentre os sete critérios fixados encontramos, como característicos da relação de emprego, o controle de horário de trabalho, monitoramento da aparência do trabalhador, restrições para a recusa de serviço, limites de ganho máximo para cada colaborador.[320]

Nos casos em que não se aplicar a presunção legal de emprego, caberá a plataforma digital demonstrar que não existe qualquer relação de trabalho entre o colaborador e a empresa.

No mais, o Conselho pretende assegurar que todos os trabalhadores sejam devidamente informados sobre a utilização dos sistemas automatizados de monitoração e de tomada de decisões, realizada pelas plataformas, evitando assim, confrontos por falta de transparência.

O acordo amplia o direito dos trabalhadores, mesmo quando não for reconhecido seu vínculo formal. As regras apresentadas deverão ser aprovadas pelo Parlamento Europeu.

---

[319] O´DRISCOLL, Emma. *Direitos dos trabalhadores das plataformas: Conselho define a sua posição.* Conselho Europeu da União Europeia. Disponível em: <https://www.consilium.europa.eu/pt/press/press-releases/2023/06/12/rights-for-platform-workers-council-agrees-its-position/>. Acesso em: 18 de junho de 2023.

[320] O´DRISCOLL, Emma. *Direitos dos trabalhadores das plataformas: Conselho define a sua posição.* Conselho Europeu da União Europeia. Disponível em: <https://www.consilium.europa.eu/pt/press/press-releases/2023/06/12/rights-for-platform-workers-council-agrees-its-position/>. Acesso em: 18 de junho de 2023.

Enquanto as discussões continuam nos Conselhos de Ministros da União Europeia, e seus legisladores, concluímos desta análise que, assim como os Estados Unidos, o Reino Unido e a União Europeia, países tradicionalmente liberais, confluem para o entendimento de uma necessária regulamentação que proteja essa nova classe trabalhadora.

A União Europeia caminha para a presunção de existência de típica relação empregatícia, o Reino Unido sinaliza uma via intermediária de enquadramento jurídico aos trabalhadores de plataformas, não como empregados e tampouco como autônomos.

3.4.4. O caso do Uruguai

Como não poderia deixar de ser, as discussões sobre a natureza jurídica dos trabalhos realizados por meio de plataformas digitais, chegaram aos tribunais latinos, tendo como exemplos emblemáticos, que passamos a estudar, as decisões dos tribunais uruguaios e chilenos.

Iniciando no Uruguai, o Tribunal de Apelações de Trabalho de 3º Turno Uruguaio, reconheceu a existência de vínculo empregatício entre um motorista que realizava transporte de passageiros pela empresa Uber.[321]

A empresa apresentou o recurso de apelação discutindo questões processuais, como a competência, considerando a celebração de cláusula de compromisso arbitral pactuada no contrato entre as partes, bem como a natureza do vínculo jurídico entre o motorista e a empresa.

Com relação à cláusula de compromisso arbitral, o tribunal destacou que a arbitragem não é um instrumento processual admissível no Uruguai para resolver conflitos individuais de trabalho. Ressaltam os julgadores, a natureza de contrato de adesão firmado entre o motorista e a empresa Uber, sendo esta a única razão para o trabalhador aceitar a cláusula arbitral, que determina celebração de arbitragem em Amsterdam.

Quanto ao mérito da relação jurídica entabulada entre o motorista, na decisão apresentado como "AAA", e a empresa Uber, o tribunal

---

[321] URUGUAI. Recursos Tribunal Colegiado – IUE nº 0002-003894/2019, de 3 de junho de 2020. Disponível em: < https://ignasibeltran.com/wp-content/uploads/2018/12/URUGUAY-Sentencia-2%C2%B0-Instancia-UBER-TAT-1%C2%B0.pdf> Acesso em: 01 de março de 2023.

começa sua análise pela existência de verdadeiro contrato de adesão, confeccionado inteiramente pela empresa, carecendo de negociação entre as partes.

Para o transporte de pessoas, o tribunal apontou algumas peculiaridades da empresa: a Uber quem distribui as viagens entre os condutores, segundo critérios e parâmetros que os motoristas não têm nenhuma ingerência.[322]

Ainda sobre a relação de trabalho, ressaltam que todos os gastos com o veículo são de responsabilidade do condutor, assim como do dispositivo móvel utilizado para o trabalho. O motorista não pode realizar paradas não autorizadas pela Uber, durante o transporte dos passageiros, poderá, aceitar ou recusar os pedidos, sujeitando-se às políticas de cancelamento da própria empresa.

Ao motorista é proibido usar qualquer identificador da Uber, como logotipos, cores, uniformes, sendo uma faculdade do aplicativo, desativar ou restringir o acesso do motorista, de acordo com sua discricionariedade. Deverá, ainda, manter uma qualificação mínima, estabelecida pela plataforma, sob o risco de desativação.

Sobre o controle de jornada, ressaltam que o motorista não poderia trabalhar mais de 8 (oito) horas seguidas, ou 12 (doze) horas intercaladas, por dia, sendo que, se o fizer, a Uber pode desativar o condutor.

O pagamento, segundo os juristas, se dá por meio de tarifa, calculada unilateralmente pelo aplicativo, que pode modificá-la de acordo com sua discricionariedade, com base em fatores do mercado local, obrigando-se apenas a informar o condutor. Ressaltam, ainda, que o motorista aceita as viagens sem saber quanto irão receber, sem qualquer possibilidade de negociação.

Analisando recomendações emitidas entre importantes professores de Direito do Trabalho uruguaios, o tribunal destacou, dentre tudo, a Recomendação 198 da Organização Internacional do Trabalho (OIT), como marco teórico a ser aplicado, para determinar a existência de uma relação de trabalho.

---

[322] Tradução livre da autora: UBER es quien distribuye los viajes a realizar por los conductores y lo hace teniendo en cuenta criterios y parámetros respecto de los que los conductores no tienen ninguna intervención (...) en caso de que el usuario no estuviera en el lugar UBER le recomienda al conductor que permanezca diez minutos en el lugar aguardándolo.

Ressaltam os juristas, que no direito uruguaio, não existem regras de direito positivo que disciplinem a fronteira entre o trabalho subordinado e o trabalho autônomo, o que não pode passar desapercebido da proteção constitucional garantido a toda forma de trabalho. Por outro lado, destacam o conflito constitucional entre normas que tutelam de um lado a proteção do trabalho, e por outro a liberdade, que permite que uma pessoa se comprometa a trabalhador de forma autônoma.[323]

Como consequência, o vínculo em debate, segundo o tribunal, deve abordar dois pontos essenciais, o conflito entre normas constitucionais e o marco jurídico aplicável para qualificação correta do vínculo existente.

Quanto ao conflito das normas constitucionais sustentam:[324]

> Diante da colisão de princípios constitucionais voltados à proteção do trabalho humano e sua concretização legislativa por meio de um sistema de garantia na relação de dependência e, liberdade de contratar trabalho humano fora da relação de dependência – cabe àqueles que repelem a pretensão, argumentar e provar fatos que consigam justificar, racionalmente, que um sujeito que compromete sua força de trabalho em benefício principal de outrem, tenha escolhido, ou pelo menos tolerado, ser marginalizado da proteção especial. Este é o benefício concreto ou outras razões que podem explicá-lo. Uma pessoa só se automarginaliza se for encorajada por uma explicação razoável que o justifique, por exemplo a possibilidade de obter outras vantagens.

---

323 Neste sentido: Y, en este caso, el legislador para cumplir tal mandato garantista, acude a la ley dándole tenor de inderogable por la acción de los particulares, lo que explica que el grueso del Derecho del Trabajo opere constriñendo la autonomía de la voluntad. Pero por otro lado, el bloque de constitucionalidad también tutela la libertad de las personas para elegir la modalidad jurídica para comprometerse. De allí y en base al principio de libertad una persona bien puede comprometerse a realizar trabajo por fuera de la relación de trabajo dependiente y al amparo, como sostuvo la demandada en autos, como un contrato comercial con un trabajador autónomo.

324 Tradução livre do trecho: Frente a la colisión de principios constitucionales señalada a protección del trabajo humano y su concreción legislativa a través de un sistema garantista en la relación de dependencia y, libertad para comprometer trabajo humano fuera de la relación de dependencia - , corresponde a quien repele la pretensión, argumentar y probar hechos que, logren justificar, racionalmente, que un sujeto que compromete su fuerza de trabajo para el beneficio principal de otro, hubiera elegido, o por lo menos tolerado, verse marginado de la especial protección. Esto es el beneficio concreto u otras razones que puedan explicarlo. Ello por cuanto, responde a lo que normalmente acontece que una persona se automargine de un estatus protector solamente si la anima una explicación razonable que lo justifique, por ejemplo la posibilidad de obtención de otras ventajas.

Assentaram entendimento de que o motorista apresentava um menor poder de barganha que o apelante, que impôs o contrato, seus termos e condições. De forma, que a proteção do trabalhador, deverá prevalecer sobre a liberdade contratual.

Apontaram que, segundo os ensinamentos da Recomendação 198 da OIT, a proteção dos direitos fundamentais dos trabalhadores prevalece como essência da OIT, que apresenta alguns elementos que indicam a existência de uma relação de trabalho dependente, como:[325]

> a integração do trabalhador na organização da empresa, a execução de trabalho sob instruções ou sob o controle de outra pessoa, o trabalho efetuado em benefício exclusivo ou principal de outra pessoa, a execução pessoal do trabalho em horários determinados no local indicado ou aceite pela pessoa que executa o trabalho, trabalho de certa duração e continuidade, a disponibilidade do trabalhador, o fornecimento de ferramentas, materiais e máquinas; remuneração periódica, que constitui a única ou principal fonte de renda do trabalhador, a concessão de benefícios em espécie como alimentação, moradia e transporte, férias, descanso semanal, pagamento de viagens a serem realizadas pelo trabalhador para a realização do trabalho, a ausência de riscos financeiros para o trabalhador.

Elementos presentes na relação entabulada. Neste comento, a Corte Uruguaia destaca que, a plataforma se beneficiou do trabalho prestado pelo motorista, que existe integração do motorista à estrutura operacional da plataforma. Ainda, cabe à plataforma, receber os pedidos de serviços, indicar o motorista responsável pela execução da tarefa de forma unilateral, cobrar o usuário, e repassar o pagamento para o condutor.

Quanto ao poder de direção dos serviços, destaca o Tribunal que no trabalho autônomo quem organiza a tarefa e a executa é o trabalhador. No caso apresentado, o motorista ocupa-se apenas de dirigir, não organizando nenhuma etapa do processo produtivo.

---

325 Tradução livre do trecho: la integración del trabajador a la organización de la empresa, la realización del trabajo según instrucciones o bajo el control de otra persona, el trabajo realizado en beneficio única o principalmente de otra persona, la realización personal del trabajo en horario determinado en el lugar indicado o aceptado por quien ejecuta el trabajo, trabajo de cierta duración y continuidad, la disponibilidad del trabajador, el suministro de herramientas, materiales y maquinarias; la remuneración periódica, que ésta constituya la única o principal fuente de ingresos del trabajador, la entrega de prestaciones en especie como alimentación, vivienda y transporte, las vacaciones, el descanso semanal, el pago de los viajes que deba emprender el trabajador para ejecutar el trabajo, la ausencia de riesgos financieros para el trabajador.

Ainda, são definidos limites para a jornada de trabalho, controles sobre a rota escolhida pelo condutor, podendo o algoritmo reduzir a tarifa a ser paga, de forma unilateral.

Deste modo, com base na Recomendação 198 da OIT, ressaltando a integração do motorista à atividade empresarial da Uber, e o controle do serviço executado, que a Corte Uruguaia reconheceu a relação de emprego entre o motorista e a plataforma digital.

3.4.5. O caso do Chile

O Chile, por seu turno, apresentou uma legislação inovadora na América Latina, regulamentando os trabalhadores plataformizados a partir da Lei n.º 21.431, de 8 de março de 2022.[326]

A lei alterou o Código de Trabalho do país, inserindo regras específicas que regulam as relações entre os trabalhadores de plataformas digitais, dependentes ou independentes, e as empresas de plataformas digitais de serviços.

Dentre seus pontos, define o que se deve entender por empresas de plataformas digitais e trabalhadores de plataformas:[327]

---

[326] CHILE. Lei 21.431 de 8 de março de 2022. *Modifica el código del trabajo regulando el contrato de trabajadores de empresas de plataformas digitales de servicios.* Disponível em: < https://www.bcn.cl/leychile/navegar?idNorma=1173544>. Acesso em 1 de março de 2023.

[327] Tradução livre do trecho: a) Empresa de plataforma digital de servicios: Aquella organización que, a título oneroso, administra o gestiona un sistema informático o de tecnología ejecutable en aplicaciones de dispositivos móviles o fijos que permite que un trabajador de plataformas digitales ejecute servicios, para los usuarios de dicho sistema informático o tecnológico, en un territorio geográfico específico, tales como el retiro, distribución y/o reparto de bienes o mercaderías, el transporte menor de pasajeros, u otros. No se considerarán como empresas de plataformas digitales de servicios para los efectos de este Capítulo, aquellas plataformas que se limiten a publicar anuncios de prestación de servicios de personas naturales o jurídicas, o bien anuncios de venta o arriendo de bienes muebles o inmuebles, aun cuando la contratación de dichos servicios pueda hacerse a través de la plataforma. b) Trabajador de plataformas digitales: Aquel que ejecuta servicios personales, sea a cuenta propia o ajena, solicitados por usuarios de una aplicación administrada o gestionada por una empresa de plataforma digital de servicios. El trabajador de plataformas digitales será considerado como trabajador dependiente o trabajador independiente, según concurran o no los requisitos establecidos en el artículo 7º del presente Código.

a) Empresa de plataforma de serviços digitais: organização que, a título oneroso, administra ou gerencia um sistema de informática ou tecnologia executável em aplicativos móveis ou de dispositivos fixos que permita a um trabalhador de plataforma digital executar serviços, para os usuários do referido sistema informatizado o tecnológico, ou tecnológicas, em território geográfico específico, como a retirada, distribuição e/ou distribuição de bens ou mercadorias, o transporte menor de passageiros, ou outros. Para os fins deste Capítulo, as plataformas que se limitam à publicação de anúncios para a prestação de serviços por pessoas físicas não serão consideradas como empresas de plataformas digitais de serviços. Para os fins deste Capítulo, as plataformas que se limitem a publicar anúncios para a prestação de serviços por pessoas físicas ou jurídicas, ou anúncios para a venda ou locação de bens móveis ou imóveis, mesmo quando a contratação de tais serviços possa ser feita por meio da plataforma. b) Trabalhador de plataforma digital: Aquele que executa serviços pessoais, seja por conta própria ou de terceiros, solicitados por usuários de um aplicativo administrado ou gerenciado por uma empresa de plataforma de serviços digitais. O trabalhador de plataforma digital será considerado como trabalhador dependente ou trabalhador independente, consoante estejam ou não preenchidos os requisitos estabelecidos no artigo 7.º deste Código.

Optou o legislador chileno, por trazer duas possibilidades aos trabalhadores plataformizados: a do trabalho autônomo e do subordinado, tendo como critérios, o trabalho por conta própria ou alheia, de serviços solicitados por usuários de um aplicativo administrado ou gerido por uma empresa de plataforma digital.

O artigo 7º do Código de Trabalho, citado, apenas repete o que prevê nosso artigo 3º da CLT: *"Contrato individual de trabajo es una convención por la cual el empleador y el trabajador se obligan recíprocamente, este a prestar servicios personales bajo dependencia y subordinación del primero, y áquel a pagar por estos servicios una remuneración determinada."*

Ressaltam Adriana Calvo e André Zipperer, que a lei chilena é confusa, relegando às partes a escolha sobre a forma de prestação de serviços, seja como empregado ou como "trabalhador independente de plataforma digital".[328]

Para os contratados como empregados, que prestem serviços de forma subordinada e dependente, a lei estabelece alguns critérios para a

---

[328] CALVO, Adriana, ZIPPERER, André Gonçalves. *Trabalho em plataformas, no chile e na Califórnia, experiências legislativas*. In MANRICH, Nelson (org.). *80 anos da CLT: passado, presente e futuro das relações de trabalho no Brasil*. Londrina: Thoth, 2023, p. 329-342.

realização do contrato, como: a determinação da natureza do serviço, seus termos e condições, incluindo o tratamento de dados pessoais dos empregados; o método de cálculo da remuneração, a forma e o período de pagamento; a designação de um canal oficial onde o trabalhador poderá apresentar suas reclamações, ou requerimentos e contestações dos pagamentos recebidos, poderá requerer informações acerca do registro de seus trabalhos, da avaliação dos clientes, sendo um local físico e com um representante da empresa responsável por tais atendimentos; determinação da região geográfica em que o trabalhador deverá prestar seus serviços; disponibilização dos critérios utilizados para estabelecer contato e coordenação do trabalhador e dos usuários da plataforma, os quais deverão ser transparentes e objetivos.[329]

Quanto à jornada, estipula a lei, para os trabalhadores dependentes, que o contrato deverá designar se o trabalhador poderá distribuir sua jornada em horário que melhor se adapte às suas necessidades, ou se estará sujeito às regras. No primeiro caso, o trabalhador, deverá comunicar a empresa do momento em que se desconectará dos aplicativos, permitindo que a empresa se organize adequadamente para a prestação dos serviços aos usuários.

Ainda sobre a jornada, o legislador determina que os trabalhadores deverão sempre respeitar o limite máximo da jornada semanal e diária, e as regras de descanso semanal estabelecidas no Código de Trabalho.

---

[329] a) La determinación de la naturaleza de los servicios y los términos y condiciones bajo los cuales deben prestarse, lo que deberá incluir, entre otros, el tratamiento de los datos personales del trabajador y el impacto que tienen las calificaciones que le asignen los usuarios. b) El método de cálculo para la determinación de la remuneración, forma y período de pago. c) La designación de un canal oficial donde el trabajador pueda presentar sus objeciones, reclamos o requerimientos respecto de los pagos recibidos, el registro de sus labores, la asignación de las mismas y la evaluación que los clientes realizan acerca de su labor, el que siempre deberá ser atendido por una persona si el trabajador lo requiere. El canal indicado deberá contar con un lugar físico de atención, un teléfono local y un representante de la empresa asignado como responsable de atender los fines descritos. d) La determinación de la zona geográfica en que debe prestar servicios el trabajador, o bien la forma en que dicha zona se determinará. En caso de que dicha determinación quede a libre voluntad del trabajador, deberá consignarse en el contrato la forma y momento en que se deba notificar el territorio en donde se prestarán los servicios. e) Los criterios utilizados para establecer el contacto y coordinación entre el trabajador y los usuarios de la plataforma, los que deberán ser transparentes y objetivos. – Tradução livre da autora.

Sobre o tema apresenta:[330]

> As plataformas digitais devem implementar à sua custa um mecanismo confiável de registo da jornada de trabalho dos trabalhadores das plataformas digitais de serviços prestados no território, que cumpra o disposto no artigo 33.º O registo referido no número anterior deve também identificar claramente entre as horas de jornada passiva, ou seja, o tempo em que o trabalhador está à disposição da empresa de plataforma de serviços digitais sem realizar trabalho por motivos que não lhe são imputáveis, das horas de trabalho efetivamente desempenhadas, ou seja, aquelas que fazem a mediação entre o início do serviço atribuído e sua conclusão nos termos pactuados.

Quanto à remuneração dos trabalhadores dependentes, que definam livremente sua jornada de trabalho, poderá ser pactuado um percentual da tarifa cobrada pela empresa de plataforma digital dos usuários, ou outro parâmetro objetivo, não podendo em qualquer caso ser inferior ao salário-mínimo, acrescido de 20% (vinte por cento), destinado a remunerar o tempo de espera, assim como qualquer outro tempo de trabalho que possam estar sujeitos os trabalhadores.

De inovador, a lei cria um "terceiro gênero", o trabalhador independente de plataformas digitais, que se assemelha ao autônomo, mas com direitos regidos de forma específica, por artigos da nova Lei.[331]

---

[330] Las plataformas digitales deberán implementar a su costo un mecanismo fidedigno de registro de la jornada de los trabajadores de plataformas digitales de servicios prestados en el territorio, que cumpla con lo dispuesto en el artículo 33. El registro a que se refiere el inciso anterior deberá, asimismo, identificar claramente entre las horas de jornada pasiva, esto es, el tiempo en que el trabajador o la trabajadora se encuentra a disposición de la empresa de plataforma digital de servicios sin realizar labores por causas que no le son imputables, de las horas de trabajo efectivamente realizado, es decir, aquellas que median entre el inicio del servicio asignado y su conclusión en los términos pactados – Tradução livre da autora.

[331] Tradução livre do trecho: De los servicios prestados por trabajadores de plataformas digitales independientes. Se regirán por las disposiciones del presente Párrafo y de los Párrafos I y IV de este Capítulo, los servicios que se presten a través de una empresa de plataforma digital por trabajadores de plataformas digitales independientes, es decir, aquellos que no se realicen en los términos señalados en el artículo 7º del presente Código. Para estos efectos, la empresa de plataforma digital de servicios deberá limitarse a coordinar el contacto entre el trabajador de plataformas digitales independiente y los usuarios de ésta, sin perjuicio de establecer los términos y condiciones generales que permitan operar a través de sus sistemas informáticos o tecnológicos.

Serviços prestados por trabalhadores de plataformas digitais independentes. O disposto neste parágrafo e nos incisos I e IV deste Capítulo regula os serviços prestados por meio de empresa de plataforma digital por trabalhadores autônomos de plataforma digital, ou seja, aqueles que não forem realizados nos termos indicados no artigo 7º deste Código. Para estes efeitos, deverá a empresa de plataforma digital de servicios limitar-se a coordenar o contato entre o trabalhador independente da plataforma digital e os seus utilizadores, sem prejuízo de estabelecer as condições gerais que lhe permitam operar através dos seus sistemas informáticos ou tecnológicos.

Dentre as determinações da lei, temos, inicialmente, alguns que regem o contrato de trabalho independente, devendo este ser realizado por escrito, com determinação e individualização das partes, dos termos e condições para a fixação do pagamento da tarifa, dos critérios utliizados para a coordenação do trabalhador e dos usuários, a região geográfica em que deve ser realizado o trabalho, as regras de proteção de dados pessoais do trabalhador, os tempos máximos de conexão e obrigação de desconexão, a designação de um canal oficial, tal como ocorre para o trabalhador dependente, as causa de encerramento do contrato, a forma de comunicação, os prazos e mecanismos para contestar este encerramento, bem como as condições gerais de prestação de serviços de demais acordos entre as partes.[332]

---

[332] a) La individualización de las partes. b) Los términos y condiciones para determinar el precio o tarifa de los servicios del trabajador de plataformas digitales independiente y de los demás incentivos pecuniarios que se apliquen, expresando su valor en pesos chilenos y detallando todas las variables que se considerarán para su determinación. c) Los criterios utilizados para establecer el contacto y coordinación entre el trabajador independiente y los usuarios, los que deberán ser transparentes y objetivos. d) La determinación de la zona geográfica en que debe prestar servicios el trabajador independiente, o bien la forma en que dicha zona se determinará. A falta de estipulación, se entiende que queda a libre voluntad del trabajador independiente. e) Las reglas de protección de datos personales del trabajador de plataformas digitales independiente a que tiene acceso la empresa de plataforma digital de servicios de conformidad con la legislación vigente. f) Los tiempos máximos de conexión continua y la obligación de desconexión por parte de la empresa de plataforma digital de servicios. g) La designación de un domicilio en el país solo para efectos de comunicaciones y notificaciones judiciales, administrativas o de naturaleza análoga. h) La designación de un canal oficial donde el trabajador independiente pueda presentar sus objeciones, reclamos o requerimientos respecto de los pagos recibidos, el registro de sus labores, la oferta de las mismas y la evaluación que los clientes realizan acerca de su labor. El mencionado canal deberá contar con un lugar físico de atención, un teléfono local y un representante de la empresa asignado como responsable de atender los fines descritos. i) Las causales de terminación del contrato, la forma de comunicación, los plazos y mecanismos dispuestos en la plataforma

Para eles ainda são criados alguns direitos como: pagamento que não poderá exceder um mês, respeito ao salário-mínimo mensal, determinado por lei, acrescido de 20% (vinte por cento), tempo mínimo de desconexão de 12 (doze) horas, a cada 24 (vinte e quatro) horas, proibição de desconexões punitivas, aviso prévio, por escrito, em caso de encerramento do contrato de trabalho, de no mínimo 30 (trinta) dias, para o trabalhador que tenha pelo menos 6 meses de trabalho e aplicação de convenções coletivas aos trabalhadores que tenham pelo menos 30 (trinta) horas médias de trabalho semanal, por 3 (três) meses.

Contudo, como bem ressaltado pelos autores Adriana Calvo e André Zipperer, algumas questões ficaram sem resposta na nova lei, levantando críticas entre doutrinadores chilenos.[333]

A questão que levanta mais questionamentos, é a possibilidade da definição da natureza do contrato entabulado ter ficado a cargo das partes. Ora, a lei permite que as partes definam qual contrato será implementado: contrato de emprego subordinado ou contrato de trabalho independente de plataformas digitais, abrindo um espaço para a subjetividade que será resolvida judicialmente, considerando-se o conflito que gerará.

3.5. Terceira Via

Concluímos, analisando todos os paradigmas até então apresentados, que, uma parte dos juristas, quando da definição da natureza jurídica entabulada entre os trabalhadores dessa nova onda digital e as plataformas, afirmam que, na ausência de uma legislação específica, resguardam os direitos dos trabalhadores através da proteção constitucional do trabalho, em sua máxima expressão, considerando estes como verdadeiros empregados.

Por outro lado, sem fugir de uma proteção constitucional, mas sob outro enfoque, e, ao mesmo tempo, sustentando que, até que venha um ordenamento jurídico específico, que regulamente essa nova forma

---

digital para reclamar este término. j) Las condiciones generales de prestación de los servicios a través de la plataforma digital de servicios y demás pactos que acuerden las partes. – Tradução livre da autora.

333 CALVO, Adriana, ZIPPERER, André Gonçalves. *Trabalho em plataformas, no chile e na Califórnia, experiências legislativas*. In MANRICH, Nelson (org.). *80 anos da CLT: passado, presente e futuro das relações de trabalho no Brasil*. Londrina: Thoth, 2023, p. 329-342.

de trabalho, temos os que se socorrem da iniciativa privada, da livre iniciativa, para colocar essa relação sob o manto da autonomia.

De outra sorte e, considerando a necessidade de uma regulamentação clara e capaz de proteger essa classe de trabalhadores, autores que se dedicam ao estudo dessa transformação tecnológica da produção de serviços, vem apresentando como solução para esse dilema, uma "terceira via", fugindo da dicotomia clássica trabalhista, tal como apresentado pelo Reino Unido e pelo Chile, ao regulamentar os *workers* e os trabalhadores independentes de plataformas digitais.

Antônio Rodrigues e Victor Raduan da Silva analisando a assimetria de poderes entre os trabalhadores e as plataformas e, considerando as diferenças dessa forma de trabalho com a relação de emprego, destacando especialmente, a frequência, a forma e o valor da remuneração, o tempo de trabalho, descanso e a propriedade dos instrumentos de trabalho, sustentam a necessidade do desenvolvimento de novas formas de proteção trabalhistas.[334]

As dificuldades em classificar os trabalhadores sob demanda por meio de aplicativos, vem motivando a elaboração de várias propostas com o objetivo e proteger esses trabalhadores.

Neste sentido, analisaremos propostas com diferentes enfoques, como a criação de uma nova categoria para classificar os trabalhadores, a reformulação do conceito de empregador e a criação de um novo contrato de trabalho especial adaptado ao trabalho sob demanda por meio de aplicativos, caminhando, por fim, à necessária ampliação subjetiva do Direito do Trabalho em nosso próximo capítulo.

3.5.1. Uma categoria intermediária

A criação de uma categoria intermediária para regular o trabalho sob demanda por meio de aplicativos é justificada na doutrina enquanto, essa forma de trabalho, reuniria simultaneamente características do trabalho subordinado e do trabalho autônomo e o modelo

---

[334] FREITAS JUNIOR, Antonio Rodrigues; SILVA, Victor Raduan. *The uberization of workand the legal regulation: the challenge of labor protection in semi-peripheral economies*. Sept. 2017. Disponível em: <http://www.labourlawresearch.net/sites/default/files/papers/FINAL%20LLRN3-1.02- Freitas-Junior-Silva%20copy.pdf>. Acesso em 10 de abril de 2023.

prevalecente, atualmente no Direito do Trabalho, negaria proteção a classe de trabalhadores.[335]

Segundo Miriam Cherry e Antonio Aloisi, essa terceira categoria conferiria segurança jurídica aos empregadores e um grau de proteção aos trabalhadores, o que inexiste atualmente. No entanto, deve-se ter cautela ao considerar essa criação, por ser possível que alguns trabalhadores percam seus direitos, sendo rebaixados para essa terceira categoria. Destacam ainda que, ao invés de se criar uma categoria apenas para a *gig economy*, qualquer proposta deveria, idealmente, ser formulada para melhorar as condições de todas as formas de trabalho precário ou fissurado.[336]

Por fim, sinalizam que essa ideia não é nova, existindo em diferentes países por décadas, produzindo resultados de sucesso da mesma maneira que "desaventuras", o que precisa ser estudado, antes mesmo de se aventurar na regulamentação jurídica dessas formas de trabalho, sob o risco de se cometer os mesmos fracassos.[337]

Dentre as diferentes experiências, os autores destacam as do Canadá, Itália e Espanha, em seus estudos, as quais ampliamos um pouco no presente trabalho.

No Canadá, o professor Harry Arthurs escreveu sobre o problema de classificação dos trabalhadores entre empregados e autônomos, em 1965. Com o tempo o governo introduziu uma categoria intermediária nos normativos legais, a figura do "contratado dependente" (*dependent contractor*) a fim de alargar o alcance dos estatutos para além dos empregados típicos. A definição do contratado dependente passa pela prestação de trabalho a ser realizada, nesta há obrigação de executar tarefas, mediante uma remuneração, e com dependência econômica

---

[335] CHERRY, Miriam; ALOISI, Antonio. *A critical examination of a third employment category for on-demand work (in comparative perspective)*. In DAVIDSON, Nestor; INFRANCA, John; FINCK, Michèle. (Eds.). *The Cambridge handbook of law and regulation of the sharing economy*. New York: Cambridge University Press, 2018.

[336] CHERRY, Miriam; ALOISI, Antonio. *A critical examination of a third employment category for on-demand work (in comparative perspective)*. In DAVIDSON, Nestor; INFRANCA, John; FINCK, Michèle. (Eds.). *The Cambridge handbook of law and regulation of the sharing economy*. New York: Cambridge University Press, 2018.

[337] CHERRY, Miriam; ALOISI, Antonio. *"Dependent Contractors" In the gig economy: a comparitive approach*. American University Law Review: Vol. 66.

do trabalhador em face do tomador, sua regulamentação decorre do Direito Coletivo de Trabalho.[338]

Contudo, essa classificação apresenta desafios quando consideramos a nova geração de trabalhadores na *gig economy*, pois a definição de "contratado dependente" focaliza a dependência econômica do trabalhador a apenas uma única empresa e, bem sabemos que no trabalho sob demanda por meio de plataformas, os trabalhadores muitas vezes prestação serviços para múltiplas plataformas, ou ainda, as utilizam como suplementação de sua subsistência.

No âmbito da União Europeia, em 1997, um grupo de pesquisadores coordenados por Alan Supiot, apresentou um estudo que resultou no Relatório Supiot, em que analisavam as "Transformações do Trabalho e o Futuro do Direito do Trabalho na Europa", no qual definem uma terceira categoria entre o trabalhador assalariado e o empresário, o "trabalhador autônomo economicamente dependente" visando construir um estatuto profissional coerente, a partir das experiências existentes na Alemanha e na Itália.[339]

As propostas do estudo foram incorporadas no Livro Verde: Modernizar o direito do trabalho para enfrentar os desafios do Século XXI, lançado em 2006, adotando um conceito de um *tertium genus* entre o trabalho subordinado e o trabalho autônomo:[340]

> O conceito de «trabalho economicamente dependente» abrange situações que se situam entre as duas noções já consagradas de emprego por conta de outrem e emprego por conta própria. Esta categoria de trabalhadores não possui um contrato de trabalho. Não podem ser abrangidos pelo direito do trabalho, pois fazem parte da «zona cinzenta» entre o direito do trabalho e o direito comercial. Embora formalmente sejam «trabalhadores por conta própria», continuam a ser economicamente dependentes de um só comitente ou cliente/empregador quanto à origem dos seus rendimentos.

Como a proposta se encontra baseada em experiências de países de Europa, convém analisar algumas dessas figuras.

Na Itália, a figura do trabalhador parassubordinado (*lavoratore parasubordinato*) foi introduzido no ordenamento jurídico em 1973,

---

[338] CHERRY, Miriam; ALOISI, Antonio. *"Dependent Contractors" In the gig economy: a comparitive approach*. American University Law Review: Vol. 66.

[339] CHERRY, Miriam; ALOISI, Antonio. *"Dependent Contractors" In the gig economy: a comparitive approach*. American University Law Review: Vol. 66.

[340] COMISSÃO DAS COMUNIDADES EUROPEIAS. *Livro Verde: modernizar o direito do trabalho para enfrentar os desafios do século XXI*. Bruxelas, 2006.

para proteger um subconjunto de trabalhadores independentes, que prestavam seus serviços de forma predominantemente pessoal, de forma contínua, coordenada e com colaboração. Esses trabalhadores "quase-subordinados", são comumente chamados de "co.co.co", como uma abreviação de *"continuous and coordinated collaborators"*.[341]

Vale dizer que, inicialmente, essa figura de trabalho quase-subordinado não apresentava as mesmas proteções que os empregados, gerando efeitos indesejáveis na primeira década de sua existência. Os trabalhadores experimentaram uma gradual erosão de suas proteções, classes que eram, inicialmente, contratados como empregados, passaram à classe de parassubordinados, em uma prática comum das empresas que classificavam incorretamente seus funcionários.

Visando desestimular a classificação incorreta dos trabalhadores, na década de 2000, foram realizadas várias reformas legislativas para ampliar os direitos dos parassubordinados, bem como para retomar a centralidade do trabalho subordinado, por meio de incentivos de contratação de empregados.[342]

Na Alemanha temos a figura dos "quase-empregados" (*arbeitsnehmer änhliche personen*), em que o trabalhador presta seu serviço pessoalmente em favor de uma única empresa. Segundo a OIT em seu relatório *Non-standard employment around the world: Undestanding challenges, shaping prospects*, os "quase-empregados" tem direito a férias, acesso aos tribunais trabalhistas, proteção contra a discriminação e acesso à negociação coletiva.[343]

No Reino Unido temos a figura do *worker*, como analisado anteriormente. Os trabalhadores, assim classificados, não apresentam a mesma proteção trabalhista que os empregados, mas são mais protegidos que os autônomos. Os *workers* tem direito ao salário-mínimo, limitação da jornada, férias anuais, proteção contra descontos ilegais no salário, proteção contra a discriminação, bem como, podem ter acesso a proteções contra doença, salário maternidade, paternidade, lado outro, não

---

[341] COMISSÃO DAS COMUNIDADES EUROPEIAS, *Livro Verde: modernizar o direito do trabalho para enfrentar os desafios do século XXI*. Bruxelas, 2006.

[342] COMISSÃO DAS COMUNIDADES EUROPEIAS, *Livro Verde: modernizar o direito do trabalho para enfrentar os desafios do século XXI*. Bruxelas, 2006.

[343] MISKULIN, Ana Paula. *Aplicativos e direito do trabalho: a era dos dados controlados por algoritmos*. 2ª ed. Campinas: Lacier Editora, 2022, p. 128.

apresentam proteção contra a dispensa arbitrária e indenização por rompimento do contrato.[344]

Na Espanha a Lei n.º 20/2007, dedicou um capítulo inteiro para tratar da figura do trabalhador autônomo economicamente dependente, considerando a necessidade de se eliminar as zonas fronteiriças existentes entre o trabalhador autônomo clássico, o economicamente dependente e o empregado, por meio de uma aplicação restritiva do novo conceito. Dessa forma, delimita critérios objetivos e condições em que a atividade poderá assim ser enquadrada.[345]

São trabalhadores autônomos economicamente dependentes, segundo o art. 11 da Lei n. 20/2007 da Espanha:[346]

> Os trabalhadores autônomos economicamente dependentes, referidos no art. 1.2.d desta lei, são aqueles que exercem uma atividade econômica ou profissional de forma lucrativa e habitual, pessoal, direta e predominantemente para uma pessoa física ou jurídica, denominada cliente, de quem dependem economicamente por receber dela, no mínimo 75% de sua renda proveniente dos rendimentos do trabalho e de atividades econômicas ou profissionais.

Esse debate sobre a criação de uma terceira categoria encontra-se bem desenvolvido nos Estados Unidos.

Fruto do Projeto Hamilton, lançado em 2006, como iniciativa de política econômica na *Brookings Institution* e, atualizado em 2015, por dois pesquisadores, Seth D. Harris e Alan B. Krueger, o estudo apresenta uma proposta para modernização da legislação trabalhista, cujo aspecto principal centra-se na criação de uma figura híbrida, entre a autonomia e a subordinação, o "trabalhador independente" (*independent worker*).[347]

---

[344] MISKULIN, Ana Paula. *Aplicativos e direito do trabalho: a era dos dados controlados por algoritmos*. 2ª ed. Campinas: Lacier Editora, 2022, p. 128.

[345] ESPAÑA. Lei 20/2007, de 11 de julho de 2007. Estatuto do Trabalhador Autônomo. BOE de 12 de junho de 2007, n. 166. Disponível em: < https://www.boe.es/buscar/doc.php?id=BOE-A-2007-13409>

[346] ESPAÑA. Lei 20/2007, de 11 de julho de 2007. Estatuto do Trabalhador Autônomo. BOE de 12 de junho de 2007, n. 166. Disponível em: < https://www.boe.es/buscar/doc.php?id=BOE-A-2007-13409>

[347] HARRIS, Seth; KRUEGER, Alan. *A Proposal for Modernizing Labor Laws for Twenty-First-Century Work: The "Independent Worker"*. The Hamilton Project. Disponível em:< https://www.hamiltonproject.org/assets/files/

O estudo apresenta como fundamentos que os trabalhadores do *crowdwork* e sob demanda por meio de plataformas, correm o risco de serem excluídos do pacto social, por não se enquadrarem nas formas legais atualmente disponíveis nos Estados Unidos.

Em segundo lugar, destacam os autores do projeto, a existência de diferentes legislações entre os estados, somando-se a existência de longas e dispendiosas batalhas legais, faltando, assim, uma harmonização das leis trabalhistas no país.

Os autores partem da premissa que os trabalhadores dessa Era Digital se encontram em uma zona cinzenta, enquanto não tem poder de negociação com as plataformas e seus clientes, não sendo verdadeiramente empresários autônomos, e, ao mesmo tempo, não existe dependência, amplo poder ou controle, na relação com as plataformas.

De forma que, se forem considerados autônomos, não teriam nenhuma proteção, em uma relação em que plataforma tem mais poder. Se empregados, o modelo de negócio estará em risco, colocando em risco também os trabalhadores.

Seth Harris e Alan Krueger entendem que os trabalhadores independentes atuam em relações triangulares, sendo o ponto central as plataformas. Ressaltam que as plataformas geralmente estabelecem parâmetros para admitir os trabalhadores, como a verificação de antecedentes criminais, e fixam as regras sobre o valor de suas atividades, contudo, não controlam quando e como a atividade é realizada pelo trabalhador, nem sua duração.[348]

Segundo os autores, nessa forma de trabalho:[349]

> Os trabalhadores independentes normalmente trabalham com intermediários que conectam trabalhadores com clientes. O trabalhador independente

---

modernizing_labor_laws_for_twenty_first_century_work_krueger_harris.pdf>. Acesso em 10 de março de 2023.

348 HARRIS, Seth; KRUEGER, Alan. *A Proposal for Modernizing Labor Laws for Twenty-First-Century Work: The "Independent Worker"*. The Hamilton Project. Disponível em:< https://www.hamiltonproject.org/assets/files/modernizing_labor_laws_for_twenty_first_century_work_krueger_harris.pdf>. Acesso em 10 de março de 2023.

349 HARRIS, Seth; KRUEGER, Alan. *A Proposal for Modernizing Labor Laws for Twenty-First-Century Work: The "Independent Worker"*. The Hamilton Project. Disponível em:< https://www.hamiltonproject.org/assets/files/modernizing_labor_laws_for_twenty_first_century_work_krueger_harris.pdf>. Acesso em 10 de março de 2023.

e o intermediário apresentam alguns elementos das relações comerciais independentes que se caracterizam pelo estatuto de autônomos e alguns elementos de uma relação tradicional empregado-empregador. Por um lado, os trabalhadores independentes podem escolher quando trabalhar e se devem trabalhar. Eles podem trabalhar com vários intermediários simultaneamente, ou realizar tarefas pessoais enquanto trabalham com um intermediário. Portanto, é impossível, em muitas circunstâncias, atribuir horas de trabalho aos trabalhadores independentes, para qualquer empregador. Neste aspecto crítico, os trabalhadores independentes são semelhantes aos autônomos. Por outro lado, o intermediário mantém algum controle sobre a forma como os trabalhadores independentes desempenham o seu trabalho, por exemplo, estabelecendo suas taxas ou limites de taxa, e eles podem "demitir" os trabalhadores, proibindo-os de usar seu serviço. Neste caso, os trabalhadores independentes são semelhantes aos funcionários tradicionais.

Sendo assim, a proposta é a criação dessa figura, com o propósito de se garantir a liberdade de organização da categoria, alterando-se as leis americanas, especialmente as leis *antitruste*, permitindo a organização também dos trabalhadores autônomos, aumentando assim seu poder de barganha, para poderem negociar com os intermediários os termos e condições de seus trabalhos.[350]

A criação dessa terceira figura permitiria ainda o acesso ao seguro por compensação, ou seguro contra acidentes e doenças, protegendo o trabalhador em caso de fatalidades. A proteção aos direitos civis, em que se estenderiam garantias antidiscriminatórias aos trabalhadores independentes. Bem como, a retenção, pelas plataformas, dos valores devidos ao pagamento de imposto de renda e contribuições relativas à seguridade social, retirando o encargo dos trabalhadores e melhorando a arrecadação do Estado.[351]

Analisando o mérito da proposta, os autores destacam a neutralidade do conceito, que deve ser aplicado apenas nas situações em que o

---

[350] HARRIS, Seth; KRUEGER, Alan. *A Proposal for Modernizing Labor Laws for Twenty-First-Century Work: The "Independent Worker"*. The Hamilton Project. Disponível em:< https://www.hamiltonproject.org/assets/files/modernizing_labor_laws_for_twenty_first_century_work_krueger_harris.pdf>. Acesso em 10 de março de 2023.

[351] HARRIS, Seth; KRUEGER, Alan. *A Proposal for Modernizing Labor Laws for Twenty-First-Century Work: The "Independent Worker"*. The Hamilton Project. Disponível em:< https://www.hamiltonproject.org/assets/files/modernizing_labor_laws_for_twenty_first_century_work_krueger_harris.pdf>. Acesso em 10 de março de 2023.

trabalhador se encontra em uma relação triangular, dividindo poderes sobre a atividade com a empresa, devendo ser severamente punida pelo Estado a plataforma que utilizar, desvirtuadamente, sua classificação.

Destacam a eficiência do modelo, considerando que o enquadramento de um prestador de serviços como trabalhador independente pode maximizar os lucros das partes envolvidas. Da empresa de plataforma, pois se beneficia por contar com trabalhadores sem controle de sua execução e sem os custos de uma relação de trabalho. E o trabalhador, na medida em que poderá obter rendimentos a partir da realização de suas atividades na hora que escolherem.[352]

Economicamente, os autores destacam: a redução da insegurança jurídica; reforço da eficiência econômica, especialmente com a possibilidade de as plataformas concederem benefícios aos trabalhadores, por meio de negociações coletivas e; o fortalecimento do contrato social.[353]

No Brasil, apresentamos a proposta forjada por André Zipperer, em sua obra A intermediação de trabalho via plataformas digitais, por sua inovação em trazer uma ideia diferente ao direito do trabalho nacional, com especial atenção do autor, em apresentar um conceito geral, desadjetivado e com amplitude suficiente, para oferecer proteção para todos os trabalhadores plataformizados, não se restringindo a uma ou outra plataforma.

A importância de um conceito guarda-chuva, capaz de atingir uniformemente um grupo social, cumprindo sua função, é destacada por Eros Grau, ao nos ensinar sobre a segurança jurídica e a certeza que o conceito jurídico deve trazer.[354]

O conceito apresentado por André Zipperer, atingiria estes objetivos, apresentando-se como uma alternativa, para a regulamentação dos

---

[352] HARRIS, Seth; KRUEGER, Alan. *A Proposal for Modernizing Labor Laws for Twenty-First-Century Work: The "Independent Worker"*. The Hamilton Project. Disponível em:< https://www.hamiltonproject.org/assets/files/modernizing_labor_laws_for_twenty_first_century_work_krueger_harris.pdf>. Acesso em 10 de março de 2023.

[353] HARRIS, Seth; KRUEGER, Alan. *A Proposal for Modernizing Labor Laws for Twenty-First-Century Work: The "Independent Worker"*. The Hamilton Project. Disponível em:< https://www.hamiltonproject.org/assets/files/modernizing_labor_laws_for_twenty_first_century_work_krueger_harris.pdf>. Acesso em 10 de março de 2023.

[354] GRAU. Eros Roberto. *Direito, conceitos e normas jurídicas*. São Paulo: RT, 1988, p. 64.

trabalhos prestados por meio das plataformas digitais. Muito embora, o autor não reconheça a gestão do trabalho, da forma como sustentamos em capítulos anteriores, realizada pelo algoritmo, seu conceito pode dar uma luz à doutrina e jurisprudência que ainda se encontram presas na dicotomia que ou protege o trabalhador, ou o relega às relações de direito civil.

Ressalta o autor em sua obra, que apesar da heterogeneidade dos trabalhos realizados digitalmente, é possível identificar quatro elementos caracterizadores, de todos eles:[355]

> 1. Uma relação triangular *on-line* (virtual) entre a empresa da plataforma o trabalhador da multidão e requerentes – clientes da plataforma;
> 2. a conexão direta entre o requerente comprador do serviço e o trabalhador da multidão de forma *on-line* via plataforma digital como sistema de conexão entre eles;
> 3. prestação de trabalho humano e individual;
> 4. descontinuidade das relações promovidas pela plataforma: a relação entre o requerente e o trabalhador é curta e limitada ao período da atividade contratada.

Estes seriam, portanto, os pressupostos caracterizadores do que o autor nomeia como "trabalhadores da plataforma digital".

Deste modo, o primeiro critério apresenta uma característica própria da relação laboral, a ligação do usuário com o trabalhador, para a realização da atividade, via plataforma digital. Sendo necessário que essa relação se prolongue no tempo, através da plataforma.

O contrato deverá se dar pela interconexão, como produto dessa nova forma de capitalismo digital, integrando, em uma rede global, o trabalhador e o usuário do serviço prestado. O autor, ressalta a necessidade de uma conexão direta entre o trabalhador e o usuário, sendo a plataforma digital apenas o elemento que possibilita essa conectividade, excluindo, deste modo, plataformas que transferem para o ambiente digital, contratos típicos da terceirização, em que se está apenas fornecendo mão-de-obra.

Neste sentido, apresenta o autor:[356]

---

[355] ZIPPERER, André Gonçalves. *A intermediação de trabalho via plataformas digitais: repensando o direito do trabalho a partir das novas realidades do século XXI*. São Paulo: LTr, 2019. p.153.

[356] ZIPPERER, André Gonçalves. *A intermediação de trabalho via plataformas digitais: repensando o direito do trabalho a partir das novas realidades do século XXI*. São Paulo: LTr, 2019. p.155.

> Característica própria do serviço é a plataforma como modo de agrupamento de trabalhadores em uma nuvem virtual para conexão entre demanda e oferta de trabalho mediante cobrança de um determinado valor pela intermediação que pode ser tanto do requerente quanto do trabalhador, dependendo do modelo de negócio.

O autor entende que não haverá nenhuma relação de subordinação entre a plataforma e o trabalhador, embora a atividade seja exercida de maneira pessoal, por pessoa física, afastando-se a possibilidade de realização da tarefa por programas de computadores, limitando-se à figura do trabalhador.

Por fim, o autor ressalta que a plataforma deve criar uma relação descontínua entre o trabalhador e o usuário, ou seja, não habitual, gerando microrrelações de trabalho.

Os quatro requisitos somados à onerosidade do trabalho, como contraprestação do serviço prestado, permitiriam a definição de uma terceira classe laboral: trabalhador de plataforma digital ou trabalho coordenado:[357]

> À luz das características aqui estudadas, poderíamos nos arriscar em conceituar o trabalhador *crodworker* como sendo aquele trabalhador pessoa física, inserido em uma multidão produtora, conectada a uma mesma plataforma virtual, que presta serviços individuais para diferentes requerentes, de forma inteiramente virtual ou com contato pessoal, de natureza onerosa, descontínua e limitada ao período da atividade, em uma relação triangular intermediada de forma *on-line* por esta plataforma.

A ideia do autor mostra-se interessante para nosso estudo, pois, como bem ressalta, todas as profissões caracterizadas por particularidades que as definam fora de um contexto generalizante, recebem tratamento de "exceção". Neste sentido, teríamos o empregado exercente de cargo de confiança, por exemplo, que se encontra excluído do controle de jornada de trabalho.

Deste modo, o fato do trabalhador plataformizado apresentar um autogerenciamento, que lhe permite estabelecer quando e por quanto tempo irá trabalhar, se mostra incompatível com a subordinação do contrato de emprego. Seja em qual modalidade tenhamos a pretensão de enquadrá-lo.

---

[357] ZIPPERER, André Gonçalves. *A intermediação de trabalho via plataformas digitais: repensando o direito do trabalho a partir das novas realidades do século XXI*. São Paulo: LTr, 2019. p.155.

Quanto à autonomia, defendida pelas plataformas, também seria incompatível com o trabalho plataformizado, pois o risco do empreendimento não é do trabalhador, ao menos não em sua totalidade.

Ainda que o trabalhador detenha os meios de produção e materiais empregados, os riscos da atividade laboral, são divididos. A plataforma paga uma contraprestação pelos serviços prestados, ao mesmo tempo que retem parte do produto do trabalho.

A divisão do valor pago decorrente da prestação de serviços, é outro ponto apresentado pelo autor, para justificar a diferenciação dessa forma de trabalho. *"O lucro, enquanto mais-valia", excedente apropriado pelo capital, nestes casos, é, portanto, ao contrário, de muitas relações de exploração do trabalho remunerado, visível, apropriando-se o capitalista de 20 de um total de 100, repassando o resto ao trabalhador"*.[358]

O trabalho coordenado assemelhar-se-ia ao trabalho parassubordinado italiano, em que "o trabalho continua sendo prestado com autonomia, mas a sua organização é vinculada à atribuição de algum tipo de poder de controle e coordenação a cargo do tomador de serviços".[359]

No caso do trabalho digital, a coordenação surgiria quando a plataforma define critérios sobre sua utilização, define o valor que será repassado ao trabalhador, conecta oferta e demanda, repassa avaliações e desconecta o trabalhador caso este não atinja os objetivos determinados.

A definição apresentada, se mostra interessante ao dar um norte para o Direito do Trabalho brasileiro, quanto a regulamentação do trabalho realizado por meio de aplicativos digitais, ao redimensionar a aplicação do próprio ordenamento jurídico trabalhista, tutelando parcela considerável do mercado de trabalho (futuro para alguns doutrinadores, mas presente e crescente, como podemos estudar).

Contudo, essa necessidade de criação de uma categoria intermediária, entre autônomos e subordinados, não é unânime. Valerio De Stefano apresenta críticas à proposta, apesar de apresentar como positivas as motivações para tentar adequar o Direito do trabalho à nova realidade.

---

[358] ZIPPERER, André Gonçalves. *A intermediação de trabalho via plataformas digitais: repensando o direito do trabalho a partir das novas realidades do século XXI*. São Paulo: LTr, 2019. p.171.

[359] SILVA, Otavio Pinto. *O trabalho parassubordinado*. Revista da Faculdade de Direito da Universidade de São Paulo, São Paulo, v. 97, p. 198, jan. 2002.

Segundo o autor:[360]

> Definições jurídicas, no entanto, são sempre escorregadios quando são aplicadas na prática: o risco real é deslocar a zona cinzenta para outro lugar sem remover o risco de fraude e litígio significativo com este respeito, especialmente se os direitos conferidos aos trabalhadores dessa categoria não oferecem qualquer proteção significativa.

Em recente encontro realizado pela Anamatra (Associação Nacional dos Magistrados da Justiça do Trabalho), em sua 3ª Jornada de Direito Material e Processual do Trabalho, que teve como tema "A internet das coisas, direito dos humanos", em que foram aprovadas algumas teses emblemáticas, temos dentre as aprovadas pela Jornada uma interessante formulada por Luis Eduardo Soares Fontenelle, que vai no mesmo sentido da crítica de Stefano:[361]

> Trabalhadores em plataformas digitais. Tutela jurídica baseada em classificação como categoria intermediária ou sui generis. Incompatibilidade com a isonomia convencional e constitucional.
> Ementa i- a classificação dos trabalhadores de plataformas digitais em categorias sui generis ou intermediárias, a exemplo dos supostos parassubordinados, é incompatível com a tutela adequada de seus direitos, pois a realidade da prestação dos serviços apresenta os mesmos pressupostos das relações de trabalho tradicionais.
> ii- a diretriz geral isonômica, informada pela constituição federal e pelas normas internacionais, norteia todo o sistema e assegura aos trabalhadores digitais os mesmos direitos garantidos aos demais, reservando-se, à legislação infraconstitucional e à negociação coletiva, estabelecer condições de trabalho superiores aos patamares mínimos e disciplinar as peculiaridades da prestação de serviços.

Ana Paula Miskulin aduz que "saltam aos olhos as dificuldades práticas em se delimitar, com precisão, a linha divisória tênue que existe entre o trabalhador autônomo, o empregado e entre o autônomo e o autônomo economicamente dependente", ressaltando ainda a

---

[360] DE STEFANO, Valerio. *The rise of the "just-in-time-work-force": on demand work, crowdwork, and labour protetcion in the "gig-economy"*. Conditions of work and employment series, n. 71, 2016. p. 11.

[361] ANAMATRA. 3ª Jornada de Direito Material e Processual do Trabalho (2017). Disponível em: < https://www.anamatra.org.br/attachments/article/27175/livreto_RT_Jornada_19_Conamat_site.pdf>. Acesso em 20 de abril de 2023.

onerosidade para as empresas na nova regulamentação, o que não será bem aceita.[362]

Cherry e Aloisi, seguindo a mesma proposição, criticam a criação de uma terceira via, sustentando que "três categorias abrem mais espaço para confusão do que duas".[363]

Os autores sustentam que a criação de uma nova categoria poderia resultar em rebaixamento dos empregados a uma categoria com menos direitos, bem como a ausência de justificativa para conceder tratamento diferenciado às plataformas, e a dificuldade em se eleger quais direitos seriam exigíveis e quais estariam excluídos de proteção.

Dessa forma, considerando que, ainda é cômoda a tendência de enquadrar essas novas relações de trabalho no binômio trabalho subordinado/ trabalho autônomo, destacam os autores, que talvez a melhor resposta não seja a criação de uma terceira categoria, com um conjunto de direitos a ser ainda determinado, mas, ao invés, alterar as presunções das duas categorias então existentes.[364]

Neste contexto, passamos a analisar duas propostas, que reformulam os conceitos de empregador e passam pela criação de um novo contrato de trabalho, especial.

3.5.2. Reformulação do conceito de empregador

Uma das características do trabalho sob demanda por meio de plataformas digitais, decorrente da velocidade dos meios telemáticos que permitem dispersar a presença física do trabalhador, e da despersonificação do empregador, que não mais permite que o trabalhador identifique os interesses a servir ou mesmo seu próprio empregador. A frase "meu chefe é um aplicativo" ou "você não tem um chefe na sua orelha,

---

[362] MISKULIN, Ana Paula. *Aplicativos e direito do trabalho: a era dos dados controlados por algoritmos*. 2ª ed. Campinas: Lacier Editora, 2022, p. 149.

[363] CHERRY, Miriam; ALOISI, Antonio. *A critical examination of a third employment category for on-demand work (in comparative perspective)*. In DAVIDSON, Nestor; INFRANCA, John; FINCK, Michèle. (Eds.). *The Cambridge handbook of law and regulation of the sharing economy*. New York: Cambridge University Press, 2018.

[364] CHERRY, Miriam; ALOISI, Antonio. *A critical examination of a third employment category for on-demand work (in comparative perspective)*. In DAVIDSON, Nestor; INFRANCA, John; FINCK, Michèle. (Eds.). *The Cambridge handbook of law and regulation of the sharing economy*. New York: Cambridge University Press, 2018.

mas um celular na sua cabeça"[365], mostram-se cada vez mais atuais e verdadeiras.

Jeremias Prassl afirma que as relações de trabalho, que são geralmente concebidas sob um viés bilateral, em que temos empregado e empregador, com direitos bem definidos, encontra-se alterado no capitalismo de plataformas. Nessa forma de trabalho, o papel do empregador que assume todos os riscos e controla o trabalho realizado não existe mais, porquanto são parcialmente transferidos aos trabalhadores e aos clientes. Para lidar com esse novo cenário, o autor apresenta uma abordagem mais flexível ao conceito de empregador, retirado do direito inglês.[366]

A proposta, parte da identificação de funções que são, normalmente, atribuídas aos empregadores, como os poderes patronais existentes ao longo do contrato de trabalho, o recebimento do trabalho e de seus frutos, provimento de trabalho e pagamento, gerenciamento da empresa, por meio de coordenação, controle dos fatores de produção, incluindo o poder de determinar o que e como será realizado, e o desenvolvimento da atividade econômica, permitindo que aufira lucros, bem como assuma os prejuízos.[367]

Reformulando o conceito de empregador, o autor parte do pressuposto que nenhuma de suas funções é exercida isoladamente, sendo que sua relevância se encontra no conjunto delas, e deve ser utilizada para a caracterização de uma nova figura do "empregador funcional". Dessa forma, cada uma das funções abrangeria apenas uma parcela do que seria necessário para explorar o trabalho alheio em uma relação de emprego.

Deste modo, o conceito funcional de empregador trata da "entidade ou combinação de entes, desempenhando um papel decisivo no exercício de funções empregatícias relacionais, reguladas e controladas, enquanto tal, em cada aspecto particular do Direito do Trabalho".[368]

---

[365] GROHMANN, Rafael. *Trabalho plataformizado e luta de classes*. Revista Boitempo, n° 36, 1° semestre de 2021, p. 40 – 46.

[366] PRASSL-ADAMS, Jeremias. *Humans as a servisse: the promises and perils of work in the gig economy*. New York: Oxford University Press, 2018, p. 18.

[367] PRASSL-ADAMS, Jeremias. *Humans as a servisse: the promises and perils of work in the gig economy*. New York: Oxford University Press, 2018, p. 31 – 36.

[368] PRASSL-ADAMS, Jeremias. *Humans as a servisse: the promises and perils of work in the gig economy*. New York: Oxford University Press, 2018, p. 31 – 36.

Renan Kalil analisando o conceito, ressalta que a ideia não é buscar a existência ou ausência de características específicas no caso em concreto, mas analisar o papel específico que diferentes elementos desempenham em um dado contexto.[369]

Para o autor o fundamental, neste modelo, é analisar três particularidades. A primeira, é a possibilidade de encontrarmos mais de um empregador, sendo decisivo para sua caracterização, o exercício de uma função específica, sendo o empregador o responsável por todas que desempenhar, possibilitando a existência de múltiplas entidades como empregadoras.

Outro ponto são as responsabilidades, que se encontram acopladas a cada uma das funções do empregador. Deste modo, se uma entidade desempenha todas as funções do empregador, será responsável por todas as obrigações trabalhistas, por outro lado, se várias empregadoras desempenham diferentes funções, serão responsáveis por cumprir cada uma com sua própria responsabilidade que se relacionam com a função desempenhada.

Por fim, a definição de empregador dependerá do contexto e das especificidades da relação com o empregado.[370]

Deste modo, analisando a empresa Uber, teríamos um "caso fácil"[371], em que todas as funções do empregador, são realizadas por uma única empresa, deste modo, todas as responsabilidades trabalhistas seriam a ela atribuídas.

3.5.3. Contrato de trabalho especial

Uma alternativa debatida para a proteção dos trabalhadores sob demanda por meio de aplicativos é a criação de um contrato de trabalho específico para as novas formas de trabalho. Assim como existem

---

[369] KALIL, Renan Bernardi. Capitalismo de plataforma e Direito do Trabalho: crodwork e o trabalho sob demanda por meio de aplicativos. São Paulo, 2019. Tese (Doutorado) Universidade de São Paulo, USP, Programa de Pós-Graduação em Direito, Direito do Trabalho e da Segurança Social, 2019, p. 248.

[370] PRASSL, Jeremias.; RISAK, Martin. *Uber, Taskrabbit, and Co.: Platforms as Employers - Rethinking the Legal Analysis of Crowdwork*. Comparative. Labor Law & Policy Journal, v. 37, 2016.

[371] PRASSL, Jeremias.; RISAK, Martin. *Uber, Taskrabbit, and Co.: Platforms as Employers - Rethinking the Legal Analysis of Crowdwork*. Comparative. Labor Law & Policy Journal, v. 37, 2016.

contratos de trabalho doméstico, para atletas profissionais, dentre outros, a ideia seria considerar as particularidades de cada relação de trabalho e, criar contratos específicos.

Adrian Todolí-Signes apresenta essa proposta, partindo da premissa que o trabalho realizado no capitalismo de plataforma apresenta ao menos cinco particularidades que merecem ser observadas. Desta o autor: as novas formas de controle, que se afasta da supervisão direta realizada pelo empregador e ganha importância o padrão de conduta e gerenciamento realizado por meio de avaliações dos clientes; o controle sobre a atividades, sendo o objetivo não a intensidade do controle realizado pela plataforma, mas se a empresa tem o direito ou não de realizar esse controle, para o desenvolvimento de sua atividade econômica; a desigualdade no poder de negociação; a ausência de uma estrutura empresarial própria do trabalhador, inserindo-o na organização interna da empresa e; a ausência de oportunidades em auferir lucros, o que retira do trabalhador a característica de empreendedor.

Por fim, o autor aponta que, ainda que os tribunais caracterizem essas novas relações como empregatícias, aplicam-se um arcabouço protetivo que no fim não foi desenhado para o trabalho sob demanda por meio de aplicativos.[372]

O autor defende estabelecer um contrato especial de trabalho para os trabalhadores nessas relações, "garantindo-se direitos trabalhistas básicos, que devem ser protegidos, mas sem entravar o desenvolvimento normal da indústria. Mais especificamente, os regulamentos devem assegurar procedimentos representativos equitativos para permitir a autorregulação por meio de convenções coletivas."[373]

Para tanto o autor destaca que o contrato especial, deverá responder a algumas das seguintes perguntas, muito embora, destaque que essa lista não é exaustiva: quanto às instruções, retira-se a importância da existência de instruções diretas como delimitador de uma relação de trabalho, para maior segurança jurídica a lei deveria ter como âmbito de aplicação os trabalhadores que desempenham suas atividades com

---

[372] TODOLÍ-SIGNES, Adrián. *The 'gig economy': employee, self-employed or the need for a special employment regulation?* Disponível em: < https://deliverypdf.ssrn.com/delivery.php > Acesso em: 10 de março de 2023.

[373] TODOLÍ-SIGNES, Adrián. *The 'gig economy': employee, self-employed or the need for a special employment regulation?* Disponível em: < https://deliverypdf.ssrn.com/delivery.php > Acesso em: 10 de março de 2023.

menor dependência; com relação à jornada de trabalho, os regulamentos especiais devem incluir trabalhadores com liberdade para estabelecer seus próprios horários e horas de trabalho, sendo essa a principal característica da nova indústria, dessa forma, o que as plataformas poderiam fixar um máximo de horas por semana e a legislação deve colocar um limite na jornada de trabalho; os trabalhadores são livres para trabalharem para mais de uma plataforma; as plataformas não são responsáveis por acidentes sofridos pelos trabalhadores, bem como a maior liberdade na forma como se realiza o trabalho significaria maiores responsabilidades, incluindo a responsabilização do trabalhador em danos envolvendo clientes e danos à reputação da plataforma; com relação ao salário mínimo, empresa deve pagar um salário mínimo pelo tempo gasto trabalhando para um cliente e, nos momentos de não atendimento aos consumidores da empresa, haveria também a necessidade de pagar salário, com a possibilidade de fixar um valor abaixo do salário mínimo por meio de negociação coletiva; por fim, em relação ao reembolso de despesas, a lei laboral deve permitir que as empresas estabeleçam uma série de requisitos no que diz respeito às ferramentas de propriedade do trabalhador, neste sentido, os funcionários poderiam ser obrigados a possuir um telefone, um carro, um computador, que não seriam pagos pela empresa, no entanto, bens de consumo necessários para a realização do trabalho, devem ser reembolsados. Por fim, o autor sugere a aplicação subsidiária das regras gerais do Direito do Trabalho para solucionar o que não for previsto na legislação especial.[374]

No Brasil, Renan Kalil também defende a criação de um contrato de trabalho especial de trabalho, mediante uma lei específica, que reconheceria três categorias distintas: autônomo, dependente ou subordinado.[375]

A categoria de trabalhador dependente, conforme o autor, não seria uma categoria intermediária entre o autônomo e o subordinado, mas uma categoria com características distintas. Em sua proposta, se

---

[374] TODOLÍ-SIGNES, Adrián. *The 'gig economy': employee, self-employed or the need for a special employment regulation?* Disponível em: < https://deliverypdf.ssrn.com/delivery.php > Acesso em: 10 de março de 2023.

[375] KALIL, Renan Bernardi. *Capitalismo de plataforma e Direito do Trabalho: crodwork e o trabalho sob demanda por meio de aplicativos.* São Paulo, 2019. Tese (Doutorado) Universidade de São Paulo, USP, Programa de Pós-Graduação em Direito, Direito do Trabalho e da Seguridade Social, 2019, p. 292 – 298.

destaca a existência de um núcleo de direitos aplicados a todo e qualquer trabalhador: liberdade sindical e o reconhecimento efetivo da negociação coletiva, a erradicação de todas as formas de discriminação, a eliminação de todas as formas de trabalho forçado e a abolição de todo o trabalho infantil. A proposta inclui, assim, os trabalhadores autônomos e os dependentes na regulação, estendendo a todos os direitos fundamentais do trabalho, cuja aplicação não está sujeita à identificação do vínculo empregatício.

Continua o autor, para os trabalhadores dependentes, para além dos direitos indicados no núcleo do trabalho, seriam devidos direitos característicos ao capitalismo de plataformas, como à portabilidade das avaliações entre plataformas, ao contraditório, à informação do preço e oferta de trabalho e à transparência quanto à importância das avaliações para a plataforma.[376]

Sugerindo ainda regras específicas:[377]

> Em razão da dependência da plataforma, os trabalhadores tem direito (i) a escolher como, quando e quanto trabalhar; (ii) ao salário mínimo (ou piso salarial estabelecido em instrumento coletivo) proporcional à carga horária mensal; (iii) ao pagamento de salário com periodicidade máxima mensal; (iv) ao 13º salário e férias, proporcionais ou integrais, conforme a carga horária; (v) ao FGTS; (vi) ao regramento sobre término do contrato e remuneração de salário in natura e utilidade conforme as regras vigentes na CLT; (vii) à limitação da jornada de trabalho em 44 horas semanais e 8 diárias, podendo realizar até 2 horas extraordinárias por dia; (viii) ao descanso semanal remunerado; (ix) ao reembolso dos custos necessários para a prestação do trabalho, como combustível e manutenção de veículos para os casos das plataformas de transporte; (x) regras de segurança e saúde no trabalho.

Válido dizer que essa ideia de criação de um contrato especial de trabalho, encontra críticos, que entendem que regras especiais podem levar ao enfraquecimento das disposições gerais do Direito do

---

[376] KALIL, Renan Bernardi. *Capitalismo de plataforma e Direito do Trabalho: crodwork e o trabalho sob demanda por meio de aplicativos*. São Paulo, 2019. Tese (Doutorado) Universidade de São Paulo, USP, Programa de Pós-Graduação em Direito, Direito do Trabalho e da Seguridade Social, 2019, p. 292 – 298.

[377] KALIL, Renan Bernardi. *Capitalismo de plataforma e Direito do Trabalho: crodwork e o trabalho sob demanda por meio de aplicativos*. São Paulo, 2019. Tese (Doutorado) Universidade de São Paulo, USP, Programa de Pós-Graduação em Direito, Direito do Trabalho e da Seguridade Social, 2019, p. 295.

Trabalho, não trazendo necessariamente segurança jurídica e econômica que desejamos.[378]

Vê-se, no entanto que, muito embora não exista um consenso sobre a forma correta para a regulamentação adequada dessa nova identidade do trabalho, independentemente da fórmula sugerida, prepondera, o reconhecimento da necessidade de proteção dos trabalhadores.

Fato é que, para tutelar corretamente essa classe de trabalhadores, devemos permitir a construção de um sistema jurídico dinâmico mais adequado à complexidade da sociedade atual, como bem defende o sociólogo alemão Niklas Luhmann. O direito em seu viés autopoiético se (re)cria com base em seus próprios elementos, o que permite que a sociedade mude e altere ao mesmo tempo seu código.[379]

Temos que "perseguir os fugitivos" da esfera do Direito do Trabalho, como nos ensina Alice Monteiro de Barros.[380] No entanto, essa tutela não se mostra fácil e livre de desafios.

O principal desafio, em uma sociedade pós-moderna, que se relaciona com o capitalismo digital, marcado por relações de trabalho inéditas, flexíveis, algumas até mesmo fugazes, alteradas rapidamente, é a criação de uma regulamentação capaz de alcançar a rapidez com que a sociedade muda.

Neste sentido, José Pastore, afirma que: "para o legislador, tornou-se impossível criar proteções legisladas que cubram todas as situações e os problemas decorrentes dessas mudanças." Apresentando, o autor, como uma sugestão, que as "disfunções trazidas pelas novas tecnologias" sejam resolvidas pela negociação coletiva.[381]

Diante da recusa do Direito do Trabalho em se adequar ao estágio de evolução social, a alternativa apresenta pelo professor José Pastore

---

[378] KALIL, Renan Bernardi. *Capitalismo de plataforma e Direito do Trabalho: crodwork e o trabalho sob demanda por meio de aplicativos*. São Paulo, 2019. Tese (Doutorado) Universidade de São Paulo, USP, Programa de Pós-Graduação em Direito, Direito do Trabalho e da Seguridade Social, 2019, p. 252 – 253.

[379] LUHMANN, Niklas. *A realidade dos meios de comunicação*. São Paulo: Paulus, 2005, p.18.

[380] BARROS, Alice Monteiro de. *Curso de Direito do Trabalho*. 10.ed. São Paulo: LTR, 2016, p. 291.

[381] PASTORE, José. *Evolução tecnológica: repercussões nas relações de trabalho*. Disponível em: <https://bdjur.stj.jus.br/jspui/bitstream/2011/89124/evolucao_tecnologica_repercussoes_pastore.pdf>.Acesso em: 02 de março de 2023.

nos parece interessante, fato é que precisamos realizar uma verdadeira releitura do Direito laboral brasileiro, sob a pena de excluir os trabalhadores desta era digital da proteção constitucional devida.

Passamos assim a analisar, no próximo capítulo, as reivindicações dos trabalhadores de plataformas e os fundamentados para uma necessária ampliação subjetiva do Direito do Trabalho, e ainda, para além da regulação das relações individuais de trabalho, com enfoque na organização e atuação coletiva dos trabalhadores. Pensando na utilização das negociações coletivas para o regramento de questões específicas do Direito do trabalho, de forma a acompanhar as rápidas mudanças nos modelos de negócios.

4.
RELEITURA DO DIREITO DO TRABALHO

O futuro do trabalho, tema que discutimos nos primeiros capítulos de nosso estudo, parece apontar para dois caminhos prováveis na sociedade pós-moderna. O primeiro, que gostaríamos de presenciar, que segue por uma releitura do Direito do Trabalho, mediante um reencontro dos valores constitucionais do trabalho, reapresentando-o à sociedade como meio capaz de promover a dignidade da pessoa humana em sua plenitude; ou um segundo caminho, em que, o trabalho material perde todo o seu valor social e seu imperativo de tutela protetiva, e o trabalho imaterial torna cada vez menos necessária a figura do trabalhador, anunciado um verdadeiro "adeus ao trabalho".[382]

Temos ainda quem romantize essa mudança de identidade do trabalho, propondo uma modificação do sentido de trabalho, relegando-o à "produção de resultados detectáveis, que determinará a hegemonia das máquinas e o retorno à práxis grega, desprezando-se todo trabalho que não seja espiritualmente livre e não produza ideias", para quem o Direito do Trabalho em nada poderia contribuir, seguindo, deste modo, os mesmos passos do segundo caminho proposto.[383]

Com efeito, a globalização econômica e a revolução tecnológica inerentes à pós-modernidade, sinalizam para a desvalorização do trabalho humano, e a recusa do Direito do Trabalho em se adequar às constantes modificações da sociedade, insistindo em analisar essa nova realidade sob os paradigmas do passado, podem nos conduzir a uma triste realidade de intensificação de precarização, agravamento do desemprego e um "adeus" ao trabalho.

---

[382] FELICIANO, Guilherme Guimarães. *Curso Crítico de Direito do Trabalho: Teoria Geral do Direito do Trabalho*. São Paulo: Saraiva, 2013, p. 32.

[383] FELICIANO, Guilherme Guimarães. *Curso Crítico de Direito do Trabalho: Teoria Geral do Direito do Trabalho*. São Paulo: Saraiva, 2013, p. 35.

Orlando Gomes nos alerta, já em 1957, que "as ideias que, no particular, foram concebidas e fecundadas no curso do século XIX não correspondem mais à realidade dos dias presentes", sendo que sua "perpetuação imprime às instituições do direito do trabalho um aspecto de senilidade".[384]

Bem sabemos que os desafios de um Direito do Trabalho pós-moderno, perpassam por mudanças nos espaços de produção, que conduzem a alterações no modo como o direito deve enxergar os novos fenômenos.

Os principais se encontram na deslocalização do trabalho, decorrente da velocidade dos meios telemáticos que permitem dispersar a presença física do trabalhador, e na despersonificação do empregador, que não mais permite que o trabalhador identifique os interesses a servir ou mesmo seu próprio empregador. A expressão "meu chefe é um aplicativo" ou "você não tem um chefe na sua orelha, mas um celular na sua cabeça"[385], mostram-se cada vez mais atuais e verdadeiras.

Este são os signos da incerteza e da "liquidez", presentes no mundo do trabalho em nossa sociedade digital, que trouxe a dissolução da subordinação clássica, do vínculo entre patrão e empregado, marcado pela venda do trabalho e dependência econômica e jurídica.[386]

Justamente essa "liquidez", de um trabalho global é apresentada como a principal responsável pela criação de uma espécie de espaço transacional de trabalho, sem localização e sem empregador, que inviabilizaria qualquer forma de proteção aos trabalhadores plataformizados.[387]

Com efeito, as classes empresárias defendem que as constantes transformações sociais evidenciam a falta de efetividade das normas trabalhistas. O que em certo ponto pode ser a realidade vivenciada em nossa sociedade. No entanto, a discussão não para na adequação, questionam-se as normas trabalhistas em si.

---

384 GOMES, Orlando. *O destino do direito do trabalho*. Disponível em: < https://core.ac.uk/download/pdf/328059428.pdf>. Acesso em: 10 de março de 2023.

385 GROHMANN, Rafael. *Trabalho plataformizado e luta de classes*. Revista Boitempo, nº 36, 1º semestre de 2021, p. 40 – 46.

386 BAUMAN, Zygmunt. *Modernidade Líquida*. 1ª ed. Rio de Janeiro: Zahar, 2021.

387 GRAHAM, Mark; ANWAR, Mohammad Amir. *Trabalho Digital*. In ANTUNES, Ricardo (org). *Uberização, trabalho digital e indústria 4.0*. 1ª ed. São Paulo: Boitempo, 2020, p. 47-58.

Assim, o que se discute, atualmente, não é a necessidade de uma adequação do Direito do Trabalho à nova realidade social e econômica, mas sim a desvalorização do trabalho humano, através de sua desregulamentação, que passa a ser entendida como um movimento natural da sociedade. Desvalorização que vem sendo impulsionada por todos os atores sociais: governo, empresários e trabalhadores.

As classes dominantes propagaram a ideia de que o Direito do Trabalho é o propulsor único dos problemas de desenvolvimento dos países, ideia essa comprada por todas as classes. Estaríamos, assim, diante de um "adeus" ao Direito do Trabalho, à proteção do trabalhador.

Valendo-se desse panorama é que muitos protestam contra um dos princípios fundamentais do Direito do Trabalho: o Princípio da Proteção.

Contudo, como nos ensina Paulo Merçon, a resposta para um novo Direito do Trabalho, visto sob a temática constitucional de Direito Social, que tem como pressuposto fundamental a inserção do trabalhador na economia capitalista, visando melhorar sua condição social e econômica, e capaz de organizar o sistema de produção capitalista, de tal modo que exista um retorno social da venda da força de trabalho, é sua reconstrução a partir dos mesmos alicerces e pilares originais, em especial esse princípio tão combatido.

Verdadeiramente as discussões atuais sobre os conceitos de trabalho e suas mais variadas formas devem percorrer os princípios formadores do Direito do Trabalho, pois seu caráter social, fortemente influenciado pelas constantes mudanças sofridas no mercado de trabalho, que forçam o alargamento das fronteiras do próprio direito, tornam claro que o trabalho subordinado não pode ser o único objeto de proteção trabalhista, garantindo-se os direitos trabalhistas de indisponibilidade absoluta à todas as relações de trabalho.[388]

O fato de entendermos as novas relações de trabalho, características dessa nova sociedade, mais fluida e flexível, como uma "terceira via", que foge da autonomia da mesma forma que da subordinação, de modo algum indica um afastamento dos princípios constitucionais de proteção das relações de trabalho, apenas demonstra a necessidade de

---

[388] Neste sentido: ZIPPERER, André Gonçalves. *A intermediação de trabalho via plataformas digitais: repensando o direito do trabalho a partir das novas realidades do século XXI*. São Paulo: LTr, 2019, p. 196.

uma adequação do direito, respeitando-se às peculiaridades das novas espécies trabalhistas.

Contudo, frente aos desafios enfrentados pelo Direito do Trabalho, chegamos aos seguintes questionamentos: seria possível, considerando a rapidez com que novas formas de trabalho são produzidas no capitalismo digital de plataformas, dentro do caráter infinitamente flexível da *internet*, um controle governamental específico, através de leis emanadas do Estado, regulando cada uma dessas novas formas de prestação de serviços? É possível o direito regular toda a vida em sociedade? E mais, é preciso? Por que precisamos proteger as diferentes formas de trabalho? Quais direitos estariam nessa proteção?

Passamos assim a apreciar essas questões, partindo da premissa de que a atividade dos trabalhadores sob demanda constitui uma nova identidade para o trabalho, e como tal, um direito fundamental, que precisa de proteção.

Para tanto, estruturamos o presente capítulo em cinco partes. No primeiro capítulo, trataremos sobre o sentido de uma proteção jurídica para essa nova classe, que não necessariamente precisa emanar do Estado diretamente, como aprofundaremos a seguir.

Na segunda parte passaremos a analisar criticamente as tentativas de desregulamentação, ou ainda, as justificativas utilizadas para sustentar a desnecessidade de uma proteção laboral dos trabalhadores sob demanda por meio de aplicativos específicas, que se encontram baseadas no desenvolvimento, no progresso tecnológico, sendo que sua limitação levaria a uma inevitável redução do avanço das economias e das sociedades em geral.

Na parte seguinte, trataremos do papel que o Direito do Trabalho pode desempenhar na sociedade pós-moderna, considerando seus princípios clássicos e uma releitura articulada com a nova morfologia do trabalho.

Por fim, nas últimas partes, passaremos a apontar os caminhos jurídicos mais adequados para assegurar a proteção aos trabalhadores sob demanda por meio de aplicativos, identificando, dentre as possibilidades regulatórias, aquela, dentre as elaboradas pelos estudiosos do tema, a que consideremos mais compatível com os novos modelos de negócios, capaz de se adequar à realidade dos trabalhadores e proteger nosso sistema capitalista atual.

4.1. O que é proteger e por que proteger

Proteção, conforme o dicionário *Houaiss*, significa cuidar de algo ou alguém mais fraco em uma relação, como também é o conjunto de medidas que visa incrementar ou garantir a sobrevivência de determinado setor produtivo.[389] No Direito do Trabalho, o princípio da proteção é entendido como regras, institutos, princípios e presunções próprias que conferem uma rede protecionista à parte mais vulnerável e hipossuficiente na relação empregatícia, visando atenuar, no plano jurídico, o desequilíbrio inerente do contrato de trabalho.[390]

No entanto, essa proteção jurídica, muitas vezes simplesmente compreendida como limitação da liberdade do empregador, fortalecendo a posição do trabalhador no mercado de trabalho, não pode ser única.

Valerio de Stefano, nos lembra que o mesmo Direito do Trabalho que confere essa proteção aos trabalhadores, garante aos empregadores amplos poderes para gerir sua força de trabalho. Sustenta o autor:[391]

> Em vez disso, os poderes de gestão dos empregadores são também juridicamente sustentados por disposições explícitas ou implícitas da regulação do emprego que os incorporam à relação de trabalho em muito maior medida do que ocorre com outras relações reguladas pelo direito contratual ou pelo direito de propriedade.

Continua o autor, que essa proteção apresenta elementos que conferem à empresa o poder de dirigir, controlar e disciplinar o trabalho humano, por outro, reconcilia essas prerrogativas quase "senhoriais" com o respeito à dignidade humana dos trabalhadores, limitando e racionalizando essas prerrogativas de gestão.[392]

Nessa linha de compreensão, a jurista Ana Paula Miskulin ressalta que no seio da relação de trabalho, que é um contrato bilateral, sinalagmático, que pressupõe obrigações para ambas as partes, com a mesma

---

[389] HOUAISS, Antônio; VILLAR, Mauro Salles. *Dicionário da Língua Portuguesa*. Rio de Janeiro: Objetiva LTDA, 2001, p. 2317.

[390] DELGADO, Maurício Godinho. *Curso de Direito do Trabalho*. 17. ed. rev. atual. ampl. São Paulo: LTr, 2018, p. 233.

[391] DE STEFANO, Valerio. *Automação, inteligência artificial e proteção laboral: patrões algorítimicos e o que fazer com eles*. In CARELLI, Rodrigo de Lacerda, et. all. *Futuro do Trabalho: os efeitos da revolução digital na sociedade*. Brasília: ESMPU, 2020, p. 22 - 61.

[392] DE STEFANO, Valerio. *Automação, inteligência artificial e proteção laboral: patrões algorítimicos e o que fazer com eles*. In CARELLI, Rodrigo de Lacerda, et. all. *Futuro do Trabalho: os efeitos da revolução digital na sociedade*. Brasília: ESMPU, 2020, p. 22 - 61.

importância, a proteção jurídica pode ser considerada uma convergência do exercício de liberdades de cada um dos sujeitos, mesmo que se acentuando, o seu grau em relação à pessoa do trabalhador.[393]

Embora essa proteção deva ser compreendida para os dois lados na relação de trabalho, em decorrência da sujeição especial em que se encontra o trabalhador, é muito comum associarmos a proteção do trabalhador dentre as razões constitutivas do Direito do Trabalho. Inclusive, Delgado ressalta que a noção de tutela obreira e de retificação jurídica da reconhecida desigualdade socioeconômica e de poder entre os sujeitos da relação de trabalho, abrange todos os princípios do Direito do Trabalho.[394]

Lembrando que, como Marx mesmo afirma, para o Capital sobreviver, certas condições mínimas devem ser asseguradas à classe trabalhadora,[395] sob pena de o sistema todo entrar em colapso. E, nesse sentido, que o Direito do Trabalho não atende somente às demandas dos trabalhadores, como também aos interesses dos detentores do capital, evitando grandes revoluções sociais para alterar completamente o sistema de produção capitalista.

Desta forma, o Direito do Trabalho revelaria um de seus mais importantes papéis, que estaria muito além de suas funções sociais de distribuição de renda, mas garantiria a tutela da dignidade humana.

Analisando os fundamentos morais que justificariam e orientariam essa finalidade protetora do Direito do Trabalho e, revisitando o significado da proteção laboral, para entender melhor os impasses da proteção trabalhista em nossa sociedade atual, Freitas Júnior, propõe a compreensão do manto da "proteção trabalhista" sobre concepções distintas acerca "1) do que é proteger; 2) do porquê proteger; 3) do como proteger e do 4) até onde proteger".[396]

---

[393] MISKULIN, Ana Paula. *Aplicativos e direito do trabalho: a era dos dados controlados por algoritmos*. 2ª ed. Campinas: Lacier Editora, 2022, p. 181.

[394] DELGADO, Maurício Godinho. *Curso de Direito do Trabalho*. 17. ed. rev. atual. ampl. São Paulo: LTr, 2018, p. 234.

[395] Os autores esclarecem: "Mas, para oprimir uma classe, certas condições devem ser asseguradas, sob as quais ela poderá, ao menos continuar sua existência submissa". MARX, Karl. ENGELS, Friedrich. *O manifesto comunista*. Rio de Janeiro: Nova Fronteira, 2011. Trad. Maria Lucia Como.

[396] FREITAS JÚNIOR, Antonio Rodrigues de. *On demand: trabalho sob demanda em plataformas digitais*. Belo Horizonte: Arraes Editores, 2020, p. 105 -112.

Ressalta o autor que em um primeiro momento, o "protecionismo de primeira geração" remonta a primeira metade do século passado, o alvo de atenção do Direito do Trabalho era o indivíduo, dependente econômico, técnico e vulnerável à submissão a condições abusivas e desumanas de exploração, ou seja, o hipossuficiente. Que precisava de uma proteção especial segundo parâmetros contidos em disposições legais, asseguradas pelo Estado e pelo Judiciário.[397]

Essa forma de protecionismo não se mostraria, no entanto, plástica o suficiente para conferir maior espaço para a autonomia privada e coletiva, nem tolerância para a autotutela, considerando sua clara predileção por mecanismos verticais e estatais de regulação, o que o tornaram inadequado como ferramenta de diálogo social.[398]

A segunda geração da proteção do trabalhador, que perdura até hoje, na visão do autor, mostra-se orientada por outro olhar sobre a figura do trabalhador, que passa a ser reconhecido como integrante de uma classe ou de um grupo social, apto a exercer a autonomia privada coletiva, dotado de convicções políticas e ideológicas próprias de seu grupo, depositando suas expectativas de proteção por meio da negociação coletiva, como instrumento democrático de concertação política, moderadamente distributivo e capaz de promover a inclusão do trabalhador num círculo de crescimento econômico, sem o excessivo rigor da lei. Neste cenário, a lei funcionaria mais como uma "ferramenta de regulação suplementar à regulação promovida pela negociação coletiva do trabalho".[399]

Nos dois casos, sustenta o autor, a finalidade protetiva do Direito do Trabalho é sublinhada por meio de uma ação heterorreguladora do mercado de trabalho:

> 1) moralmente ancorada no imperativo político de interferir na relação de emprego por sua coessencial assimetria; 2) politicamente justificada na necessidade da pactuação de uma sociedade em que estejam contempladas economia de mercado e "cidadania profissional" e; 3) funcionalmente direcionada para conferir legitimidade para uma relação de mando juridicamente assentida.

---

[397] FREITAS JÚNIOR, Antonio Rodrigues de. *On demand: trabalho sob demanda em plataformas digitais.* Belo Horizonte: Arraes Editores, 2020, p. 106.

[398] FREITAS JÚNIOR, Antonio Rodrigues de. *On demand: trabalho sob demanda em plataformas digitais.* Belo Horizonte: Arraes Editores, 2020, p. 107.

[399] FREITAS JÚNIOR, Antonio Rodrigues de. *On demand: trabalho sob demanda em plataformas digitais.* Belo Horizonte: Arraes Editores, 2020, p. 107.

Deste modo, a proteção se faz imprescindível por se tratar de uma relação assimétrica, "cujo objeto é o trabalho produtivo, direito humano e fundamental e indispensável à dignidade humana assegurada constitucionalmente."[400]

Freitas Júnior ressalta:[401]

> Negar-se ao direito do trabalho legitimidade para a agenda da composição dos conflitos empregado-empregado é condená-lo a ficar de fora da única região temática em que o direito do trabalho, em lugar de definhar, vem prosperando desde os anos 1990

Para os trabalhadores sob demanda por meio de plataformas digitais, a desproteção conferida ao classificá-los como "autônomos" regidos pelo Código Civil, vai na direção oposta à ideia de trabalho produtivo, como direito humano e fundamental, indispensável à dignidade da pessoa humana.

Vale lembrarmos que atualmente, somente no Brasil a Uber apresenta cerca de 1 milhão de motoristas/entregadores parceiros cadastrados, com 5 milhões no mundo. Só essa plataforma é responsável pelo transporte de 122 milhões de usuários ao redor do planeta, sendo 30 milhões apenas no Brasil, e se encontra em 71 países.[402]

Muito embora os dados sobre todos os trabalhadores digitais não figurem de forma consistente nas pesquisas realizadas pelo Instituto Brasileiro de Geografia e Estatística (IBGE) e outros institutos de pesquisa brasileiros, economistas e observadores especializados em mercado de trabalho, através de especulações a partir de dados obtidos pelo PNAD CONTÍNUA, chegam a estimar que até o ano de 2021, existiam 34,4 milhões de trabalhadores atuando nas plataformas digitais.[403]

Ainda, as incertezas referentes a transparência das plataformas desde seus critérios pelos quais alocam os prestadores de serviços, sobre a

---

[400] MISKULIN, Ana Paula. *Aplicativos e direito do trabalho: a era dos dados controlados por algoritmos*. 2ª ed. Campinas: Lacier Editora, 2022, p. 181.

[401] FREITAS JÚNIOR, Antonio Rodrigues de. *On demand: trabalho sob demanda em plataformas digitais*. Belo Horizonte: Arraes Editores, 2020, p. 116.

[402] UBER DO BRASIL TECNOLOGIA LTDA. *Fatos e dados sobre uber*. Uber, 27 de agosto de 2020. Disponível em: Fatos e Dados sobre a Uber Últimas notícias | Uber Newsroom. Acesso em 29 de jan. de 2022.

[403] INSTITUTO LOCOMOTIVA. Disponível em: < https://ilocomotiva.com.br/clipping/msn-66-dos-entregadores-de-aplicativo-gostam-do-trabalho-aponta-pesquisa/>

jornada, os critérios de classificação, as tarifas e sua relação com as demandas e horários de funcionamento, o controle dos dados pessoais de seus prestadores e dos clientes, dentre outros, cuida-se de um poder exuberante e assimétrico, que precisa de algum controle.

Neste sentido, ressalta Freitas Júnior:[404]

> O que não parece juridicamente defensável é que tais balizamentos algorítmicos restem infensos a qualquer aferição pública e correção judicial, até porque, no Estado de Direito, tenho dificuldades em encontrar um ambiente deliberativo que produza efeitos sobre direitos e interesses de terceiros, interditado à regulação administrativa e à revisão judicial.
> Não custa lembrar que algoritmos são sequenciamentos lógicos, concebidos e escritos por seres humanos em linguagem de programação de computador, vale dizer, em observância a julgamentos, objetivos e interesses essencialmente humanos, nessa medida humanamente falhos, interessados e manipuláveis. Mesmo algoritmos de segunda geração – algoritmos capazes de desenvolver outros algoritmos, aptos a modificar códigos de programação humanos – são eles próprios também desenvolvidos por escolha humana.

Por conseguinte, a ausência de regulamentação legal que confere essa proteção, a essa enorme e crescente classe de trabalhadores, contraria o recomendado pela Organização Internacional do Trabalho (OIT), que propugna pela adoção do trabalho decente para todos os trabalhadores, em sentido amplo, garantindo um trabalho adequadamente remunerado, exercido em condições de igualdade, liberdade, segurança, capaz de promover uma vida digna, escoimado de toda forma de discriminação ou de exploração capaz de retornar à escravidão, pelo qual, o Direito do Trabalho por meio de sua proteção, mostra-se ferramenta eficaz, ao conferir certa civilidade ao sistema capitalista, eliminando as mais perversas formas de exploração do trabalho.

Desta forma, dentre os questionamentos suscitados pelo autor Freitas Júnior, sobre "o que é proteger" e o "porque proteger", nos parece bem resolvido. Temos uma taxa de participação no mercado de trabalho de trabalhadores sob demanda por meio de aplicativos, dentre outras formas de trabalho, que superam facilmente os 10% de nossa força de trabalho, formado por pessoas que, muitas vezes, fazem dessa atividade sua fonte de renda principal, sem qualquer regulamentação. São pessoas sujeitas ao controle e vontades de algoritmos, frutos da

---

[404] FR FREITAS JÚNIOR, Antonio Rodrigues de. *On demand: trabalho sob demanda em plataformas digitais*. Belo Horizonte: Arraes Editores, 2020, p. 182.

vontade de seus criadores e sujeitas aos seus vícios, submetendo-se a um poder assimétrico, concentrado nas plataformas digitais.

Neste sentido, importante buscar respaldo na literatura e nas legislações para apontarmos um caminho mais seguro em direção à proteção dessa nova classe de trabalhadores, independentemente de sua classificação como empregados ou não, para chegarmos ao "como proteger" e "até onde proteger".

4.2. Críticas à desregulamentação

Como anteriormente explicado, ir de encontro à flexibilização dos direitos trabalhistas é uma utopia, vez que é realidade antiga em nosso ordenamento jurídico. No entanto, outra coisa é aceitar a degradação de direitos tão duramente conquistados.

A flexibilização dos direitos trabalhistas aparece em nosso sistema capitalista como uma reivindicação empresarial. Uma gama desses empresários sustenta que a existência de normas imperativas nos institutos jurídicos, e a consequente rigidez dos direitos trabalhistas, seriam a causa única da crise que o capital enfrenta, pois da forma como as leis foram concebidas impediria a competitividade com outras economias. Por outro lado, outros empresários passaram a atribuir a culpa pela crise econômica aos modos de gestão, tipicamente fordistas, vendo, assim, a rigidez das instituições como um resultado dessa crise.

Em comum, a classe empresarial passou a exigir menores custos sociais e maior flexibilidade na gestão do trabalho.

Segundo Alice Monteiro de Barros, a flexibilização passou por dois momentos históricos: o primeiro marcado pelo "direito do trabalho de emergência", processo temporário de flexibilização; e o segundo marcado pela instalação da crise, e a correspondente reivindicação patronal por uma flexibilização permanente.[405]

E mais, ainda segundo a autora, dois tipos de flexibilização podem ser destacados: a flexibilização interna e a externa, que ocorrem de forma concomitante e paralelamente.

A flexibilização interna diz respeito à ordenação do trabalho na empresa, a modificação das condições de trabalho, do tempo de trabalho, da suspensão do contrato e da remuneração. Nesse sentido,

---

[405] BARROS, Alice Monteiro de. *Curso de Direito do Trabalho*. 10.ed. São Paulo: LTR, 2016, p.65.

enquadra-se nessa forma o trabalho em regime de tempo parcial, expresso pelo artigo 58-A da CLT,[406] bem como a suspensão do contrato que se refere o artigo 476-A,[407] também da CLT.

Já as formas de flexibilização externa dizem respeito ao ingresso do trabalhador no mercado de trabalho, atingindo dessa forma, as diversas formas de contratação, de duração do contrato, de dissolução, como também à descentralização. Nessa segunda forma, encaixa-se a substituição da estabilidade decenal, pelo FGTS – Fundo de Garantia por Tempo de Serviço, aqui também figuram a terceirização, o contrato temporário, entre outros.

O fenômeno da flexibilização, segundo Sérgio Pinto Martins,[408] seria: (...) um conjunto de regras cujo objetivo é instituir mecanismos tendentes a compatibilizar as mudanças de ordem econômica, tecnológica ou social, existentes na relação entre o capital e o trabalho.

Sendo assim, flexibilizar os direitos trabalhistas seria o mesmo que criar exceções, visando assegurar um conjunto de direitos mínimos para o trabalhador e, em contrapartida, garantir a sobrevivência das empresas no mundo competitivo.

Esse fenômeno, continua Alice, também pode ser encarado sob o enfoque da "desregulamentação normativa" imposta pelo Estado, flexibilização heterônoma; ou pela flexibilização autônoma, em que as garantias legais seriam substituídas pelas garantias convencionais,

---

[406] Art. 58-A. Considera-se trabalho em regime de tempo parcial aquele cuja duração não exceda a trinta horas semanais, sem a possibilidade de horas suplementares semanais, ou, ainda, aquele cuja duração não exceda a vinte e seis horas semanais, com a possibilidade de acréscimo de até seis horas suplementares semanais. BRASIL, Decreto Lei n° 5.452 de 1° de maio de 1943. *Consolidação das Leis do Trabalho*. Disponível em < http://www.planalto.gov.br/ccivil_03/decreto-lei/Del5452.htm>>. Acesso em: 12 de março de 2023.

[407] Art. 476-A. O contrato de trabalho poderá ser suspenso, por um período de dois a cinco meses, para participação do empregado em curso ou programa de qualificação profissional oferecido pelo empregador, com duração equivalente à suspensão contratual, mediante previsão em convenção ou acordo coletivo de trabalho e aquiescência formal do empregado, observado o disposto no art. 471 desta Consolidação; BRASIL, Decreto Lei n° 5.452 de 1° de maio de 1943. *Consolidação das Leis do Trabalho*. Disponível em < http://www.planalto.gov.br/ccivil_03/decreto-lei/Del5452.htm>. Acesso em: 12 de março de 2023.

[408] MARTINS, Sérgio Pinto. *Direito do Trabalho*. 30. Ed. Dão Paulo: Atlas, 2014, p. 576.

com a primazia da negociação coletiva, hipóteses previstas pela própria CF/88.[409]

Sob a ótica empresarial, essa flexibilização mais ousada, que se aproxima de verdadeira desregulamentação, seria a fórmula encontrada que permitiria, perante novas necessidades, determinar uma revisão de todo o direito do trabalho, bem como da própria noção de trabalho. É a defesa de que a economia de mercado não mais admitiria o protecionismo estatal sobre as relações de trabalho.

Neste sentido, Guilherme Feliciano nos ensina que a desregulamentação, vai bem mais além das estratégias de flexibilização, caracterizando-se pela retirada do Estado, do marco regulatório, sem parametrizar minimamente os contratos individuais ou negociações coletivas vindouras, relegando à autonomia privada a tarefa de reger a matéria.[410]

E essa desregulamentação, que é defendida ao se sustentar que o Direito do trabalho tende a ser anacrônico, inaplicável às novas formas de trabalho, em um momento histórico em que os trabalhadores se tornam progressivamente autônomos, empreendedores, sem vínculos específicos com empregadores que pudessem ser responsáveis por seus direitos. Sendo, de todo modo, o trabalho digital sustentado como "não passível de regulamentação".[411]

Sustentam alguns pesquisadores sobre o tema que, em sendo o trabalho digital desenvolvido em um mercado digital globalizado, sua regulamentação vinculada a um ou outro Estado, seria tecnicamente e legalmente impossível.[412]

Do mesmo modo, por serem as formas de trabalho desenvolvidas sem subordinação, e, ao mesmo tempo, sem a autonomia típica dos prestadores de serviços, a inexistência de uma terceira forma

---

[409] BARROS, Alice Monteiro de. *Curso de Direito do Trabalho*. 10.ed. São Paulo: LTR, 2016, p.65.

[410] FELICIANO, Guilherme Guimarães. *Curso Crítico de Direito do Trabalho: Teoria Geral do Direito do Trabalho*. São Paulo: Saraiva, 2013, p. 35.

[411] VITOR, Figueiras; ANTUNES, Ricardo. *Plataformas Digitais, uberização do trabalho e regulação no capitalismo contemporâneo*. In ANTUNES, Ricardo (org). *Uberização, trabalho digital e indústria 4.0*. 1ª ed. São Paulo: Boitempo, 2020, p. 59-78.

[412] VITOR, Figueiras; ANTUNES, Ricardo. *Plataformas Digitais, uberização do trabalho e regulação no capitalismo contemporâneo*. In ANTUNES, Ricardo (org). *Uberização, trabalho digital e indústria 4.0*. 1ª ed. São Paulo: Boitempo, 2020, p. 59-78.

de regulamentação, prevista em nosso ordenamento, inviabilizaria sua proteção.[413]

Valerio de Stefano ressalta ainda o perigo da abordagem tecnodeterminista, que sustenta que o desenvolvimento tecnológico e científico é inevitável e uma limitação do funcionamento das novas tecnologias no local de trabalho reduziria inevitavelmente o progresso das economias e das sociedades em geral, supondo que esses limites seriam impostos através da regulamentação.[414]

Prassl dedica parte de sua obra a examinar os argumentos contra a regulação do trabalho em plataformas, começando por aqueles que sustentam modelos regulatórios "radicalmente diferentes" dos modelos atuais, até aqueles que acreditam que o setor é tão incipiente que mereceriam uma janela regulatória para que se possa experimentar um período de depuração pela mais livre e ampla concorrência possível.[415]

Segundo o autor, dentre aqueles que defendem modelos regulatórios "radicalmente diferentes", a questão principal se encontraria nas diferenças entre os serviços "intermediados" e aqueles prestados por atores econômicos tradicionais. Como exemplo, o autor destaca o UBER, em confronto com os serviços de táxi, o argumento da plataforma é que sua forma de operar é essencialmente diferente do serviço convencional de táxi, de forma que não poderia submeter-se às mesmas exigências.[416]

Dentre os que sustentam que o setor merece um período de adaptação pela "mais livre e ampla concorrência", encontramos Arun Sundararajan que defende que as políticas públicas seriam desnecessárias, ao menos inicialmente. Considerando que, os novos negócios exibem uma forma "inovadora" de produzir "confiança" e previsibilidade contratual, por meio de mecanismos distintos dos característicos da

---

[413] VITOR, Figueiras; ANTUNES, Ricardo. *Plataformas Digitais, uberização do trabalho e regulação no capitalismo contemporâneo*. In ANTUNES, Ricardo (org). *Uberização, trabalho digital e indústria 4.0*. 1ª ed. São Paulo: Boitempo, 2020, p. 59-78.

[414] DE STEFANO, Valerio. *Automação, inteligência artificial e proteção laboral: patrões algorítimicos e o que fazer com eles*. In CARELLI, Rodrigo de Lacerda, et. all. *Futuro do Trabalho: os efeitos da revolução digital na sociedade*. Brasília: ESMPU, 2020, p. 22 - 61.

[415] PRASSL-ADAMS, Jeremias. *Humans as a services: The Promise and Perils of Work in the Gig Economy*. Oxford Press, 2019, p.34 – 40.

[416] PRASSL-ADAMS, Jeremias. *Humans as a services: The Promise and Perils of Work in the Gig Economy*. Oxford Press, 2019, p. 36.

economia, sendo fundamental que essa natureza "experimental" da inovação seja preservada. Uma regulamentação tentaria encaixar serviços inovadores nas estruturas existentes, ao invés de atualizá-las, o que levaria às plataformas a sofrerem economicamente.[417]

Para o autor, como as plataformas representam uma nova geração de instituições terceirizadas intermedeiam transações, elas podem definir ou aplicar regras que regem suas transações, tal como ocorreu com o órgão regulador de táxis nos Estados Unidos, retirando do governo o papel regulador forçado a assumir.[418]

Em seguida, delegar ou não a responsabilidade regulatória dependerá de quem detém os dados necessários para a regulação, bem como se os interesses da plataforma se alinham com os da sociedade.[419]

Em verdade, as mudanças sociais da pós-modernidade, do capitalismo digital, que alterou totalmente as formas de produção e a identidade do trabalho, agravam a insegurança e a desigualdade, em políticas de liberalização econômica, que privilegiam a flexibilização e a desregulamentação do trabalho humano.

No entanto, como ratifica Valdete Souto Severo, o capital continua o mesmo, o trabalho continua sendo fundamental às relações sociais, bem como para a manutenção do próprio capital; logo a crise que justificaria tantas concessões vem de fora da relação capital e trabalho, e de suas regulamentações. Assim, é imprescindível investigar o que realmente se objetiva com a falsa necessidade da desregulamentação das regras trabalhistas incapazes de proteger as novas classes trabalhadoras.[420]

A crise conceitual do Direito do Trabalho repousa justamente no entendimento de que a sociedade cada vez mais é obrigada a conviver com o desemprego estrutural, e várias formas precarizadas de trabalho, situação que já atinge até as camadas mais altas da sociedade.

---

417 SUNDARARAJAN, Arun. *"Crowd-Based Capitalism, Digital Automation, and the Future of Work,"* University of Chicago Legal Forum: Vol. 2017, Article 19.

418 SUNDARARAJAN, Arun. *"Crowd-Based Capitalism, Digital Automation, and the Future of Work,"* University of Chicago Legal Forum: Vol. 2017, Article 19.

419 SUNDARARAJAN, Arun. *"Crowd-Based Capitalism, Digital Automation, and the Future of Work,"* University of Chicago Legal Forum: Vol. 2017, Article 19.

420 SEVERO, Valdete Souto. *Crise de paradigma no Direito do Trabalho Moderno: a jornada.* Porto Alegre: Sérgio Antônio Fabris, 2009, p. 41.

Flexibilidade, informalidade e desregulamentação se convertem em partes constitutivas do léxico, repetido pelas empresas globais.

É um ciclo, as pessoas passam a não consumir, pois não possuem meios de subsistência já que dependem de um trabalho. No entanto, a oferta de trabalhos diminui a cada dia; sendo assim nunca conseguirão voltar ao mercado. Aumenta o número de trabalhadores informais, com remunerações tão baixas que continuam a não consumir os produtos à disposição, primeiramente por não terem tempo para o consumo, já que têm que trabalhar exaustivamente, e em segundo momento, porque cada vez mais têm menos dinheiro.

E, a saída dessa roda, como afirmado por vários doutrinadores, não se encontra na mitigação dos direitos trabalhistas – que, devemos sempre lembrar, também é responsável pela manutenção do próprio sistema capitalista.

Segundo Valdete Souto, o desafio é quebrar o paradigma capitalista de privilégio do indivíduo. Para o indivíduo pode ser interessante acumular capital, riquezas, mas ao fazer isso sacrificando outros seres humanos, desrespeitando seus princípios fundamentais, como sua dignidade, lhe tira a capacidade de sobreviver no mesmo mundo capitalista.

Dessa forma, segundo a autora, enquanto nossas políticas públicas continuarem a valorizar o indivíduo, e não a coletividade, continuaremos em uma sociedade em que o número de excluídos somente crescerá.

E, o olhar para a coletividade passa primeiramente pela retomada dos valores fundamentais, como a dignidade da pessoa humana, a valorização social do trabalho e todos os valores sociais dispostos no artigo 6º da CF/88. Não é por acaso que a dignidade da pessoa humana figura como princípio estruturante do nosso Estado Democrático de Direito, e muito menos por acaso que a valorização do trabalho se encontra a seu lado.

Como nos ensina Valerio de Stefano, um fortalecimento dos parceiros sociais regulando as questões como a dispensa em massa está associado a elevados níveis de produtividade e inovação, para além de benefícios para os trabalhadores

Sendo assim, falta responder o porquê da desregulamentação dos direitos dos trabalhadores, se a solução para o próprio capital seria sua valorização.

Ao analisarmos com mais profundidade, conseguimos perceber que a flexibilização (em sua forma mais ousada) tem sido utilizada pelas empresas para aumentar seus lucros, é a visão individualista privilegiada pelo sistema capitalista. Ao diminuir os direitos do trabalhador, passam têm legitimidade para explorar cada vez mais a força de trabalho em condições, que pela nossa Constituição, seriam desumanas, como o abuso de horas extras, negligência com o meio ambiente de trabalho, e ainda, no caso dos trabalhadores digitais, principalmente no tocante àqueles que passam sem sequer serem percebidos por nossa sociedade, escravizando-os.

Como nos traz Ricardo Antunes:[421]

> É preciso que se diga de forma clara: desregulamentação, flexibilização, terceirização, bem como todo esse receituário que se esparrama pelo «mundo empresarial», são expressões de uma lógica societal onde o capital vale e a força humana de trabalho só conta enquanto parcela imprescindível para a reprodução desse mesmo capital. Isso porque o capital é incapaz de realizar sua autovalorização sem utilizar-se do trabalho humano. Pode diminuir o trabalho vivo, mas não eliminá-lo. Pode precarizá-lo e desempregar parcelas imensas, mas não pode extingui-lo.

Mas, ao mesmo tempo, não significa que para a sua proteção, as novas relações de trabalho devem necessariamente estar sob o manto da relação de emprego, formal, e característico da época *fordista* de produção e organização laboral.

Aliás, esse é o principal dilema a ser enfrentado em torno da regulamentação do trabalho sob demanda por meio de aplicativos digitais de trabalho, uma vez que o trabalhador apresenta liberdade para trabalhar quando e, o quanto desejar, ao mesmo tempo que sofre forte ingerência da plataforma sobre como o trabalho é prestado.

Em verdade, o Direito do Trabalho precisa, respeitando seus princípios constitucionais, alargar sua proteção, tornando claro que o trabalho subordinado não pode mais ser o único objeto de proteção trabalhista.

À vista disso, Everaldo Gaspar Lopes de Andrade sustenta:[422]

---

421 RICARDO, Antunes. *O caracol e sua concha: ensaios sobre a nova morfologia do trabalho*, São Paulo: Boitempo, 2005.

422 ANDRADE, Everaldo Gaspar Lopes de. *O Direito do Trabalho na Filosofia e na Teoria Social Crítica. Os sentidos do trabalho subordinado na cultura e no poder das organizações*. Revista TST, Brasília, vol. 78, nº 3, jul/set. 2012. Disponível em: <

Se o Direito do Trabalho veio para proteger a maioria da população economicamente ativa – como aconteceu no esplendor do Estado do Bem-Estar Social – mas, hoje, consegue proteger metade desse universo, refutado está o seu objeto – o trabalho livre/subordinado –, porque deveria proteger todas as pessoas que pretendem viver de um trabalho ou de uma renda dignos, sobretudo, aqueles que exercitam o trabalho livre.

Amauri Mascaro Nascimento afirma que é necessário rever o campo de aplicação do Direito do Trabalho, sobretudo das novas formas jurídicas de trabalho. "Em outras palavras, revolver os confins do direito do trabalho para que se possa dispensar proteção aos grupos vulneráveis."[423]

Como antes estudamos, o trabalho e não o emprego ocupa uma posição privilegiada em nossa Constituição, sendo um dos Princípios Constitucionais Estruturantes,[424] um Direito Social e, ainda, o primado da ordem social. A Ordem Econômica deve fundamentar-se na valorização do trabalho humano,[425] consagrando o que muitos doutrinadores denominam como "capitalismo socialmente responsável".[426]

O *caput* do artigo 7º da Constituição apresenta como destinatários dos direitos sociais, os trabalhadores, em seu conceito mais amplo, de forma que a Constituição Cidadã não privilegia apenas os empregados (sentido estrito), mas todas as relações de trabalho. De forma que, os

---

https://juslaboris.tst.jus.br/bitstream/handle/20.500.12178/34299/002_andrade.pdf?sequence=3>. Acesso em: 12 de março de 2023.

[423] NASCIMENTO, Amauri Mascaro; NASCIMENTO, Sônia Mascaro. *Curso de Direito do Trabalho: história e teoria geral do direito do trabalho: relações individuais e coletivas do trabalho*. 29ª ed. São Paulo: Saraiva, 2014, p. 338.

[424] Art. 1º. A República Federativa do Brasil, formada pela união indissolúvel dos Estados e Municípios e do Distrito Federal, constitui-se em Estado Democrático de Direito e tem como fundamentos: IV - os valores sociais do trabalho e da livre iniciativa". BRASIL. Constituição (1988). *Constituição da República Federativa do Brasil:* promulgada em 5 de outubro de 1988. Disponível em: < http://www.planalto.gov.br/ccivil_03/constituicao/constituicaocompilado.htm >. Acesso em: 18 de outubro de 2022.

[425] Art. 170. A ordem econômica, fundada na valorização do trabalho humano e na livre iniciativa, tem por fim assegurar a todos existência digna, conforme os ditames da justiça social, observados os seguintes princípios [...].". BRASIL. Constituição (1988). *Constituição da República Federativa do Brasil:* promulgada em 5 de outubro de 1988. Disponível em: < http://www.planalto.gov.br/ccivil_03/constituicao/constituicaocompilado.htm >. Acesso em: 18 de out. de 2022.

[426] MAIOR, Jorge Luiz Souto. *Curso de Direito do Trabalho*. São Paulo: LTr, 2008.

direitos fundamentais estendem-se a todos os trabalhadores, incluindo os trabalhadores dessa Era Digital.[427]

De forma que, não dá para comprar a ideia propagada pelas grandes empresas de plataformas digitais, que sustentam a desregulamentação, sob o argumento falho de que seria impossível regulamentar esse novo mercado de trabalho. Pois, mesmo que o trabalhador plataforrmizado não se encontre em posição de subordinação, permanece sendo um trabalhador constitucionalmente protegido, para além de se encontrar em posição de desvantagem.[428]

O contrato firmado entre o trabalhador e a plataforma, caracteriza-se como típico contrato de adesão, gerando uma forte assimetria entre as partes contratantes. Neste sentido, Goulart apresenta um paralelo entre os consumidores e os trabalhadores, para justificar sua proteção legal:[429]

> De forma análoga, as relações de consumo também partem da mesma lógica: não se pode negligenciar que individualmente, o consumidor é presumidamente refém de um sistema capitalista que anula sua capacidade de barganha negocial. Nessa linha, o Direito toma por base a chamada vulnerabilidade do consumidor que decorre diretamente da disparidade das forças econômicas diante dos fornecedores em geral. Estes, por sua vez são assim caracterizados por terem melhores condições de impor sua vontade. Pode-se verificar que, assim como o consumidor, o trabalho (empregado ou não) é parte vulnerável na relação e trabalho.

Para o autor, seria necessário, portanto, uma legislação intervencionista, para garantir uma igualdade entre as partes contratantes.

Em nosso entendimento essa regulamentação já existe, considerando-se que, a proteção constitucional também é devida a este trabalhador. Sendo necessário, no entanto, que o Direito do Trabalho deixe de olhar as novas relações com a visão do século

---

427 MERÇON, Paulo Gustavo de Amarante. *Direito do Trabalho Novo*. Revista do Tribunal Regional do Trabalho da 3ª Região, Belo Horizonte, v.51, n.81, p.137-154, jan./jun.2010

428 GOULART, Rodrigo. *O trabalhador autônomo hipossuficiente e a necessidade de reclassificação do contrato de emprego: paradigma da essencialidade e valorização do trabalho na ordem econômica*. 2011. Tese (Doutorado em Direito) – Pontifícia Universidade Católica do Paraná, Curitiba, 2011.

429 GOULART, Rodrigo. *O trabalhador autônomo hipossuficiente e a necessidade de reclassificação do contrato de emprego: paradigma da essencialidade e valorização do trabalho na ordem econômica*. 2011. Tese (Doutorado em Direito) – Pontifícia Universidade Católica do Paraná, Curitiba, 2011.

passado, enxergando-as como relações de trabalho, que merecem a mesma proteção do trabalho subordinado, claro que, respeitando suas peculiaridades.

Da mesma maneira, os modelos tradicionais de regulamentação vêm se mostrando incapazes de lidar com todas as relações de trabalho que surgem na mesma velocidade que nossa sociedade evolui.

Neste sentido, Georges Abboud aduz:[430]

> A sociedade pós-moderna (isto é, a sociedade contemporânea), caracterizada pela fragmentariedade e pelo aumento vertiginoso de complexidade, apresenta diversos desafios à regulação estatal. Com efeito, os modelos tradicionais de regulamentação têm se mostrado incapazes de lidar com as questões mais recentes da pós-modernidade, o que deu ensejo à proposição de um novo arquétipo regulatório, que se coloca como alternativa às racionalidades tradicionalmente difundidas.

É de se referir que, apenas para as plataformas digitais em nosso país, temos pelo menos 100 projetos de lei que visam sua regulamentação tramitando no Poder Legislativo. Dos mais variados gostos, temos projetos reconhecendo o trabalho desenvolvido como típica relação de emprego, outros que reconhecem e criam uma forma diferenciada de trabalho, uma terceira via, dentre outras possibilidades do ordenamento jurídico.

Ao longo da história oscilamos entre uma racionalidade jurídica regulatória formal e material, como aprofundaremos no próximo capítulo. A racionalidade formal, em que o Estado tem atuação "mínima" encontra-se intimamente ligada ao Estado liberal, ou neoliberal, não intervindo na economia nem na esfera de liberdades do jurisdicionado.

Por outro lado, o Estado interventor, típico da racionalidade material, considera seu dever regulamentar diretamente a economia, direcionando-a para a promoção do bem-estar social da população.

Uma materialização exagerada, que já se mostrou desarrazoada na história, não é a solução. Regular todas as formas de trabalho, enquadrando-as nos artigos celetistas de relação de emprego, é capaz de "sufocar a economia", não permitir que o Estado se reorganize e readapte às novas realidade que lhes são impostas, garantindo-lhe um crescimento econômico saudável, que preza pela dignidade de seus trabalhadores.

---

[430] GEORGES, Abboud. *Direito constitucional pós-moderno*. São Paulo: Thomson Reuters Brasil, 2021, p. 527.

Por outro lado, não é precarizando as relações de trabalho que chegaremos a um senso comum. A desregulamentação não é a solução para o trabalho, para o trabalhador e nem para a manutenção de um sistema capitalista, mesmo que com características ímpares, como é o capitalismo digital de plataformas.

Neste ponto, vale lembrar que, como nos ensina Georges Abboud, mesmo no sistema capitalista, marcado pelo Estado de bem-estar social, de racionalidade material, a sociedade não centralizava todas as decisões na figura do Estado, permitindo a existência de espaços autônomos, aos quais cabia decidir alguns assuntos da sociedade.[431]

Sendo plenamente possível a coexistência de regras explícitas, emanadas do Estado, como a Constituição, que erigiu a valorização do trabalho humano em direito social, fundamento da República Federativa do Brasil, garantindo a todos os trabalhadores (empregados ou não) direitos sociais mínimos, e regras implícitas emanadas de núcleos coletivos, detentores de conhecimento especializado para tal.

Neste sentido:[432]

> "Ao lado as regras explícitas, produzidas pelo Estado, figura um conjunto de "regras explícitas" (algo como usos e costumes), resultantes da regulação levada a cabo pelo setor privado, as quais não estão compiladas num diploma legal, nem exigem um processo formal para que sejam estabelecidas. Por isso mesmo, são flexíveis, isto é, alteram-se organicamente, para atender as exigências que se coloquem no mundo prático"

Neste tocante, é importante voltar ao começo deste capítulo, ir de encontro à flexibilização dos direitos trabalhistas é uma utopia, vez que é realidade antiga em nosso ordenamento jurídico.

Ao analisarmos nossa Constituição percebemos que a flexibilização dos direitos é constitucional, mediante acordo ou convenção coletiva, como podemos constatar, pelo disposto no artigo 7º da CF/88:[433]

---

[431] GEORGES, Abboud. *Direito constitucional pós-moderno.* São Paulo: Thomson Reuters Brasil, 2021, p. 538.

[432] GEORGES, Abboud. *Direito constitucional pós-moderno.* São Paulo: Thomson Reuters Brasil, 2021, p. 539.

[433] BRASIL. Constituição (1988). *Constituição da República Federativa do Brasil:* promulgada em 5 de outubro de 1988. Disponível em: < http://www.planalto.gov.br/ccivil_03/constituicao/constituicaocompilado.htm >. Acesso em: 12 de março de 2023.

Art. 7º São direitos dos trabalhadores urbanos e rurais, além de outros que visem à melhoria de sua condição social:

VI - irredutibilidade do salário, salvo o disposto em convenção ou acordo coletivo;

XIII - duração do trabalho normal não superior a oito horas diárias e quarenta e quatro semanais, facultada a compensação de horários e a redução da jornada, mediante acordo ou convenção coletiva de trabalho; (vide Decreto-Lei nº 5.452, de 1943)

XIV - jornada de seis horas para o trabalho realizado em turnos ininterruptos de revezamento, salvo negociação coletiva;

Assim sendo, diante da inevitabilidade da flexibilização e diante da rapidez com que novas formas de trabalho são produzidas no capitalismo digital, dentro do caráter infinitamente flexível da *internet,* é que o sindicato passa a ter um papel cada vez mais importante, na participação das negociações coletivas que conduzirão ao acordo ou à convenção coletiva, assegurando a geração de lucro de forma consciente.

O progresso científico e tecnológico é realidade antiga que sempre desafiou o Direito do Trabalho. Momentos históricos em que os movimentos sindicais se intensificaram e ganharam aprimoramento, passando a serem reconhecidos como instrumentos garantidores de melhores condições de trabalho.

Claro que, da mesma forma que as discussões sobre a flexibilização dos direitos trabalhistas se intensificam, a necessidade de uma reformulação sindical deve acompanhar as mudanças, visando a proteção dos direitos trabalhistas dessa nova classe de trabalhadores.

Como antes estudamos, o principal desafio, em uma sociedade pós-moderna, marcada por relações de trabalho inéditas, flexíveis, algumas até mesmo fugazes, alteradas rapidamente, é a criação de uma regulamentação capaz de alcançar a rapidez com que a sociedade muda.

Neste sentido, retomamos os ensinamentos de José Pastore, ao afirmar que: "para o legislador, tornou-se impossível criar proteções legisladas que cubram todas as situações e os problemas decorrentes dessas mudanças." Apresentando, o autor, como uma sugestão, que as "disfunções trazidas pelas novas tecnologias" sejam resolvidas pela negociação coletiva.[434]

---

[434] PASTORE, José. *Evolução tecnológica: repercussões nas relações de trabalho.* Disponível em: <https://bdjur.stj.jus.br/jspui/bitstream/2011/89124/evolucao_tecnologica_repercussoes_pastore.pdf>.Acesso em: 02 de março de 2023.

Nos próximos tópicos aprofundaremos esse entendimento, ao qual nos filiamos.

Por fim, vale ressaltar que as condições atuais do mercado de trabalho também são fruto de um crescimento econômico desordenado e das mazelas impostas pelo mercado globalizado. Na prática, vivemos com o constante esvaziamento dos campos, um crescimento desenfreado das grandes cidades, falta de políticas públicas, crescente endividamento da sociedade, aumento desenfreado da competitividade, baixa qualificação, entre tantos problemas que adoecem a sociedade. E uma sociedade doente não produz, e ao mesmo tempo uma sociedade que não produz também é doente, como nos ensina Alessandro da Silva.[435]

Como se vê, é preciso superar muitas barreiras antes mesmo de falarmos em flexibilização. Valdete Souto sustenta que a valorização do outro nunca se mostrou tão primordial do que em nossa sociedade atual, precisamos privilegiar a condição humana da pluralidade, a noção de cidadão, pertencente a uma sociedade, resgatar a dimensão social do ser humano.[436]

E para tanto, é preciso aceitar o princípio da dignidade da pessoa humana como preceito fundamental de nossa sociedade, abandonando de vez a ideia de que o homem pode ser coisificado, seja por nosso sistema econômico, ou ainda pela própria sociedade que não o enxerga como igual.

Passamos assim, após analisarmos as vertentes apegadas aos modelos tradicionais para classificar os trabalhadores sob demanda por meio de aplicativos digitais, em empregados ou autônomos, e por modelos que justificam um tratamento diferenciado, ressaltando pelas críticas, que nenhum deles consegue abranger integralmente as novas identidades laborais nas diferentes plataformas, da mesma forma que não os excepcionam da exigência de cumprimento das leis trabalhistas, e partindo da premissa do aumento da precariedade das relações laborais, a uma tentativa de elaboração de uma proposta de regulamentação, procurando assim responder "até onde proteger".

---

[435] SILVA, Alessandro da. *Duração do trabalho: reconstrução à luz dos direitos humanos*. In SILVA, Alessandro da; MAIOR, Jorge Luiz Souto; FELIPPE, Kenarik Boujikian; SEMER, Marcelo (Coord.). *Direitos humanos: essência do Direito do trabalho*. São Paulo: LTr, 2007;

[436] SEVERO, Valdete Souto. Crise de paradigma no Direito do Trabalho Moderno: a jornada. Porto Alegre: Sérgio Antônio Fabris, 2009, p. 45.

Antes, porém, é preciso fazer uma digressão pelo novo papel do Direito do Trabalho em nossa sociedade pós-moderna, o que nos auxilia a aprimorar o entendimento sobre o "como proteger".

4.3. Novo papel do Direito do Trabalho (Direito pós-moderno)

O dilema atual a ser enfrentado pelo Direito do Trabalho é a proteção de um trabalho que adquire novas identidades diariamente.

O trabalho desenvolvido por meio de plataformas digitais, característico de nossa sociedade digital, apresenta-se nesse desafio com elementos que permitem uma perfeita transição entre subordinação e autonomia, uma ambivalência, em que se fazem presentes elementos como dependência econômica, alteridade e ingerência da plataforma na forma de realização do trabalho, típicos de uma subordinação, ao mesmo tempo em que temos autonomia para acessar a plataforma quando e por quanto tempo desejar.

Consequentemente, há grande controvérsia sobre a natureza jurídica dessa relação de trabalho, principalmente, quando a analisamos sob o olhar do passado, impondo ao Direito do Trabalho um olhar senil e ultrapassado.

Orlando Gomes apresenta essa ideia já em 1957 ao trazer:[437]

> As ideias que, no particular, foram concebidas e fecundadas no curso do século XIV não correspondem mais à realidade dos dias presentes. Não obstante, continuam a influir na organização das relações de trabalho, condensadas em fórmulas caducas. Mas, a despeito de sua inadequação, tais ideias continuam a se projetar sobre a realidade nova, ofuscando-a em vez de clareá-la.

Continua o autor explicando que "a perpetuação dessas concepções imprime às instituições do Direito do Trabalho um aspecto de senilidade, que contrasta vivamente com o viço de sua compleição juvenil."[438]

No mesmo sentido, Arion Romita defendia que o Direito do Trabalho não pode subtrair-se à realidade econômica, política e social, de forma que a regulação dos direitos e deveres dos sujeitos da relação

---

[437] GOMES, Orlando. *O destino do Direito do Trabalho*. Revista da Faculdade de Direito da UFPR, Curitiba, v. 5, p. 154, 1957.

[438] GOMES, Orlando. *O destino do Direito do Trabalho*. Revista da Faculdade de Direito da UFPR, Curitiba, v. 5, p. 154, 1957.

contratual de trabalho, "não cessa de evolucionar sob a pressão dos fatores econômicos, ou antes, do sistema de valores históricos e culturais da sociedade."[439]

À vista disso, o Direito do Trabalho, como regulador do contrato de trabalho, surgido sob o signo da uniformidade e do coletivo, sofre o influxo das transformações tecnológicas, e em consequência uma "pluralidade de mundos produtivos", o que exige respostas diferentes.[440]

Ainda, não há que se falar no fim do Direito do Trabalho, considerando que continua sendo necessária a figura do trabalhador, sendo que "mais importaria identificar as causas do mau funcionamento do sistema de regulação das relações de trabalho", já que o Direito do Trabalho pertinente à era industrial já é ultrapassado, sendo "agora o Direito do Trabalho um direito pós-industrial, pós-moderno".[441]

Neste sentido o autor propõe que o direito aplicável ao contrato de trabalho não pode ser mais o mesmo:[442]

> A moderna doutrina – Noberto Bobbio à frente – assinala ao direito função promocional. O Estado abandona a ideia segundo a qual o mero reconhecimento e a simples garantia negativa da liberdade sindical e dos direitos fundamentais constituem condição suficiente para sua efetividade, assim como se afasta da tendência a regular diretamente a conduta dos atores sociais. Passa a adotar, em lugar dessa característica ultrapassada, uma valorização positiva do fenômeno associativo profissional e econômico, proporcionando aos interlocutores os meios para a manifestação acorde de seus anseios, indispensáveis à plena consecução dos legítimos interesses, interesses comuns aos agentes de produção, a saber os trabalhadores e empresários.

O meio vaticinado pelo autor, para modernizar o Direito do Trabalho, passa por privilegiar as manifestações da autonomia privada dos corpos sociais intermediários. O Estado passa a criar meios e procedimentos aptos a ensejar a esses atores sociais a autorregulação de seus interesses e a criação de meios de composição de controvérsias.

---

439 ROMITA, Arion Sayão. *O impacto da globalização no contrato de trabalho*. Revista do TST, Brasília, v. 66., n. 4, p. 88, out/dez. 2000.

440 ROMITA, Arion Sayão. *O impacto da globalização no contrato de trabalho*. Revista do TST, Brasília, v. 66., n. 4, p. 88, out/dez. 2000.

441 ROMITA, Arion Sayão. *O princípio da proteção em xeque*. São Paulo: LTr, 2003, p. 210.

442 ROMITA, Arion Sayão. *O impacto da globalização no contrato de trabalho*. Revista do TST, Brasília, v. 66., n. 4, p. 88, out/dez. 2000.

Desta forma, pretendemos neste capítulo analisar a crise do Estado Regulador, bem como aprofundar a ideia da necessária modernização do Direito laboral, em que a legislação perde esse caráter minucioso, regulando os pormenores dos comportamentos sociais, valorizando, deste modo, preceitos mais gerais e a negociação coletiva, para regrar questões específicas de condições de trabalho, de forma a acompanhar as rápidas mudanças nos modelos de negócios.

4.3.1. Sociedade pós-moderna e a crise do Estado Regulador

Nos ensina Georges Abboud que a sociedade pós-moderna é caracterizada pela fragmentariedade e pelo aumento vertiginoso da complexidade, o que apresenta diversos desafios à regulamentação estatal, de forma que os modelos tradicionais de regulamentação têm se mostrado insuficientes para lidar com as questões mais recentes da sociedade.[443]

Com respeito a fragmentariedade do local de trabalho, já apresentamos a Teoria da Fragmentação do mundo do trabalho, de David Weil, sendo interessante retomarmos um pouco essa ideia.

Por fissuração do local de trabalho, Weil entende como sendo a opção empresarial pelo uso de estratégias que, não apenas buscam reduzir salários e cortar benefícios, como buscam viabilizar a descentralização das atividades de forma eficiente, sendo uma de suas faces o uso de tecnologias de informação e comunicação, que permitem a redução de coordenação de transação de negócios.[444]

Aponta o autor que nessa linha as empresas principais elaboram contratos ou desenvolvem estruturas organizacionais que as permite monitorar as empresas descentralizadas, imputando-lhes penalidades caso não obtenham êxito em prover suas necessidades. Ainda, por mais que realizem um acompanhamento de suas atividades, criam um distanciamento quando se trata de verificar o cumprimento das obrigações legais, notadamente trabalhistas.

Para os trabalhadores as consequências dessa fissuração são perniciosas, considerando que ao transferirem suas necessidades para empresas terceirizadas, as empresas principais criam mercados com

---

[443] GEORGES, Abboud. *Direito constitucional pós-moderno.* São Paulo: Thomson Reuters Brasil, 2021, p. 527.

[444] WEIL, David. *Fissured Workplace: why work became so bad for many and what can be done to improve it.* Havard: University, 2017, p. 7.

baixos salários, propagam ambientes de trabalho inseguros e promovem a desigualdade.

Essas alterações no local de trabalho, apontadas por David Weil, são os resultados de um processo de descentralização da produção, que como antes estudamos, tem início no começo da década de 1970, mas que se intensifica com a evolução dos computadores e das tecnologias.

Essa sociedade tecnológica (sociedade de plataformas) que gravita em torno da economia de plataformas, permite o crescimento e a transformação das empresas em plataformas digitais, o que revoluciona como as empresas interagem com os demais atores sociais econômicos.

Reforça Georges Abboud que a complexidade é crescente na sociedade pós-moderna, pois os centros de comando passam a ser múltiplos, e a própria compreensão do que é o centro de comando é diluída.[445]

Dentre os vários desafios das novas formas de trabalho, muitos decorrem da velocidade dos meios telemáticos que permitem dispersar a presença física do trabalhador, e da despersonificação do empregador, que não mais permite que o trabalhador identifique os interesses a servir ou mesmo seu próprio empregador. A expressão "meu chefe é um aplicativo" ou "você não tem um chefe na sua orelha, mas um celular na sua cabeça"[446], mostram-se cada vez mais atuais e verdadeiras.

Neste ponto é que sobressai o quão difícil é para o Estado regulamentar todas as novas formas de trabalho, assimilando todo o conhecimento gerado. Segundo Abboud:[447]

> Na sociedade de plataformas, há crescimento exponencial de informação produzida pelos próprios particulares e em muitos setores retirando o protagonismo dos agentes públicos na produção da regulamentação e do conhecimento.

À vista disso, como já adiantamos em capítulos anteriores, os modelos tradicionais de regulamentação vêm se mostrando incapazes de lidar com todas as relações de trabalho que surgem na mesma velocidade que nossa sociedade evolui.

---

[445] GEORGES, Abboud. *Direito constitucional pós-moderno.* São Paulo: Thomson Reuters Brasil, 2021, p. 530.

[446] GROHMANN, Rafael. *Trabalho plataformizado e luta de classes.* Revista Boitempo, n° 36, 1° semestre de 2021, p. 40 – 46.

[447] GEORGES, Abboud. *Direito constitucional pós-moderno.* São Paulo: Thomson Reuters Brasil, 2021, p. 530.

Vale rememorarmos, com respeito aos modelos de regulação, que, ao longo da história, oscilamos entre uma racionalidade jurídica regulatória formal e uma racionalidade jurídica material. A racionalidade formal, em que o Estado tem atuação "mínima" encontra-se intimamente ligada ao Estado liberal, ou neoliberal, não intervindo na economia nem na esfera de liberdades do jurisdicionado.

Por outro lado, o Estado interventor, típico da racionalidade material, considera seu dever regulamentar diretamente a economia, direcionando-a para a promoção do bem-estar social da população.

No modelo liberal, o Estado ostenta uma obrigação negativa em relação à sociedade, não interferindo na esfera de liberdades do jurisdicionado e nem intervindo na economia. A economia ficaria sujeita a uma autorregulação, protegidas da intervenção do Poder Público.

Os dois modelos apresentam ônus e bônus, considerando que a formalização protege a liberdade e a vida privada, já a materialização é eficiente na orientação das atitudes privadas para o bem-comum, porém quando exacerbada enfraquece a proteção do indivíduo contra as arbitrariedades do Poder Público.

A materialização exagerada já se mostrou desarrazoada na história, não sendo a solução. Regular todas as formas de trabalho, enquadrando-as nos artigos celetistas de relação de emprego, é capaz de "sufocar a economia", não permitindo que o Estado se reorganize e readapte às novas realidade que lhes são impostas, garantindo-lhe um crescimento econômico saudável, que preza pela dignidade de seus trabalhadores.

É o exemplo do socialismo da União Soviética, que regulava todas as relações de forma minuciosa, mediante um conjunto engessado de disposições, limitando qualquer ambiente gerador de conhecimento, ao mesmo tempo que o Estado não conseguia se reorganizar conforme as necessidades sociais, perdendo fôlego diante de outro sistema, o capitalismo, que se mostrava um modelo mais flexível e adaptável.

De outra forma, Freitas Júnior ressalta que, ainda que ordenado em sua dimensão coletiva, a premissa universal da proteção trabalhista é necessária, considerando que não haveria lugar para a crença na autorregulação do mercado de trabalho, em um modelo regulatório totalmente formal.[448]

---

448 FREITAS JÚNIOR, Antonio Rodrigues de. *On demand: trabalho sob demanda em plataformas digitais*. Belo Horizonte: Arraes Editores, 2020, p. 109.

Por outro lado, não é precarizando as relações de trabalho que chegaremos a um senso comum. A desregulamentação, opção enxergada por muitos estudiosos entre os dois modelos de regulação, não é a solução para o trabalho, para o trabalhador e nem para a manutenção de um sistema capitalista, mesmo que com características ímpares, como é o capitalismo digital de plataformas.

Georges Abboud, vaticina que, sendo cada vez mais evidente que nenhuma das racionalidades, formal ou material, são eficientes diante da complexidade social com as quais tem que lidar, surge a necessidade de uma racionalidade jurídica reflexiva para além da formalização e da materialização.

Ressalta o autor, que mesmo no sistema capitalista, marcado pelo Estado de bem-estar social, de racionalidade material, a sociedade não centralizava todas as decisões na figura do Estado, permitindo a existência de espaços autônomos, aos quais cabia decidir alguns assuntos da sociedade.[449]

Sendo plenamente possível a coexistência de regras explícitas, emanadas do Estado, como a Constituição, que erigiu a valorização do trabalho humano em direito social, fundamento da República Federativa do Brasil, garantindo a todos os trabalhadores (empregados ou não) direitos sociais mínimos, e regras implícitas emanadas de núcleos privados, detentores de conhecimento especializado para tal.

Neste comento:[450]

> "Ao lado as regras explícitas, produzidas pelo Estado, figura um conjunto de "regras explícitas" (algo como usos e costumes), resultantes da regulação levada a cabo pelo setor privado, as quais não estão compiladas num diploma legal, nem exigem um processo formal para que sejam estabelecidas. Por isso mesmo, são flexíveis, isto é, alteram-se organicamente, para atender as exigências que se coloquem no mundo prático".

A sociedade apresenta características que exigem esse modelo descentralizado, altamente capaz de aprendizado e adaptação.

Contudo, paradoxalmente, caminhamos para uma crescente materialização. Não à toa, como antes apresentado, temos, atualmente, mais

---

[449] GEORGES, Abboud. *Direito constitucional pós-moderno*. São Paulo: Thomson Reuters Brasil, 2021, p. 538.

[450] GEORGES, Abboud. *Direito constitucional pós-moderno*. São Paulo: Thomson Reuters Brasil, 2021, p. 539.

de cem projetos de leis, procurando regulamentar de forma engessada as novas relações de trabalho.

Como ressalta Abboud, em vez de caminhar em direção à reflexão, à adaptabilidade e ao aprendizado, os Estados pós-modernos insistem em castrar, cada vez mais, os espaços flexíveis de auto-organização social. Impedindo a construção de regras sociais implícitas, ao tempo que buscam substituí-las por novas formas de intervencionismo estatal.

Conforme o autor:[451]

> A questão chave é: a linguagem criadora do mundo digital não é dominada pelo Estado. Dito de outro modo, o ente Estatal não possui conhecimento para intervir eficientemente em ambientes digitais, altamente dinâmicos e, não raro, constituídos por efeitos de redes e interação com inteligência artificial.

Muito embora, seja diuturnamente acionado para promover soluções eficientes de conflitos, os quais envolvem, inclusive, violação dos direitos fundamentais, como nas relações de trabalho digitais.

A ideia apresentada por Abboud é interessante, culminando no Estado Procedural, que segundo o autor, seria: "um tipo de modelo novo, tratado como terceira via entre a formalização e a materialização", em que de um lado se preserva e incorpora elementos de auto-organização próprios do setor privado, sem, contudo, renunciar à implementação ou estruturação dos interesses públicos.[452]

Em nosso estudo, a ideia é apresentada considerando-se a necessidade de compreendermos a crise do Estado regulador, que enfrenta disputas judiciais que buscam definir a natureza jurídica da relação entabulada entre o trabalhador e as plataformas digitais, sem conseguir alcançar uma solução jurídica para o tema de sua proteção.

A natureza jurídica das relações entabuladas entre os trabalhadores de plataformas é complexa, transitando entre institutos clássicos da doutrina trabalhista, de forma que não dá para ser resolvida escolhendo-se um vencedor e um vencido, ou seja, sob a ótica de ser empregado ou autônomo, sob a pena de se produzir um resultado completamente irracional.

---

[451] GEORGES, Abboud. *Direito constitucional pós-moderno*. São Paulo: Thomson Reuters Brasil, 2021, p. 542.

[452] GEORGES, Abboud. *Direito constitucional pós-moderno*. São Paulo: Thomson Reuters Brasil, 2021, p. 543.

É o que nos traz Georges Abboud em sua obra:[453]

> A zona do que não pode ser decidido surge quando nos deparamos com "conflitos impossíveis", para os quais nenhuma solução de direito é boa o suficiente. A insuficiência acusada, portanto, não é apenas a do Judiciário ou a do Legislativo isoladamente considerados, mas a do direito perante a sociedade contemporânea, marcada (i) por uma contradição congênita, pois é ao mesmo tempo, capitalista e de bem-estar social; e (ii) pelos desafios carreados pela globalização e pelas novas tecnologias.

Neste contexto, melhor seria que o Estado, em lugar de impor uma solução, uma regulação de cima para baixo, agisse em cooperação com a sociedade, "se nenhuma solução do direito é boa o suficiente, não é legítimo que o Estado escolha; só será legítima a decisão que as partes, num ambiente propiciado pelo Estado, construam".[454]

Sob essa ótica, é de se referir que o Direito do Trabalho é fruto de uma luta social, que teve como um importante ator social os sindicatos, cuja ação foi essencial para o reconhecimento da desigualdade econômica característica da relação de trabalho e da necessidade de conferir um tratamento jurídico em favor dos trabalhadores.

O cenário delineado até o momento sugere que uma maneira eficaz de regulamentar as condições de trabalho dos trabalhadores sob demanda por meio de aplicativos digitais seria, portanto, por meio da organização e atuação coletivas.

Extrapolando um pouco o pensamento apresentado por Georges Abboud, a negociação coletiva seria responsável por regulamentar de forma mais específica, adaptável, apta a assegurar o fluxo de conhecimento "em direção de uma verdade setorizada e temporalmente definida".[455]

Neste caminho, Vanessa Patriota da Fonseca destaca que a regulamentação Estatal, proposta no âmbito de cada Estado-Membro, não resolveria problemas como a concorrência desleal em abrangência

---

[453] GEORGES, Abboud. *Direito constitucional pós-moderno*. São Paulo: Thomson Reuters Brasil, 2021, p. 568.

[454] GEORGES, Abboud. *Direito constitucional pós-moderno*. São Paulo: Thomson Reuters Brasil, 2021, p. 572.

[455] GEORGES, Abboud. *Direito constitucional pós-moderno*. São Paulo: Thomson Reuters Brasil, 2021, p. 543.

mundial, sendo necessário que a regulamentação partisse de negociações transnacionais.[456]

Segundo a autora:[457]

> E a reação e as alternativas precisam ser construídas considerando os vários atores sociais, sendo a atuação dos novos movimentos sociais extremamente importante nesse contexto – movimentos esses que estão agindo de forma mais horizontalizada e globalizada e que têm muito a ensinar, inclusive ao sindicalismo. Isso porque, na seara do *crowdsourcing*, impende pensar nas possibilidades de atuação das organizações sindicais para além das fronteiras dos Estados-Nações, promovendo negociações coletivas de caráter transnacional. No entanto, percebe-se uma forte crise envolvendo o próprio sindicalismo contemporâneo (e este é o ponto nevrálgico da questão),
>
> provocada pelo *crowdsourcing*, pela informalidade e pelo contrato de prestação de serviços a terceiros – que fragmentaram as categorias profissionais e pulverizaram os locais de trabalho.

Conforme os ensinamentos de Arion Romita, a função do direito contemporâneo passa a desempenhar um papel ativo ao assegurar aos atores zonas de independência e autonomia, perdendo a legislação seu caráter minucioso, para revestir-se de formas e preceitos mais gerais e flexíveis, um direito reflexivo.[458]

Teríamos, assim, a coexistência de regras emanadas do Estado, como a Constituição que erigiu a valorização do trabalho humano em direito social, fundamento da República Federativa do Brasil, garantindo a todos os trabalhadores (empregados ou não) direitos sociais mínimos, e regras emanadas de núcleos coletivos, sindicatos, cooperativas, detentores de conhecimento especializado para tanto.

Mas, para garantirmos esse processo evolutivo, em que passamos dos modelos formais e materiais, para esse direito reflexivo, em que a proteção do Direito do Trabalho é extensível a todos os trabalhadores, certos requisitos deverão ser observados, como: a ampliação subjetiva da aplicação do Direito do Trabalho, a liberdade sindical, a compreensão

---

[456] FONSECA, Vanessa Patriota da. *O crowdsourcing e os desafios do sindicalismo em meio à crise civilizatória*. In CARELLI, Rodrigo de Lacerda, et. all. *Futuro do Trabalho: os efeitos da revolução digital na sociedade*. Brasília: ESMPU, 2020, p. 357-372.

[457] FONSECA, Vanessa Patriota da. *O crowdsourcing e os desafios do sindicalismo em meio à crise civilizatória*. In CARELLI, Rodrigo de Lacerda, et. all. *Futuro do Trabalho: os efeitos da revolução digital na sociedade*. Brasília: ESMPU, 2020, p. 357-372.

[458] ROMITA, Arion Sayão. *O impacto da globalização no contrato de trabalho*. Revista do TST, Brasília, v. 66., n. 4, p. 88, out/dez. 2000.

por todos os membros da sociedade, de que os métodos de negociação coletiva são importantes instrumentos para a garantia da democracia, dentre outros.

4.3.2. Ampliação subjetiva do Direito do Trabalho

Em nosso estudo defendemos que o Direito do Trabalho, visto sob a temática constitucional de Direito Social, tem como pressuposto fundamental a inserção do trabalhador na economia capitalista, visando melhorar sua condição social e econômica. Bem como a necessidade de sua adequação a todas as espécies de trabalho, assegurando a plena proteção de referido direito social, seja àqueles que não desejam reconhecimento de vínculo empregatício, ou àqueles que precisam deste, pois relegados às novas formas de servidão.

Investigamos as características do trabalho intermediado por plataformas enquanto realidade imposta pelo capitalismo digital, voltando-se à necessidade de intervenção do Direito do Trabalho como mecanismo de proteção social de grande parte dos trabalhadores desta pós-modernidade.

Fato é que, para tutelar corretamente essa classe de trabalhadores, devemos permitir a construção de um sistema jurídico dinâmico mais adequado à complexidade da sociedade atual, como bem defende o sociólogo alemão Niklas Luhmann. O direito em seu viés autopoiético se (re)cria com base em seus próprios elementos, o que permite que a sociedade mude e altere, ao mesmo tempo, seu código.[459]

Miguel Reale afirma que "os elementos fato, valor e norma não existem separados uns dos outros, mas coexistem numa unidade concreta".[460]

Portanto, o Direito do Trabalho pós-moderno não pode mais encontrar no trabalho subordinado seu objeto único de proteção, é preciso ampliar o foco, conferindo proteção à todas as formas de trabalho. Sobretudo quando analisamos o considerável desaparecimento do emprego formal, movimento que vem ganhando força nas últimas décadas, dando lugar a formas flexíveis, informais e até mesmo precárias, de prestação de serviços.

---

459 LUHMANN, Niklas. *A realidade dos meios de comunicação*. São Paulo: Paulus, 2005, p.18.

460 REALE, Miguel. *Lições Preliminares de Direito*. São Paulo: Saraiva, 2002, p. 65.

Compreendemos o momento histórico que conduz a doutrina tradicional a eleger o trabalho livre/subordinado, como seu objeto de proteção, e faz dele sua base, com implicações na formação legislativa, conduzindo, em torno da relação de emprego, o Direito do Trabalho.[461]

Retomando os ensinamentos de Delgado:[462]

> Passados duzentos anos do início de sua dominância no contexto socioeconômico do mundo ocidental, pode-se afirmar que a relação empregatícia tornou-se a mais importante relação de trabalho existente no período, quer sob a perspectiva econômico-social, quer sob a perspectiva jurídica. No primeiro plano, por se generalizar ao conjunto do mercado de trabalho, demarcando uma tendência expansionista voltada a submeter às suas regras a vasta maioria de fórmulas de utilização da força de trabalho na economia contemporânea. No segundo plano, por ter dado origem a um universo orgânico e sistematizado de regras, princípios e institutos jurídicos próprios e específicos, também com larga tendência de expansionismo — o Direito do Trabalho.

Nada obstante, essa hegemonia protecionista começa a experimentar os primeiros sinais de crise na década de 70. O avanço tecnológico, somado à superação do capitalismo industrial, favorece o surgimento de formas flexíveis de contratação, cresce o desemprego estrutural, parte dos trabalhos formais desaparecem e são substituídos por terceirizados.

As relações de emprego, amplamente protegidas pelo Direito do Trabalho, apresentam sério declínio, dando lugar a formas flexíveis, informais e até mesmo precárias, de prestação de serviços. A autonomia ganha espaço, mas ao contrário do trabalho livre/subordinado, não se encontra sob a tutela dos princípios protetivos trabalhistas.

Ana Paula Miskulin nos alerta:[463]

> Não importa, portanto, o rótulo atribuído à relação jurídica entre trabalhadores de detentores de capital, ou aos sujeitos que a compõem. O fato é que os novos formatos de trabalho requerem que seja formulada uma política de proteção voltada àqueles que dele retiram o seu meio de subsistência, ou seja, o trabalhador de modo geral. Se a realidade aponta o

---

[461] ANDRADE, Everaldo Gaspar de. *Teoria Geral do Direito do Trabalho: explicações científicas do método dialético discursivo e da crítica filosófica da modernidade.* 1ª ed. São Paulo: Tirant lo Blanch, 2022, p. 212.

[462] DELGADO, Maurício Godinho. *Curso de Direito do Trabalho.* 17. ed. rev. atual. ampl. São Paulo: LTr, *2018*.p. 335.

[463] MISKULIN, Ana Paula. *Aplicativos e direito do trabalho: a era dos dados controlados por algoritmos.* 2ª ed. Campinas: Lacier Editora, 2022, p. 191.

crescimento do trabalho informal, precário e inseguro, é para tais fatos que os poderes públicos têm que voltar seus olhares.

À vista disso, Everaldo Gaspar Lopes de Andrade sustenta:[464]

> Se o Direito do Trabalho veio para proteger a maioria da população economicamente ativa – como aconteceu no esplendor do Estado do Bem-Estar Social – mas, hoje, consegue proteger metade desse universo, refutado está o seu objeto – o trabalho livre/subordinado –, porque deveria proteger todas as pessoas que pretendem viver de um trabalho ou de uma renda dignos, sobretudo, aqueles que exercitam o trabalho livre.

Amauri Mascaro Nascimento afirma que é necessário rever o campo de aplicação do Direito do Trabalho, sobretudo das novas formas jurídicas de trabalho. "Em outras palavras, revolver os confins do direito do trabalho para que se possa dispensar proteção aos grupos vulneráveis."[465]

Como antes estudamos, o trabalho e não o emprego ocupa uma posição privilegiada em nossa Constituição, sendo um dos Princípios Constitucionais Estruturantes,[466] um Direito Social e, ainda, o primado da ordem social. A Ordem Econômica deve fundamentar-se na

---

[464] ANDRADE, Everaldo Gaspar Lopes de. *O Direito do Trabalho na Filosofia e na Teoria Social Crítica. Os sentidos do trabalho subordinado na cultura e no poder das organizações*. Revista TST, Brasília, vol. 78, nº 3, jul/set. 2012. Disponível em: < https://juslaboris.tst.jus.br/bitstream/handle/20.500.12178/34299/002_andrade.pdf?sequence=3>. Acesso em: 12 de março de 2023.

[465] NASCIMENTO, Amauri Mascaro; NASCIMENTO, Sônia Mascaro. *Curso de Direito do Trabalho: história e teoria geral do direito do trabalho: relações individuais e coletivas do trabalho*. 29ª ed. São Paulo: Saraiva, 2014, p. 338.

[466] Art. 1º. A República Federativa do Brasil, formada pela união indissolúvel dos Estados e Municípios e do Distrito Federal, constitui-se em Estado Democrático de Direito e tem como fundamentos: IV - os valores sociais do trabalho e da livre iniciativa". BRASIL. Constituição (1988). *Constituição da República Federativa do Brasil:* promulgada em 5 de outubro de 1988. Disponível em: < http://www.planalto.gov.br/ccivil_03/constituicao/constituicaocompilado.htm >. Acesso em: 18 de outubro de 2022.

valorização do trabalho humano,[467] consagrando o que muitos doutrinadores denominam como "capitalismo socialmente responsável".[468]

Everaldo Gaspar Lopes de Andrade sustenta que, o princípio da proteção, no contexto das relações individuais de trabalho, deveria, "alargar-se para alcançar todos aqueles que pretendem viver de um trabalho ou de uma renda compatíveis com uma vida digna, os desempregados e não os empregáveis".[469]

Deste modo, continua o autor, o Direito do Trabalho compreendido no contexto dos Direitos Humanos Fundamentais, o princípio da proteção ganha um escopo voltado para uma nova concepção de cidadania, de caráter universal

O *caput* do artigo 7º da Constituição apresenta como destinatários dos direitos sociais, os trabalhadores, em seu conceito mais amplo, de forma que a Constituição Cidadã não privilegia apenas os empregados (sentido estrito), mas todas as relações de trabalho. De forma que, os direitos fundamentais estendem-se a todos os trabalhadores, incluindo os trabalhadores dessa Era Digital.[470]

Neste comento, Alexandre Negromonte, vaticina que as normas insculpidas no art. 7º da CF/88, devem ser reconhecidas e aplicadas, como direitos de todos os trabalhadores, consoante a compatibilidade de cada categoria, como forma de democratização do Direito do Trabalho.

Não obstante, essa compreensão não é unânime, e livre de críticas, doutrinadores como Jorge Souto Maior, critica essa ampliação na aplicação do Direito do Trabalho, sustentando:[471]

---

[467] Art. 170. A ordem econômica, fundada na valorização do trabalho humano e na livre iniciativa, tem por fim assegurar a todos existência digna, conforme os ditames da justiça social, observados os seguintes princípios [...].". BRASIL. Constituição (1988). *Constituição da República Federativa do Brasil:* promulgada em 5 de outubro de 1988. Disponível em: < http://www.planalto.gov.br/ccivil_03/constituicao/constituicaocompilado.htm >. Acesso em: 18 de out. de 2022.

[468] MAIOR, Jorge Luiz Souto. Curso de Direito do Trabalho. São Paulo: LTr, 2008.

[469] ANDRADE, Everaldo Gaspar de. *Teoria Geral do Direito do Trabalho: explicações científicas do método dialético discursivo e da crítica filosófica da modernidade*. 1ª ed. São Paulo: Tirant lo Blanch, 2022, p.172.

[470] MERÇON, Paulo Gustavo de Amarante. Direito do Trabalho Novo. Revista do Tribunal Regional do Trabalho da 3ª Região, Belo Horizonte, v.51, n.81, p.137-154, jan./jun.2010

[471] MAIOR, Jorge Luiz Souto. *Curso de Direito do Trabalho*. São Paulo: LTr, 2008, p.437.

a aplicação do Direito do Trabalho a situações fáticas completamente distintas gera a impossibilidade de sua visão autônoma perante o direito civil, já que os princípios que encerram o Direito do Trabalho não conseguem abarcar de forma plena, todas as relações.

Essa visão restritiva do Direito do Trabalho, encontra expoentes na doutrina como Murilo Carvallho Sampaio, que afirma que o direito do trabalho é capaz de tutelar uma única relação, a de emprego[472], no entanto, não se sustenta quando colocamos em questão os objetivos gerais e funções do próprio Direito do Trabalho.

Sobre o tema, Delgado identifica quatro funções por trás da legislação trabalhista que não se pode perder de vista: melhoria das condições de pactuação e gestão do trabalho na vida socioeconômica; modernizante e progressista; civilizatória e democrática; e a conservadora.[473]

A primeira função do Direito do Trabalho, da melhoria das condições de pactuação e gestão do trabalho na vida socioeconômica, se realiza no intento democrático e inclusivo da "desmercantilização" da força de trabalho no sistema capitalista, restringindo o poder empresarial nas relações de trabalho, criando normas cogentes para incrementar as condições de trabalho e reduzir a desigualdade dessas relações.

A função modernizante e progressista do Direito do Trabalho, do ponto de vista econômico e social, cumpre o relevante papel de generalizar condições mais modernas, ágeis e civilizadas de gestão da força de trabalho. O estímulo constante ao investimento em tecnologias e capacitação dos trabalhadores aumentando a produtividade e modernizando a economia. A capacidade do Direito do Trabalho em distribuir renda, valorizando o labor humano e fortalecendo o mercado interno, para além de disseminar, por meio de legislações laborais, normas conquistas e criadas pelos grupos mais organizados e modernos trabalhistas, nos setores mais desenvolvidos economicamente.

A função civilizatória e democrática levou o Direito do Trabalho a tornar-se um dos instrumentos mais relevantes de inserção na sociedade econômica de parte significativa dos segmentos sociais despossuídos de riqueza. Dessa forma, tornou-se um dos mecanismos

---

[472] OLIVEIRA, Murilo Carvalho Sampaio. *O Direito do Trabalho (des)conectado das plataformas digitais*. Teoria Jurídica Contemporânea. Jan. – junho de 2019. PPGD/UFRJ – ISSN 2526-0464, p. 246-266.

[473] DELGADO, Maurício Godinho. *Curso de Direito do Trabalho*. 17. ed. rev. atual. ampl. São Paulo: LTr, 2018, p. 79-89.

de controle e atenuação das distorções socioeconômicas típicas do capitalismo.

Por fim, em sua função conservadora se mostra como um mecanismo de manutenção da ordem, conferindo legitimidade à forma pela qual ocorre a exploração do labor humano e oferece condições para a continuidade da economia e sociedade capitalista.

Deste modo, entender pela restrição da tutela do Direito do Trabalho, seria desvalorizar o trabalho humano, abalando não apenas sua existência digna, como todo o sistema socioeconômico.

Em uma visão mais atual, Adrian Dias Todolí analisando a regulação do trabalho, sustenta que as principais funções do Direito do Trabalho, são verificáveis no capitalismo de plataformas.[474]

Em primeiro lugar, destaca o autor, que as falhas de mercado, como a falta de informações, inelasticidade da oferta de trabalho, os problemas de ações coletivas e o baixo investimento na qualificação de mão de obra, afetam negativamente os trabalhadores e as leis que permitem sua organização e a negociação coletiva, fixando horários de trabalho e prevejam regras de segurança e trabalho são bem-vindas.[475]

A necessidade de distribuição de renda e promoção de bem-estar dos trabalhadores, que não podem ser relegados ao mercado, mas devem ser resultado de um processo deliberativo democrático.

Ainda, a desigualdade do poder de barganha desemboca na falta de genuína autonomia aos trabalhadores, e assim como no surgimento do Direito do Trabalho, os trabalhadores digitais encontram-se submetidos a jornadas extensas, assunção de riscos que deveriam ser das plataformas. Problemas que podem ser resolvidos com a proteção que decorre deste ramo do direito.[476]

Mas essa visão ampliada de aplicação do Direito do Trabalho, não é suficiente se o direito em si não se modernizar. Para Arion Romita essa

---

[474] TODOLÍ-SIGNES, Adrián. *The end of the subordinate worker? The on-demand economy, the gig-economy, and the need for protection for crowdworkers*. International journal of comparative labour law and industrial relations, v. 33, n. 2, p. 245, 2017.

[475] TODOLÍ-SIGNES, Adrián. *The end of the subordinate worker? The on-demand economy, the gig-economy, and the need for protection for crowdworkers*. International journal of comparative labour law and industrial relations, v. 33, n. 2, p. 245, 2017.

[476] TODOLÍ-SIGNES, Adrián. *The end of the subordinate worker? The on-demand economy, the gig-economy, and the need for protection for crowdworkers*. International journal of comparative labour law and industrial relations, v. 33, n. 2, p. 245, 2017.

modernização passa por privilegiar as manifestações da autonomia privada dos corpos sociais intermediários, criando-se meios e procedimentos aptos a ensejar a esses atores a autorregulação de seus interesses e a criação de meios de composição de controvérsias.

É de se referir que as próprias funções centrais do Direito do Trabalho, não devem ser apreendidas sob uma perspectiva individualista, como nos ensina Delgado:[477]

> Como é próprio ao Direito — e fundamentalmente ao Direito do Trabalho, em que o ser coletivo prepondera sobre o ser individual, a lógica básica do sistema jurídico deve ser captada tomando-se o conjunto de situações envolvidas, jamais uma fração isolada. Assim, deve-se considerar, no exame do cumprimento da função justrabalhista, o ser coletivo obreiro, a categoria, o universo mais global de trabalhadores, independentemente dos estritos efeitos sobre o ser individual destacado.

De sorte que, em um momento de crise regulatória estatal, as negociações coletivas, como um dos mais importantes métodos de solução de conflitos trabalhistas, enquadrando-se no grupo de fórmulas autocompositivas, gerindo os interesses antagônicos das classes profissionais e econômicas, erigido pelo Constituição Cidadã (CF/88), como meio apto a dar origem a normas autônomas, exteriorizadas mediante acordos e convenções coletivas de trabalho, pode ser entendido como uma interessante solução para regrar questões específicas de condições de trabalho e acompanhar as rápidas mudanças nos modelos de negócios.

Posto isto, temos quem defenda a necessidade de uma reformulação na forma como entendemos o Direito do Trabalho, tendo em vista que o objeto central deste ramo do direito não é mais o trabalho subordinado, erigindo, no plano dos princípios, a prevalência das relações sindicais sobre as relações individuais.[478]

Everaldo Gaspar Lopes de Andrade vaticina em sua obra:[479]

---

[477] DELGADO, Maurício Godinho. *Curso de Direito do Trabalho.* 17. ed. rev. atual. ampl. São Paulo: LTr, 2018, p. 1534.

[478] ANDRADE, Everaldo Gaspar de. *Teoria Geral do Direito do Trabalho: explicações científicas do método dialético discursivo e da crítica filosófica da modernidade.* 1ª ed. São Paulo: Tirant lo Blanch, 2022, p.19.

[479] ANDRADE, Everaldo Gaspar de. *Teoria Geral do Direito do Trabalho: explicações científicas do método dialético discursivo e da crítica filosófica da modernidade.* 1ª ed. São Paulo: Tirant lo Blanch, 2022, p.166.

A sociedade agora muito mais complexa e multifacetada, encontra-se em crise e em busca da reconstituição dos movimentos coletivos de caráter reivindicativos e revolucionários. Mas o momento histórico exige pautas hermenêuticas, fundamentos teóricos e organizações coletivas ainda mais poderosos, em meio a vitória do ultraliberalismo centrado na financeirização do capital.

A pauta para a modernização do Direito do Trabalho passaria, portanto, por uma valorização do coletivo, através da autorregulação, em que a construção de normas autônomas, poderiam acompanhar as mudanças sociais mais facilmente.

4.3.3. Novos princípios para um novo Direito do Trabalho

De início, importante destacarmos que no presente tópico de nosso livro, não cogitamos esgotar o estudo de todos os doutrinadores que apresentam novos contornos ao Direito do Trabalho. Everaldo Gaspar Lopes de Andrade foi eleito pela relevância de suas obras e por apresentar influência nos estudos de importantes pesquisadores, sem qualquer pretensão, ainda, em esgotarmos todas as suas obras.

Everaldo Gaspar Lopes de Andrade ressalta que uma vez refutada a universalidade de trabalho subordinado, como objeto de proteção do direito trabalhista, e considerando-se outra universalidade centrada na prevalência do trabalho em todas as suas alternativas, o Direito do Trabalho deve ser enquadrado no contexto dos Direitos Humanos Fundamentais, reclamando assim novos princípios.[480]

Segundo o autor, os princípios trabalhistas formulados pela doutrina clássica, são dirigidos, prioritariamente, às relações individuais do trabalho, nas quais o contrato individual de trabalho formava uma síntese do subsistema normativo trabalhista de uma sociedade industrial.[481]

Deste modo:

> Mas não se pode esquecer que os contratos individuais de trabalho foram disciplinados pelo Estado a partir da organização dos trabalhadores e da luta proveniente de sua unidade coletiva. Assim, quando dão prioridade

---

[480] ANDRADE, Everaldo Gaspar de. *Teoria Geral do Direito do Trabalho: explicações científicas do método dialético discursivo e da crítica filosófica da modernidade*. 1ª ed. São Paulo: Tirant lo Blanch, 2022, p.171.

[481] ANDRADE, Everaldo Gaspar de. *Teoria Geral do Direito do Trabalho: explicações científicas do método dialético discursivo e da crítica filosófica da modernidade*. 1ª ed. São Paulo: Tirant lo Blanch, 2022, p.171

às relações individuais esquecem as relações coletivas, caracterizando uma verdadeira inversão de valores, já que as relações coletivas são anteriores e mais importantes que as relações individuais. Ainda mais agora, que a clandestinização da vida humana se alastra em virtude do desemprego estrutural e das alternativas de trabalho ainda mais precarizadas, o que reforça, como tenho ressaltado, um olhar sobre os novos movimentos sociais e teorias dos movimentos sociais, a fim de localizar a morada das novas insurgências que, no futuro não distante, forjarão as lutas libertárias.

Para o autor, os princípios do Direito do Trabalho formulados a partir da ideia de trabalho livre/subordinado, podem ser refutados diante da nova realidade de uma sociedade pós-moderna.

O princípio da proteção, como explicamos acima, considerando-se o aparecimento de relações mais complexas e variadas possibilidade de contratações atípicas, deveria, "alargar-se para alcançar todos aqueles que pretendem viver de um trabalho ou de uma renda compatíveis com uma vida digna, os desempregados e não os empregáveis".[482]

Deste modo, continua o autor, o Direito do Trabalho compreendido no contexto dos Direitos Humanos Fundamentais, o princípio da proteção ganha um escopo voltado para uma nova concepção de cidadania, de caráter universal.

O princípio da continuidade da relação de emprego não mais se justifica, pela efemeridade das relações de trabalho pós-modernas. Ressalta o autor, que a continuidade estruturada pela doutrina clássica, volta-se apenas para os contratos individuais de trabalho e não para "iluminar a existência do Direito do Trabalho", pois não protege outras relações como os autônomos, os clandestinos, que agora constituem a maioria.[483]

Nada mais é estável, e preservar a dignidade da pessoa humana, a partir do trabalho, não significa mais uma relação de emprego. Deste modo, se fosse possível preservar esse princípio, melhor seria

---

[482] ANDRADE, Everaldo Gaspar de. *Teoria Geral do Direito do Trabalho: explicações científicas do método dialético discursivo e da crítica filosófica da modernidade*. 1ª ed. São Paulo: Tirant lo Blanch, 2022, p.172.

[483] ANDRADE, Everaldo Gaspar de. *Teoria Geral do Direito do Trabalho: explicações científicas do método dialético discursivo e da crítica filosófica da modernidade*. 1ª ed. São Paulo: Tirant lo Blanch, 2022, p.176.

enquadrá-lo em uma sociedade em que as relações de trabalho não são mais duradouras.[484]

Quanto ao princípio da irrenunciabilidade, ou indisponibilidade, de caráter imperativo, de ordem pública, está conectado ao trabalho subordinado, que deve ser protegido. O autor propõe, no entanto, um alargamento dessa proteção, como proteção à vida, à existência do gênero humano a partir do trabalho, mas não necessariamente do emprego. Dessa forma, deveria se considerar irrenunciável o direito ao acesso e à escolha de todas as formas e alternativas de trabalho e renda compatíveis com a dignidade da pessoa humana, bem como o respeito às opções escolhidas para que as pessoas possam viver e desenvolver todas as suas potencialidades.[485]

No que concerne a primazia da realidade, o autor questiona qual a primazia da realidade que se deve tratar, em um contexto em que os postos de trabalho tradicionais se tornam desertos, diante da flexibilização, da precarização, do desemprego estrutural, de uma falsa igualdade e liberdade que se pretende criar. Deste modo, a primazia da realidade não pode mais estar condicionada à realidade das relações individuais de trabalho vinculados a um vínculo de emprego, deve, em verdade, considerar a realidade atual, fluida, protegendo os trabalhos autônomos, livres, criativos.[486]

Com a ruptura dos paradigmas, o autor, partindo dessa premissa universalizante, de prevalência do trabalho em todas as suas alternativas e rendas compatíveis com a dignidade da pessoa humana, analisa o Direito do Trabalho, no contexto de Direito Humano Fundamental, apresentando novos princípios.

O primeiro princípio apresentado pelo autor, que merece nosso destaque, é a prevalência das relações sindicais sobre as individuais.

---

[484] ANDRADE, Everaldo Gaspar de. *Teoria Geral do Direito do Trabalho: explicações científicas do método dialético discursivo e da crítica filosófica da modernidade*. 1ª ed. São Paulo: Tirant lo Blanch, 2022, p.177.

[485] ANDRADE, Everaldo Gaspar de. *Teoria Geral do Direito do Trabalho: explicações científicas do método dialético discursivo e da crítica filosófica da modernidade*. 1ª ed. São Paulo: Tirant lo Blanch, 2022, p.179.

[486] ANDRADE, Everaldo Gaspar de. *Teoria Geral do Direito do Trabalho: explicações científicas do método dialético discursivo e da crítica filosófica da modernidade*. 1ª ed. São Paulo: Tirant lo Blanch, 2022, p.184 – 185.

O autor destaca que, de início, é importante uma reflexão crítica sobre as estruturas dos sindicatos atuais, questionando-se se os sindicatos atendem a esse novo quadro de trabalho, e o que fazer para estabelecer uma nova concepção sindical mais adaptada à nova realidade.

Destaca ainda que, inserir a prevalência das relações sindicais sobre as relações individuais como princípio do Direito do Trabalho apresenta, de imediato, quatro impactos:[487]

> 1) desqualifica as relações individuais de trabalho centradas apenas no contrato de emprego ou como único objeto desse ramo do direito, porque exclui dos demais trabalhadores submetidos à subordinação da força de trabalho ao capital; 2) aponta para uma nova aglutinação daqueles que vivem ou pretendem viver de um trabalho ou renda dignos. O cenário mundial exige essa nova composição de forças que implica incluir os excluídos, sobretudo os não empregáveis da sociedade de conhecimento, os clandestinizados de todo o gênero, aqueles que pertencem às chamadas empresas de economia social ou solidária; 3) atualiza o discurso comunicativo do velho sindicalismo de raiz obreirista, adaptando-o a essa nova configuração societária forjada no mundo do trabalho; 4) impulsiona esse movimento para além do Estado-nação e dos próprios blocos regionais, para dar-lhe um caráter verdadeiramente universalista, tendo em conta o seu caráter ao mesmo tempo reformista e revolucionário.

Ao apresentar o princípio da prevalência do processo negocial de formação da norma sobre o processo estatal em uma comunidade real de comunicação, o autor começa nos lembrando que o Direito do Trabalho é fruto de uma luta social, sendo um produto cultural da sociedade. Dessa forma, considerando que o trabalho humano continua sendo um espaço societário privilegiado, os movimentos coletivos são elementos primordiais para a busca de mudanças sociais.

Em nossa sociedade contemporânea, ressalta o autor, o espaço global, onde se apresentam exigências globais para a produção de regras de convivência, a participação de interlocutores válidos, como os sindicatos, é imprescindível, para a construção de uma comunicação real, tal como se exige a ética/dialética. O que, no entanto, depende de uma reconstrução da autonomia privada coletiva, que articule a sociedade do trabalho em toda a sua plenitude.[488]

---

[487] ANDRADE, Everaldo Gaspar de. *Teoria Geral do Direito do Trabalho: explicações científicas do método dialético discursivo e da crítica filosófica da modernidade*. 1ª ed. São Paulo: Tirant lo Blanch, 2022, p.242.

[488] ANDRADE, Everaldo Gaspar de. *Teoria Geral do Direito do Trabalho: explicações científicas do método dialético discursivo e da crítica filosófica da modernidade*. 1ª ed. São

Com relação ao princípio da democratização da economia e do trabalho humano, o autor parte do pressuposto que o trabalho é fundamental à vida humana, centrando a democratização na cooperação, solidariedade, na participação efetiva e na democracia.

Deste modo:[489]

> A partir desse princípio, é possível chegar-se à formulação de projetos sócio-laborais consubstanciados no desenvolvimento produtivo com equidade, que objetivem a constituição de uma liberdade real sincronizada com a dignidade humana, o que implica reconhecer a prevalência do trabalho livre e não do trabalho subordinado – que gira em torno do contrato de emprego – como pressuposto fundamental da vida humana.

O princípio da proteção social deve surgir da força das organizações coletivas e de uma proposta econômica voltada a sociedade pós-moderna, a fim de atender indistintamente a todos aqueles que desejam viver de uma renda ou de um trabalho digno, sobretudo de atividades não regidas pelo contrato de emprego.[490]

As bases desse princípio encontram-se na deslocação do objeto protetivo do Direito do trabalho, saindo do trabalho subordinado para a proteção de todas as formas de trabalho e rendas compatíveis com a dignidade da pessoa humana, especialmente o trabalhador livre.

Por fim, o autor apresenta o princípio do Direito do Trabalho na categoria de Direito Humano. Ressalta o autor que os Direitos Humanos surgem de processos, de lutas históricas decorrentes da resistência, contra uma violência, deste modo, o Direito do Trabalho é um Direito Humano fundamental, sendo a base para a tutela das relações de trabalho da pós-modernidade.[491]

O Direito do Trabalho deve ser dessa forma compreendido, considerando que lida diretamente com a preservação da vida, a existência digna, tornando-se importante fazê-lo contemporâneo e

---

Paulo: Tirant lo Blanch, 2022, p. 262.

[489] ANDRADE, Everaldo Gaspar de. *Teoria Geral do Direito do Trabalho: explicações científicas do método dialético discursivo e da crítica filosófica da modernidade*. 1ª ed. São Paulo: Tirant lo Blanch, 2022, p.276.

[490] ANDRADE, Everaldo Gaspar de. *Teoria Geral do Direito do Trabalho: explicações científicas do método dialético discursivo e da crítica filosófica da modernidade*. 1ª ed. São Paulo: Tirant lo Blanch, 2022, p.284.

[491] ANDRADE, Everaldo Gaspar de. *Teoria Geral do Direito do Trabalho: explicações científicas do método dialético discursivo e da crítica filosófica da modernidade*. 1ª ed. São Paulo: Tirant lo Blanch, 2022, p. 505.

restaurado, a parir de seus valores guia, como a liberdade, a igualdade, e a solidariedade.[492]

Encontra-se em nossa Constituição sob a ótica da Ordem Social, que traz "como base o primado do trabalho, e como objetivo o bem-estar e a justiça sociais."[493] Ademais, fundamenta-se como Direito Humano Fundamental, na disposição do artigo 1º da mesma Constituição, que traz como fundamentos basilares de nosso Estado Democrático de Direito os valores sociais do trabalho.

Dessa maneira, constatamos que o trabalho também ocupa uma posição privilegiada em nossa Constituição, sendo um dos Princípios Constitucionais Estruturantes,[494] um Direito Social e, ainda, o primado da ordem social.

Segundo Alexandre Negromonte, a ideia de que o Direito do Trabalho está intimamente conectado à dignidade da pessoa humana, já é argumento suficiente para erigi-lo à Direito Humano Fundamental, partindo da constatação de que o exercício de um trabalho digno envolve questões que transcendem os limites individuais. De modo que se torna necessária a intensificação de tais garantias a todos os sujeitos e relações de trabalho, devendo o trabalho ser entendido como um direito humano, livre e de todas as formas compatíveis com sua dignidade.[495]

No mesmo sentido, Valerio de Stefano e Antonio Aloisi, defendem que a aplicação de direitos humanos fundamentais aos trabalhadores

---

[492] ANDRADE, Everaldo Gaspar de. *Teoria Geral do Direito do Trabalho: explicações científicas do método dialético discursivo e da crítica filosófica da modernidade*. 1ª ed. São Paulo: Tirant lo Blanch, 2022, p. 505.

[493] Art. 193. A "ordem social tem como base o primado do trabalho, e como objetivo o bem-estar e a justiça sociais." BRASIL. Constituição (1988). *Constituição da República Federativa do Brasil:* promulgada em 5 de outubro de 1988. Disponível em: < http://www.planalto.gov.br/ccivil_03/constituicao/constituicaocompilado.htm >. Acesso em: 18 de outubro de 2022.

[494] Art. 1º. A República Federativa do Brasil, formada pela união indissolúvel dos Estados e Municípios e do Distrito Federal, constitui-se em Estado Democrático de Direito e tem como fundamentos: IV - os valores sociais do trabalho e da livre iniciativa". BRASIL. Constituição (1988). *Constituição da República Federativa do Brasil:* promulgada em 5 de outubro de 1988. Disponível em: < http://www.planalto.gov.br/ccivil_03/constituicao/constituicaocompilado.htm >. Acesso em: 18 de outubro de 2022.

[495] FILHO, Alexandre Gonçalves. *As relações de trabalho pós-modernidade e a necessidade de tutela à luz dos novos princípios do direito do trabalho*. Revista LTr, vol. 82, nº 03, março de 2018.

de plataformas digitais, previstos na Declaração da OIT, destacando a liberdade de associação e reconhecimento efetivo do direito à negociação coletiva, a eliminação de todas as formas de trabalho forçado ou obrigatório, abolição do trabalho infantil, eliminação da discriminação em matéria de emprego e de profissão. Destacam, ainda, que estes são direitos considerados universais e aplicáveis a todos os trabalhadores, encontrando-se consagrados em oito convenções fundamentais da organização.[496]

Destacam os autores que o reconhecimento dos direitos trabalhistas como direitos humanos faz parte de um debate mais geral, recentemente estimulado por inúmeros julgamentos de cortes supremas. Reconhecer dos direitos coletivos como direitos humanos está fortemente interrelacionado com a garantia de acesso adequado dos trabalhadores a esses direitos.[497]

O reconhecimento dos direitos trabalhistas como direitos humanos, deve suscitar uma reflexão sobre as restrições impostas a esses direitos. Deste modo, reconhecer o Direito do Trabalho na categoria dos Direitos Humanos, é afirmar que direitos como liberdade de associação, o direito à greve, à negociação coletiva, devem ser estendidos a todos os trabalhadores, sem qualquer restrição. Somente sendo possível restringi-los para assegurar outros direitos humanos.[498]

A categorização ainda pode ser particularmente benéfica para os trabalhadores em disposições não convencionais. Vale lembrar que o contrato de trabalho se apresenta como uma relação de poder assimétrica, em que as prerrogativas conferidas aos empregados podem afetar a dignidade dos trabalhadores, sendo, portanto, sua racionalização e limitação, relevante do ponto de vista dos direitos humanos.

Nos contratos temporários, efêmeros, De Stefano evidencia a existência de um mecanismo de "ameaça implícita", ou seja, o medo de exercer seus direitos contratuais e trabalhistas, temendo que seu

---

[496] DE STEFANO, Valerio; ALOISI, Antonio. *Fundamental labour rights, plataforma work and human-rights protection of non-standard Workers*. Bocconi Legal Studies Research paper series. Number 1, February, 2018.

[497] DE STEFANO, Valerio; ALOISI, Antonio. *Fundamental labour rights, plataforma work and human-rights protection of non-standard Workers*. Bocconi Legal Studies Research paper series. Number 1, February, 2018.

[498] DE STEFANO, Valerio; ALOISI, Antonio. *Fundamental labour rights, plataforma work and human-rights protection of non-standard Workers*. Bocconi Legal Studies Research paper series. Number 1, February, 2018.

contrato não seja renovado. Nas plataformas digitais, esse temor é ainda mais evidente, refletindo-se na classificação e na possibilidade de ser desligado automaticamente sem justificativa. Desta maneira, a necessidade de se preservar a capacidade dos trabalhadores em exercerem seus direitos fundamentais, e consequentemente sua dignidade, é particularmente premente.[499]

A esse respeito, os direitos coletivos do trabalho podem desempenhar ainda um papel crucial, considerando que a liberdade de associação e a negociação coletiva, podem atuar como facilitadores, tornando os direitos humanos efetivos para os trabalhadores atípicos, sem a necessidade de se recorrer a processos judiciais, onerosos para todas as partes envolvidas.

Em suma, respondendo à pergunta de Freitas Júnior, sobre "como proteger", essa nova identidade do trabalho desenvolvido no capitalismo digital de plataformas, passamos por uma necessária ampliação do objeto de proteção do Direito do Trabalho, abraçando todas as formas de trabalho e não apenas o trabalho subordinado, enquadrando-se esse importante ramo do direito no contexto de Direitos Humanos Fundamentais, e modernizando-o dando prevalência às relações coletivas, por meio de uma reestruturação de nossos sindicatos.

Por conseguinte, passamos, a partir da compreensão que, diante de uma crise regulatória do Estado, as negociações coletivas, a partir de uma valorização do coletivo e através da autorregulação, em que a construção de normas autônomas, podem acompanhar as mudanças sociais mais facilmente, a estudar como as organizações coletivas dos trabalhadores sob demanda por meio de aplicativos vem se apresentando, no mundo e no Brasil e seus desafios.

4.4. Organização coletiva dos trabalhadores sob demanda

Uma das importantes inovações trazidas pela nossa Constituição Federal de 1988, e que não deve ser colocada à margem de qualquer discussão sobre o novo papel do Direito do Trabalho, como bem

---

[499] DE STEFANO, Valerio; ALOISI, Antonio. *Fundamental labour rights, plataforma work and human-rights protection of non-standard Workers*. Bocconi Legal Studies Research paper series. Number 1, February, 2018.

ressaltado, foi o redimensionamento das relações entre o Estado e os sindicatos.

As entidades sindicais promovem a organização coletiva dos trabalhadores, com objetivo de representação e negociação. Os sindicatos, dão corpo, estrutura e potência de ser coletivo aos trabalhadores.

Nossa Constituição privilegiou a criação e manutenção dos sindicatos de forma que o Estado não tenha mais ingerência em suas atividades. Permitiu-se, dessa forma, que as negociações coletivas ganhassem mais espaço e liberdade de expressão.

Nesse sentido é que muitos doutrinadores passaram a defender um maior espaço à autonomia privada coletiva, pois, tendo a Constituição permitido que alguns direitos fossem flexibilizados por meio da convenção ou acordo coletivo, é que se faz necessária uma maior organização e atuação dos entes sindicais.

A esse respeito, ressalta Amauri Mascaro Nascimento:[500]

> As idéias que cresceram, desde a publicação da CF/88 para cá, são no sentido de dar maior espaço a autonomia privada coletiva, para que, sem prejuízo da função tutelar reservada à lei, mostre-se possível maior atuação das organizações sociais. Para esse fim, a autocomposição entre os interlocutores sociais é priorizada para promover enlaces jurídicos com base nos quais se regerão as relações de trabalho. À falta da autocomposição, aplicam-se os dispostos previstos em lei. Essa modificação permitirá o desenvolvimento de um sistema modelado pelos próprios interlocutores sociais, em condições de se aproximar da realidade multiforme e cambiante sobre o qual atua.

Permite-se, assim, o surgimento de uma legislação mais específica, que conseguiria chegar às mais diversas relações de trabalho, de forma mais adaptada e flexível e temporalmente pertinente, atendendo as demandas dos trabalhadores sob demanda por meio de plataformas digitais.

Dessa forma, iríamos ao encontro das diretrizes sugeridas pela Organização Internacional do Trabalho (OIT)[501], por meio da Recomendação

---

500 NASCIMENTO, Amauri Mascaro; NASCIMENTO, Sônia Mascaro. *Curso de Direito do Trabalho: história e teoria geral do direito do trabalho: relações individuais e coletivas do trabalho*. 29ª ed. São Paulo: Saraiva, 2014, p. 116.

501 ORGANIZAÇÃO INTERNACIONAL DO TRABALHO (OIT). *Convenções/Recomendações*. Disponível em: < http://www.ilo.org/brasilia/convencoes/lang--pt/index.htm>. Acesso em: 13 de março de 2023.

n.163, para as entidades sindicais, para permitir um maior dinamismo na atividade negocial direta entre os interlocutores sociais.

Essa experiência já vem sendo adotada, segundo o relatório *Social Dialogue – Colletive bargaining for a inclusive, sustainable and resiliente recovery*, publicado pela OIT, que ressalta o importante papel das negociações coletivas, na promoção de medidas de proteção dos trabalhadores, no tocante ao teletrabalho e trabalho híbrido, abrindo caminho para o trabalho decente.[502]

Nos termos do relatório:[503]

> A negociação coletiva ajudou a mitigar os efeitos da crise da COVID-19 sobre emprego e renda, pois contribuiu para amortecer parte de suas consequências em desigualdade, ao mesmo tempo que reforça a resiliência de empresas e mercados trabalho. (...) Os acordos coletivos em resposta à experimentação do teletrabalho e do trabalho híbrido impulsionado pela crise do COVID-19 estão transformando essas formas de trabalhar e preparar o caminho para um futuro em que o trabalho digital seja decente.

O relatório evidencia a importância da negociação coletiva no diálogo social, realizada de forma coletiva e voluntária, em uma base de boa-fé, ao mesmo tempo que se assenta os princípios e direitos fundamentais do trabalho. A negociação, segue o relatório, oferece um mecanismo único para regular as condições de trabalho e de emprego, que as próprias partes promovem.

Na Espanha, especialmente após a reforma trabalhista de 1994, esse modelo vem ganhando destaque. Nesse sentido, a Constituição Espanhola de 1978, que reconhece o direito à negociação coletiva,

---

[502] ORGANIZAÇÃO INTERNACIONAL DO TRABALHO (OIT). *Social Dialogue – Colletive bargaining for na inclusive, sustainable and resiliente recovery*, 2022. Disponível em: < https://www.ilo.org/global/publications/books/WCMS_842807/lang--en/index.htm >. Acesso em: 13 de março de 2023.

[503] Collective bargaining has played a role in mitigating the impact of the COVID-19 crisis on employment and earnings, helping to cushion some of the effects on inequality while reinforcing the resilience of enterprises and labour markets. The tailoring of public health measures and strengthening of occupational safety and health (OSH) at the workplace, together with the paid sick leave and healthcare benefits provided for in many collective agreements, have protected many workers and supported the continuity of economic activity Agreements negotiated in response to the COVID-19 crisis-induced experimentation with telework and hybrid work are transforming these practices and paving the way for a future with decent digital work. – Tradução livre da autora, do relatório da OIT.

mediante a Lei n. 11/1994, transferiu diversas competências normativas para os sindicatos.

Atualmente no país existem matérias com reserva legal, ou seja, que somente podem ser reguladas por lei; em outros casos permite-se a regulamentação partilhada entre a lei e a negociação coletiva; e por fim, matérias que permitem que a regulamentação seja concretizada exclusivamente por acordos ou convenções.

O relatório apresenta ainda algumas experiências ao redor do mundo, demonstrando essa busca pelo incentivo do diálogo social, trazendo exemplos de negociações coletivas com os trabalhadores das plataformas digitais.[504]

Dentre eles temos a Alemanha, que celebrou um acordo coletivo com uma plataforma de entrega de comida, criando um Conselho Europeu do Trabalho, dispondo sobre a existência de representantes dos trabalhadores em seu conselho de supervisão.

No Reino Unido, pelo menos três grandes acordos coletivos foram firmados entre os anos de 2019 e 2021. O primeiro, realizado com a empresa de serviços de correio, em 2019, inclui o tempo de trabalho, pagamentos de bônus e férias para os "trabalhadores independentes *plus*", categoria criada pelo acordo, e uma revisão em relação às taxas de pagamentos. No mesmo ano, celebraram um acordo com os entregadores de bicicletas, dispondo sobre um valor mínimo por hora, pagamento de horas extras, adicional por trabalho noturno e de fim de semana, dias de descanso, reembolso por quilometragem, proteção social e proteção de dados. Em 2021, um acordo de reconhecimento de estrutura empresarial com uma plataforma de carona estabelece procedimentos para consulta, negociação coletiva e instalações sindicais.

A Dinamarca firmou um acordo empresarial em 2018 com uma plataforma de limpeza convertendo para o status de funcionários de seus prestadores de serviços, atribuindo direitos como: salários por hora, proteção social e proteção e processamento de dados. No mesmo ano, celebraram um acordo empresarial com os trabalhadores de tradução, reconhecendo tarifas e ajustes anuais dos salários, proteção de dados e

---

[504] ORGANIZAÇÃO INTERNACIONAL DO TRABALHO (OIT). *Social Dialogue – Colletive bargaining for na inclusive, sustainable and resiliente recovery*, 2022. Disponível em: < https://www.ilo.org/global/publications/books/WCMS_842807/lang--en/index.htm >. Acesso em: 13 de março de 2023. p. 89.

total transparência dos parâmetros e classificação realizada pelos algoritmos, bem como procedimentos para resolução de disputas.

Em um acordo com uma plataforma de entregas de comida, incluiu disposições sobre salários, tempo de trabalho, disponibilização de Equipamentos de Proteção Individual (EPI), seguros para acidentes, promoções de igualdade de gênero, incluindo igualdade salarial e de oportunidades, igualdade de tratamento, direitos digitais, direitos à desconexão e informações sobre os algoritmos e dados.

Na Suíça, o acordo entre ciclistas e uma plataforma de entregas introduziu um salário-mínimo por hora, pagamento de horas extras e adicional noturno, dias de férias, reembolso por quilometragem, proteção social e proteção de dados.

Ainda na Europa, desta vez na Espanha, uma alteração no acordo setorial de hotéis e bufês especifica que também se aplicará aos entregadores de alimentos de plataformas digitais, suas disposições preveem a regulamentação da remuneração e das condições de trabalho de seus trabalhadores. Outro acordo empresarial com a plataforma de entrega de alimentos, inclui disposições sobre remuneração, tempo de trabalho, treinamentos, EPI, auxílios para a saúde, seguros com acidentes, promoção de igualdade de gênero, incluindo igualdade salarial de oportunidades e tratamento, direitos digitais, direito à desconexão e informações sobre os algoritmos.

Na Itália, um acordo com a plataforma de entrega de alimentos prevê uma taxa mínima por hora, bônus, reembolso por quilometragem, pausas, horas extras e prêmios, incluindo ainda, treinamentos, equipamentos de proteção individual e acesso ao seguro contra acidentes.

Na Noruega, restou acordado com a mesma plataforma de entregas, taxas de salário-mínimo, bônus de inverno, reembolso por equipamentos e uma pensão.

Saindo da Europa, um acordo profícuo foi entabulado na República da Coreia com os entregadores de aplicativos em 2020, estipulando que os trabalhadores não precisam mais pagar taxas por estarem filiados à plataforma, regulando pagamentos semanais, bônus, previsão de check-up de saúde, treinamentos de segurança e o direito de interromper entregas em caso de mau tempo.

Outras iniciativas surgem em todo o mundo, através da auto-organização dos trabalhadores, como os fóruns de discussões e comunidades *on-line*. Pesquisas realizadas pela OIT, divulgadas em relatórios como: "As plataformas digitais e o futuro do trabalho – Promover o trabalho digno e no mundo digital", e retomadas no relatório analisado em nosso estudo: "O papel das plataformas digitais de trabalho na transformação do mundo do trabalho", analisaram as condições de trabalho nessas plataformas, apresentando uma breve consideração sobre essas formas de organização dos trabalhadores e seus desafios.[505]

Em relação aos fóruns *online* descreve o primeiro relatório, que apesar de úteis e importantes meios de união dos trabalhadores de plataformas, não fornecem proteção jurídica relevante, sendo necessário relativamente aos direitos coletivos que os trabalhadores tenham acesso à sindicalização, a negociação coletiva e, nos países em que tais estruturas existam, acesso aos conselhos de trabalhadores e direitos de codeterminação.

Neste comento:[506]

> Os trabalhadores deveriam ter à sua disposição meios juridicamente vinculativos para dar a conhecer as suas necessidades e desejos aos operadores das plataformas, através da sindicalização, da negociação coletiva e, nos países em que tais estruturas existam, de conselhos de trabalhadores e direitos de codeterminação. A Declaração da OIT relativa aos Princípios e Direitos Fundamentais no Trabalho, adotada em 1998, obriga os 187 Estados-membros da Organização Internacional do Trabalho, pelo simples facto de pertencerem à Organização, a respeitar, promover e concretizar princípios e direitos em quatro categorias, incluindo a liberdade de associação e o reconhecimento efetivo do direito à negociação coletiva. A Declaração deixa claro que esses direitos são universais e aplicam-se a todas as pessoas em todos os Estados, independentemente do nível de desenvolvimento económico. Além disso, a concessão desses direitos não deveria «basear-se na existência de uma relação de emprego, que muitas vezes não existe», por exemplo, no caso dos trabalhadores por conta própria (OIT, 2006).16 Independentemente da sua classificação como trabalhadores por conta de outrem ou de trabalhadores por conta própria «independentes», os trabalhadores das plataformas digitais deveriam beneficiar do direito à liberdade de associação e à negociação coletiva. O facto de, em alguns países, a atual legislação em matéria de concorrência proibir os trabalhadores por conta

---

505 ORGANIZAÇÃO INTERNACIONAL DO TRABALHO. *As plataformas digitais e o futuro do trabalho. Promover o trabalho digno no mundo digital.* Geneva: ILO, 2020. ORGANIZAÇÃO INTERNACIONAL DO TRABALHO. *World Employment and Social Outlook 2021: The role of digital labour platforms in transforming the world of work International Labour Office.* Geneva: ILO, 2021.

506 ORGANIZAÇÃO INTERNACIONAL DO TRABALHO. *As plataformas digitais e o futuro do trabalho. Promover o trabalho digno no mundo digital.* Geneva: ILO, 2020.

própria das plataformas de se organizarem e de negociarem acordos coletivos com os operadores das plataformas não é um argumento contra a possibilidade de esses trabalhadores se organizarem, mas sim um argumento a favor da revisão da legislação sobre concorrência.

Na mesma linha de conclusões, o segundo relatório, mais atual, aponta como obstáculo à realização de negociações coletivas a existência em muitos países de leis de concorrência que proíbem trabalhadores autônomos de se organizarem em sindicatos e de negociarem coletivamente, sob o argumento de que tais negociações constituiriam verdadeiro cartel.

Não obstante, o relatório destaca que a OIT em suas Convenções n. 98 e n. 87 estabelecem a liberdade de associação e a negociação coletiva a todos os trabalhadores, ressaltando que acordos consensuais entre as plataformas e organizações representativas dos trabalhadores podem aliviar a carga regulatória sobre os Estados, que não precisará legislar e fazer cumprir no mesmo grau.

Ainda hoje, nos Estados Unidos, leis antitruste proíbem a organização coletiva de seus trabalhadores autônomos, não possibilitando que agreguem seu poder de barganha individual para uma melhor e mais eficiente negociação coletiva com seus intermediários, sobre os termos e condições de trabalho.

Com respeito às entidades sindicais, Hannah Johnston e Chris Land-Kazlauskas, identificam três estratégias principais na organização dos trabalhadores de plataformas. Uma primeira jurídica, em que se investe no litígio judicial, com o intuito de fazer as empresas enquadrarem seus trabalhadores como empregados ou nas categorias intermediárias. A segunda é o estabelecimento de associações e alianças que defendem os interesses dos trabalhadores. Por fim, a terceira envolve uma reforma legal e normativa, que melhore as condições de trabalho, bem como para promover o direito à sindicalização e negociação coletiva. Ainda como parte desse impulso organizativo dos trabalhadores, os movimentos ampliam seus esforços para aumentar a conscientização das pessoas, promovendo uma maior integração aos sindicatos.[507]

---

507 JOHNSTON, Hannah; LAND-KAZLAUSKAS, Chris. *Organizing on-demand: Representation, voice, and collective bargaining in the gig economy*. Geneva: International Labour Organization, 2018, p. 5-7.

Outra iniciativa que merece nosso destaque são as cooperativas. O "cooperativismo de plataforma", termo cunhado por Trebor Scholz, apresenta-se como alternativa na defesa dos interesses de seus representados, através da promoção da representação coletiva, da ação coletiva e da tutela coletiva, com respaldo nas normas internacionais da OIT.

O autor descreve o modelo de "cooperativismo de plataformas" como um modelo que:[508]

> "adotou a tecnologia com o objetivo de colocá-la a serviço de um modelo de propriedade diferente, que subscreve os valores democráticos, a fim de superar o sistema fracassado de economia colaborativa ou gig economy, que só beneficia poucos"

Hannah e Chris Land-Kazlaukas afirmam que as cooperativas de plataformas abraçam com entusiasmo os avanços tecnológicos, inspirando-se nas cooperativas tradicionais, e imitando os modelos de prestação de serviços e entregas e distribuição de mercadorias de outras plataformas, mas com um desenho realizado pelos trabalhadores ou conjuntamente com estes.[509]

Segundo os autores, existem dois modelos de cooperativas adotados pelo capitalismo de plataformas: cooperativas criadas para dividirem recursos e melhorarem o acesso a serviços e programas de bem-estar, sendo próxima ao modelo de cooperativa de serviços, e o cooperativismo de plataformas, em que os trabalhadores constituem empresas para atuarem no mercado, assemelhando-se a uma cooperativa de trabalho.[510]

Nas cooperativas de serviços, modelo anterior ao surgimento das plataformas digitais, os autores pontuam como exemplo a ser seguindo a cooperativa SMart, que tem sua sede na Bélgica e opera em toda a Europa, que se utilizou de sua estrutura para criar um empregador onde não existia, proporcionando a segurança de uma relação laboral

---

[508] SCHOLZ, Trebor. *Uberworked and underpaid: how workers are disrupting the digital economy.* Malden: Polity Press, 2017.

[509] JOHNSTON, Hannah; LAND-KAZLAUSKAS, Chris. *Organizing on-demand: Representation, voice, and collective bargaining in the gig economy.* Geneva: International Labour Organization, 2018, p. 23 – 25.

[510] JOHNSTON, Hannah; LAND-KAZLAUSKAS, Chris. *Organizing on-demand: Representation, voice, and collective bargaining in the gig economy.* Geneva: International Labour Organization, 2018, p. 23 – 25.

formal a pessoa, que de outra forma, seria classificada como autônoma. Atualmente a cooperativa estendeu suas atividades negociando com a plataforma Deliveroo termos de prestação de serviços como: o pagamento de uma remuneração base, rateio dependendo do número de horas trabalhadas, salário-mínimo mensal, pagamento mínimo garantido de três horas de trabalho, independentemente de quantas entregas sejam realizadas e o reembolso de gastos relacionados com o trabalho, incluindo bicicletas e telefones.

À vista disso, seguem os autores:[511]

> Cooperativas como a SMart podem oferecer às pessoas que trabalham isolados por meio de plataformas, uma oportunidade de estabelecer novos relacionamentos. Condições económicas mais equitativas, aumentando a transparência do recrutamento e da estrutura disciplinar, estabilizar as taxas de pagamento e ter uma estrutura para desenvolver estratégias eficazes que lhes permitam influenciar a regulação do setor.

Por sua vez, a filiação às cooperativas de trabalho cria um grupo unificado de forma que os membros podem valer-se de sua força numérica e seu poder econômico como proprietários dos negócios ao nível local para influenciar as regulamentações sobre os temas que lhes respeita. Quando os trabalhadores constroem suas próprias plataformas, podem orientar seu desenvolvimento a fim de promover seus próprios interesses.[512]

Claro que para a adoção de modelos parecidos, se exige boa-fé, responsabilidade social, respeito à livre manifestação de vontade de seus participantes, a realização de reuniões, com os interessados e clara fundamentação das propostas.

Somando-se a novos desafios como: a dispersão física dos trabalhadores digitais, o distanciamento, organizações sindicais arcaicas e apegadas às tradições, com base nos critérios de identidade, similaridade e conexidade, que não capazes de atender as necessidades impostas pelo mundo pós-moderno das relações de trabalho. Para além de não sabermos exatamente o alcance e o tamanho da economia de plataformas, a diversidade de modelos de atividade laboral e o fato de algumas

---

[511] JOHNSTON, Hannah; LAND-KAZLAUSKAS, Chris. *Organizing on-demand: Representation, voice, and collective bargaining in the gig economy.* Geneva: International Labour Organization, 2018, p. 23 – 25.

[512] JOHNSTON, Hannah; LAND-KAZLAUSKAS, Chris. *Organizing on-demand: Representation, voice, and collective bargaining in the gig economy.* Geneva: International Labour Organization, 2018, p. 23 – 25.

plataformas oferecerem resistência em dialogar, leis antitruste presentes em alguns países e as limitações que ainda percebemos em valorizarmos o coletivo.

Desafios que enfrentaremos de forma mais aprofundada ao estudarmos a atuação sindical em nosso país.

4.4.1. Modelos e desafios da organização coletiva no Brasil

No Brasil, a atuação obreira nas questões coletivas está fundamentalmente restrita às entidades sindicais. Delgado nos lembra que, na prática, é claro que podem existir outras formas de organização, porém em nosso país, esses entes estão destituídos dos poderes jurídicos conferidos aos sindicatos, pois a própria Constituição tratou de restringir à participação dos Sindicatos obreiros a negociação coletiva.[513]

O direito à livre associação é consagrado na Constituição Federal, no art. 5º, inciso XVII e de liberdade de associação profissional no art. 8º, para além de várias normas internacionais como o Pacto Internacional sobre Direitos Econômicos, Sociais e Culturais das Nações Unidas aprovado pelo Congresso Nacional.

Nos termos do Pacto Internacional, temos:[514]

> 1. Os Estados Partes do presente Pacto comprometem-se a garantir:
> a) O direito de toda pessoa de fundar com outras, sindicatos e de filiar-se ao sindicato de sua escolha, sujeitando-se unicamente aos estatutos da organização interessada, com o objetivo de promover e de proteger seus interesses econômicos e sociais. O exercício desse direito só poderá ser objeto das restrições previstas em lei e que sejam necessárias, em uma sociedade democrática, no interesse da segurança nacional ou da ordem pública, ou para proteger os direitos e as liberdades alheias;

Outrossim, a Reforma Trabalhista de 2017, aumentou o poder da negociação coletiva, conferindo aos sindicatos um amplo espectro de matérias passíveis de acordo ou convenção coletiva, instrumentos coletivos que consumam a dinâmica negocial, assegurando ainda a

---

[513] DELGADO, Maurício Godinho. *Curso de Direito do Trabalho*. 17. ed. rev. atual. ampl. São Paulo: LTr, 2018, p. 1590.

[514] BRASIL. Pacto Internacional sobre os Direitos Econômicos, Sociais e Culturais das Nações Unidas. Decreto nº 591, de 6 de julho de 1992. Disponível em: < https://www.planalto.gov.br/ccivil_03/decreto/1990-1994/d0591.htm> Acesso em: 30 de maio de 2023.

prevalência do negociado sobre a lei, conforme disposição do *caput*, do art. 611-A.[515]

Contudo, a proliferação das tecnologias e o deslocamento das relações de trabalho para o meio digital, não apresentaram impactos apenas na organização individual do trabalho, como também na organização coletiva, refletindo-se principalmente nos sindicatos. O novo perfil de trabalhadores e a falta de consciência política sindical, levam os sindicatos a perderem base, sem nem ao mesmo perceberem.[516]

---

515 Art. 611-A. A convenção coletiva e o acordo coletivo de trabalho têm prevalência sobre a lei quando, entre outros, dispuserem sobre: I - pacto quanto à jornada de trabalho, observados os limites constitucionais; II - banco de horas anual; III - intervalo intrajornada, respeitado o limite mínimo de trinta minutos para jornadas superiores a seis horas; IV - adesão ao Programa Seguro-Emprego (PSE), de que trata a Lei no 13.189, de 19 de novembro de 2015; V - plano de cargos, salários e funções compatíveis com a condição pessoal do empregado, bem como identificação dos cargos que se enquadram como funções de confiança; VI - regulamento empresarial; VII - representante dos trabalhadores no local de trabalho; VIII - teletrabalho, regime de sobreaviso, e trabalho intermitente; IX - remuneração por produtividade, incluídas as gorjetas percebidas pelo empregado, e remuneração por desempenho individual; X - modalidade de registro de jornada de trabalho; XI - troca do dia de feriado; XII - enquadramento do grau de insalubridade; XIII - prorrogação de jornada em ambientes insalubres, sem licença prévia das autoridades competentes do Ministério do Trabalho; XIV - prêmios de incentivo em bens ou serviços, eventualmente concedidos em programas de incentivo; XV - participação nos lucros ou resultados da empresa. § 1º No exame da convenção coletiva ou do acordo coletivo de trabalho, a Justiça do Trabalho observará o disposto no § 3o do art. 8o desta Consolidação. § 2º A inexistência de expressa indicação de contrapartidas recíprocas em convenção coletiva ou acordo coletivo de trabalho não ensejará sua nulidade por não caracterizar um vício do negócio jurídico. § 3º Se for pactuada cláusula que reduza o salário ou a jornada, a convenção coletiva ou o acordo coletivo de trabalho deverão prever a proteção dos empregados contra dispensa imotivada durante o prazo de vigência do instrumento coletivo. § 4º Na hipótese de procedência de ação anulatória de cláusula de convenção coletiva ou de acordo coletivo de trabalho, quando houver a cláusula compensatória, esta deverá ser igualmente anulada, sem repetição do indébito. § 5º Os sindicatos subscritores de convenção coletiva ou de acordo coletivo de trabalho deverão participar, como litisconsortes necessários, em ação individual ou coletiva, que tenha como objeto a anulação de cláusulas desses instrumentos. BRASIL, Decreto Lei nº 5.452 de 1º de maio de 1943. *Consolidação das Leis do Trabalho.* Disponível em < http://www.planalto.gov.br/ccivil_03/decreto-lei/Del5452.htm>>. Acesso em: 13 de março de 2023.

516 LIMA, Francisco Gérson Marques. *Tecnologias e o futuro dos sindicatos.* In CARELLI, Rodrigo de Lacerda, et. all. *Futuro do Trabalho: os efeitos da revolução digital na sociedade.* Brasília: ESMPU, 2020, p. 387 – 401.

Destaca Sidnei Machado que a expansão das plataformas digitais pode ter impacto mais acentuado no caso brasileiro, ante uma combinação de fatores estruturais de precariedade do mercado de trabalho com as formas de desregulação do trabalho inseridas pela Reforma Trabalhista de 2017.[517]

Dentre os desafios que merecem destaque em nosso estudo podemos apontar, em relação aos sindicatos: sua organização, sua estrutura, a representatividade e o financiamento sindical atual.

Inicialmente cumpre lembrar que a legislação brasileira não apresenta nenhuma proibição do exercício desse direito pelos trabalhadores autônomos, no entanto, a negociação coletiva clássica baseia-se na relação de emprego. Sob outro enfoque, o modelo regulado na legislação infraconstitucional, para a negociação coletiva está estruturado na relação de trabalho subordinado e em uma organização de trabalhadores pelo critério de categoria profissional.

Sobre essa questão, o desafio para a atuação sindical reside neste modelo normativo de organização sindical delimitado à noção de "categoria profissional". Como destaca Sidnei Machado, é "impreciso justificar a ideia de "categoria" de trabalhadores de plataformas", considerando a heterogeneidade cada vez maior desses contratos de serviços, de modo que, "a perda do sentido de pertencimento ao coletivo gera dificuldades para unificar o interesse coletivo heterogêneo e fragmentado e, também, para mobilizar e organizar de maneira eficiente a representação."[518]

Nos termos do art. 511 da CLT, uma categoria será composta por todos que exerçam a mesma atividade, ou profissão, ou atividades, ou profissões similares, ou conexas. Sendo a similitude de condições de vida oriunda da profissão ou trabalho em comum, em situação de emprego na mesma atividade econômica ou em atividades econômicas similares ou conexas, que compõe a expressão social elementar compreendida como categoria profissional.

---

[517] MACHADO, Sidnei. *Representação coletiva dos trabalhadores em plataformas digitais*. In CARELLI, Rodrigo de Lacerda, et. all. *Futuro do Trabalho: os efeitos da revolução digital na sociedade*. Brasília: ESMPU, 2020, p. 431 - 439.

[518] MACHADO, Sidnei. *Representação coletiva dos trabalhadores em plataformas digitais*. In CARELLI, Rodrigo de Lacerda, et. all. *Futuro do Trabalho: os efeitos da revolução digital na sociedade*. Brasília: ESMPU, 2020, p. 431 - 439.

De forma que, a ideia de formar uma categoria profissional para os trabalhadores sob demanda por meio de aplicativos digitais, estaria totalmente fora de contexto.

O sindicato profissional, como aduzimos, envolve apenas trabalhadores subordinados, de forma que não é possível a criação de sindicatos, segundo este modelo, para os trabalhadores de plataformas.[519]

Com relação à categoria diferenciada, como sendo aquela que se forma dos empregados que exerçam profissões ou funções diferenciadas por força de estatuto profissional especial ou em consequência de condições de vida singulares, tampouco seria possível enquadrar tais trabalhadores, conforme nos explica Maria Lucia Ciampa Benhame Puglisi, diante das dificuldades de precisar a partir de qual categoria derivariam, uma vez que muitos trabalhadores se filiam à várias plataformas ao mesmo tempo.[520]

Ressalta a autora que, em regra, as empresas de plataformas se apresentam como empresas de tecnologia e seus trabalhadores prestam serviços desconexos com a produção de tecnologia. Logo, considerando que o enquadramento sindical nasce da atividade preponderante da empresa, ou é reconhecido em lei como categoria profissional liberal ou diferenciada, uma vez que as plataformas exercem uma atividade preponderante diferente de sua força de trabalho, seu enquadramento não seria adequado, da mesma forma que sua proteção.

Por consequência, os sindicatos dos trabalhadores plataformizados seriam apenas associações civis, tal como ocorre com o sindicato que representa os trabalhadores autônomos atualmente.[521]

---

[519] ANDRADE, Tatiana Guimarães Ferraz; FORGANES, Emmerson Ornelas. *O novo papel do sindicalismo na Gig Economy.* In MANRICH, Nelson (org.). *Relações de Trabalho e desafios da tecnologia em um ambiente pós-pandemia.* São Paulo: Mizuno, 20201, p. 137 - 150.

[520] ANDRADE, Tatiana Guimarães Ferraz; FORGANES, Emmerson Ornelas. *O novo papel do sindicalismo na Gig Economy.* In MANRICH, Nelson (org.). *Relações de Trabalho e desafios da tecnologia em um ambiente pós-pandemia.* São Paulo: Mizuno, 20201, p. 137 - 150.

[521] PUGLISI, Maria Lucia Ciampa Benhame. *A estrutura sindical brasileira e a 4ª revolução industrial e a representatividade dos trabalhadores e empresas.* Revista do Direito do Trabalho, vol.202/2019, p. 67 – 91/jun/2019 DTR/2019/27766.

Devemos considerar ainda que o Brasil não ratificou a Convenção 87 da OIT, não permitindo liberdade aos trabalhadores para formar uma categoria profissional, por empresa, por localidade ou atividade.[522]

A unicidade sindical prevista no art. 8º, inciso II da CF/88, que vigora em nosso país, é outro ponto a ser analisado. Sendo vedada a criação de mais de uma organização sindical, em qualquer grau, representativa de categoria profissional ou econômica, na mesma base territorial, que será definida pelos trabalhadores ou empregadores interessados, não podendo ser inferior à área de um Município.

O maior problema é que a empresa digital se apresenta como um ente deslocalizado, o que também dificulta a fixação de uma base de representação.

Neste ponto, ressaltam Tatiana Guimarães Ferraz Andrade e Emmerson Ornelas Forganes, que a melhor resposta para sindicalização dos trabalhadores de plataformas, viria da própria negociação coletiva, contudo essa alternativa não é válida, eis que as plataformas não reconhecem a legitimidade de seus interlocutores.[523]

Outro desafio, dessa vez apresentado pela Reforma Trabalhista, introduzida pela Lei n. 13.467 de 2017, é a supressão da contribuição sindical obrigatória, tornando-a facultativa, levando à necessária reinvenção dos sindicatos, seus planos de ação e posturas, para se consolidarem como estruturas realmente representativas.

A dispersão dos trabalhadores também deve ser considerada, dado que não se encontram em uma base territorial fixa, perdendo a noção do coletivo, diante de uma comunicação ineficiente do sindicato com seus representados. Os modelos de assembleias e reuniões sindicais não são mais eficientes.

Sobre o tema, Francisco Gersón de Lima ressalta:[524]

---

[522] ORGANIZAÇÃO INTERNACIONAL DO TRABALHO (OIT). Convenções/Recomendações. Disponível em: < http://www.ilo.org/brasilia/convencoes/lang--pt/index.htm>. Acesso em: 13 de março de 2023.

[523] ANDRADE, Tatiana Guimarães Ferraz; FORGANES, Emmerson Ornelas. *O novo papel do sindicalismo na Gig Economy*. In MANRICH, Nelson (org.). *Relações de Trabalho e desafios da tecnologia em um ambiente pós-pandemia*. São Paulo: Mizuno, 20201, p. 137 - 150.

[524] LIMA, Francisco Gérson Marques. *Tecnologias e o futuro dos sindicatos*. In CARELLI, Rodrigo de Lacerda, et. all. *Futuro do Trabalho: os efeitos da revolução digital na sociedade*. Brasília: ESMPU, 2020, p. 387 – 401.

A noção de organização de trabalhadores se esvai, consome o ímpeto de coletividade e cria um sistema de concorrência eletrônica, virtual, em que o trabalhador não tem tempo para as reuniões sindicais nem para as assembleias. Na verdade, mergulhados no individualismo laboral das plataformas e dos aplicativos, esses novos trabalhadores são escravizados pela tecnologia do novo século e não largam os aparelhos que os convocam a mais uma tarefa a qualquer momento. Se não atenderem ao chamado ou se forem mal avaliados, podem perder o posto de trabalho. A quase totalidade nem é empregada, trabalha por conta própria ou pensa que labora assim.

Nesta perspectiva, do individualismo laboral, encontramos talvez o maior desafio, que se destaca por ser estrutural em nossa sociedade, e que deve ser enfrentado por todos, como bem nos apresenta Valdete Souto:[525]

> (...) porque se pudéssemos desfazer os pilares do [neo] liberalismo econômico, engendrando uma sociedade em que a força do mercado não fosse devastadora, poderíamos sonhar com um direito do trabalho centrado na autonomia e na livre negociação. Porém, o sistema capitalista não o permite.

De tal forma, como nos ensina Valdete Souto, temos dificuldades em manter uma "autonomia privada coletiva", em superar o "dogma liberal que centra a organização do homem no que é individual", sendo imperativa à (re)valorização da "condição humana de pluralidade".[526] Para somente assim, quem sabe, conseguirmos (re)encontrar o caráter social do trabalho, evoluindo para uma sociedade que permita uma verdadeira autonomia.

E é justamente porque ainda não conseguimos superar a ideia de que o indivíduo deve retirar o máximo de proveito do Estado, independente da comunidade em que se encontra inserido, é que o Direito do Trabalho tem que trabalhar nesse momento na retomada de seus valores fundamentais, ampliando sua proteção, e se tornando verdadeiro instrumento de promoção da dignidade da pessoa humana.

Os trabalhadores digitais, mais do que nunca, comprando a ideia de ser microempreendedores, empresários "de si mesmos", passando a enxergar o outro como competidor, e não alguém com a

---

[525] SEVERO, Valdete Souto. *Crise de paradigma no Direito do Trabalho Moderno: a jornada*. Porto Alegre: Sérgio Antônio Fabris, 2009, p. 41.

[526] SEVERO, Valdete Souto. *Crise de paradigma no Direito do Trabalho Moderno: a jornada*. Porto Alegre: Sérgio Antônio Fabris, 2009, p. 45.

mesma identidade, com os mesmos interesses, mitigando o espírito de associativismo.

Os conceitos de dignidade humana, trabalho e sociedade, precisam ser devolvidos para a história contemporânea. Enquanto ainda considerarmos como desiguais, como competidores, pessoas que trabalham em atividades iguais às nossas, enquanto ainda considerarmos invisíveis diversos trabalhadores, porque não os aceitamos em nossa sociedade, nunca entenderemos corretamente o conceito inerente à proibição ao retrocesso.

Uma vez que a linguagem jurídica, geralmente, é interpretada de modo compatível como enxergamos a realidade, fica claro que é impossível examinarmos as mais diversas regras jurídicas contextualizando-as, pois, o problema resvala na forma preconceituosa com que interpretamos a lei.

O Estado de Bem-Estar social, começou a experimentar sinais de crises na década de 70, e desde então ainda enxergamos o Direito do Trabalho sob a mesma ótica do passado, classificando os trabalhadores em uma dicotomia que a muito é incapaz de conferir proteção a todas as relações de trabalho existentes.

A doutrina constitucional constrói uma noção de "núcleo essencial da existência mínima inerente ao respeito pela dignidade da pessoa humana". A proibição ao retrocesso centra-se nesse conceito.

Logo, primeiramente, seria essencial que enxergássemos o homem como membro importante de um grupo, não fazendo distinções acerca da atividade desenvolvida por ele naquela sociedade. E, dessa forma, destinatário dos mesmos direitos e proteções.

E é por isso que, ainda, precisamos das proteções estatais, ainda que mais gerais, garantindo direitos mínimos aos trabalhadores (empregados ou não) não havendo um ambiente capaz de relegar apenas aos interlocutores a consolidação das normas trabalhistas. Falta-nos a boa-fé, a responsabilidade, o respeito à livre manifestação de vontade, pois vivemos em uma sociedade que nos ensina a ser egoístas desde a tenra idade.

No âmbito do Direito do Trabalho, a compreensão de toda a realidade nos leva ao entendimento da necessidade da reafirmação dos direitos trabalhistas fundamentais, como condição de possibilitar um estado realmente democrático, e, ainda, a partir dos quais é possível falarmos em condições dignas de sobrevivência, como observado por Valdete Souto.[527]

Esse conjunto de desafios, segundo Paulo Merçon, pode levar os Sindicatos a optarem por atuar defensivamente, mirando o passado, opondo-se à inovação:[528]

> Mirando não uma coletividade, mas um público fragmentado e disperso, a enorme variedade de bens e serviços da sociedade pós-industrial induz o indivíduo a expressar, ou forjar, por meio do consumo, sua própria identidade. O excesso de informação, combinado à escassez do conteúdo, desestimula a reflexão e redunda em apatia e indiferença, distanciando o indivíduo das questões coletivas e sociais. Tudo isso esgarça o tecido social, e acaba agravando a crise sindical, cuja causa de fundo é a reestruturação produtiva das últimas décadas. Na nova morfologia do capital e do trabalho, a empresa se desmaterializa e desterritorializa; a classe trabalhadora se fragmenta e precariza. Diante de tal cenário, a tendência é o sindicato mirar o passado de lutas e conquistas, lamentando a força que perdeu. Ou lhe resta encarar o presente, e talvez descobrir que há sempre o que avançar.

Não obstante, essa visão mais desafiadora, o próprio autor vislumbra um novo e mais dinâmico modelo de solidariedade:[529]

> Ao mesmo tempo, as tecnologias de informação e comunicação potencializam a interação e cooperação não apenas entre os indivíduos, como entre os agentes e movimentos sociais. Se na sociedade da informação o capital se desmaterializa, o sindicato, que sempre espelhou a empresa, talvez deva seguir essa tendência, infiltrando-se nos fluxos de informação e conhecimento que se irradiam pela rede. Pode-se então vislumbrar um novo e mais dinâmico modelo de solidariedade e cooperação intra e intersindical, já não mais limitado pelo tempo e espaço, para interagir inclusive com os movimentos sociais na velocidade e instantaneidade da web. Na perspectiva de que o movimento sindical deve se concentrar nas bases, pode-se imaginar mesmo um novo conceito de base sindical, que parta sim do chão de fábrica, mas ali não se confine, organizando-se também on-line, de forma similar às redes sociais e comunidades virtuais. Do mesmo modo poderiam se articular, entre si, pequenos grupos de trabalhadores autônomos.

---

527 SEVERO, Valdete Souto. *Crise de paradigma no Direito do Trabalho Moderno: a jornada*. Porto Alegre: Sérgio Antônio Fabris, 2009, p. 66.

528 MERÇON, Paulo Gustavo de Amarante. *Direito do Trabalho Novo*. Revista do Tribunal Regional do Trabalho da 3ª Região, Belo Horizonte, v.51, n.81, p.137-154, jan./jun.2010.

529 MERÇON, Paulo Gustavo de Amarante. *Direito do Trabalho Novo*. Revista do Tribunal Regional do Trabalho da 3ª Região, Belo Horizonte, v.51, n.81, p.137-154, jan./jun.2010.

Nesta mesma direção, Valerio de Stefano enxerga na negociação um incrível potencial na regulação das relações de trabalho entabuladas nas plataformas digitais, atuando:[530]

> (i) na qualificação dos trabalhadores, prevendo capacitações de longo prazo, para que a introdução de novas máquinas nas empresas não enfrente dificuldades em sua implementação, e para manter os empregados atualizados profissionalmente; (ii) na regulação do uso de novas tecnologias no local de trabalho, como a inteligência artificial, o big data e o monitoramento eletrônico da performance dos trabalhadores, com enfoque na vedação de coleta de informações que extrapolem os limites da relação de trabalho; (iii) na adaptação das condições de trabalho, uma vez que a negociação coletiva é o modo mais rápido e flexível para se dar respostas às mudanças que ocorrem no mundo do trabalho, visto que não aguarda medidas legislativas que podem demorar para serem aprovadas e as soluções são determinadas pelas partes diretamente do diálogo social e beneficiar trabalhadores e empregadores com os aspectos positivos que a tecnologia pode proporcionar.

A despeito dos muitos impasses, a ação coletiva dos trabalhadores em plataformas é um movimento em ascensão. Em nosso país, já encontramos associações e entidades sindicais criadas para o fim de tutelar os trabalhadores de plataformas digitais, em que pese subsistir discussões judiciais sobre sua legitimidade.

Como exemplos, podemos citar: Associação dos Motoristas de Aplicativos de São Paulo (AMASP); Sindicato dos Trabalhadores e Prestadores de Serviços de Aplicativos de Transporte e Prestação de Serviços do Espírito Santo (SINTAPPES); Sindicato dos Motoristas Autônomos de Transportes Privado Individual por Aplicativos do Distrito Federal (SINDMAAPDF); Sindicato dos Motoristas de Transporte Privado Individual de Passageiros por Aplicativos do Estado de Pernambuco (SIMTRAPLI); Frente de Apoio Nacional aos Motoristas Autônomos de Belo Horizonte (FANMA) e Sindicato dos Motoristas de Transportes Privados e Particulares Individuais de Passageiros por Aplicativos de Plataformas Digitas de Fortaleza e Região Metropolitana (SINDIAPLIC), entre outros.

Ainda, na cidade de Belo Horizonte, para tentarem se desvencilhar das altas taxas cobradas pelas plataformas digitais, motoristas se organizaram em uma nova plataforma alugada, por meio de uma

---

[530] DE STEFANO, Valerio. *Negotiating the algorithm"*: *automation, artificial intelligence and labour protection.* Geneva: International Labour Organization, 2018, p. 21-24.

cooperativa, e com tal iniciativa conseguiram melhorar sua remuneração e oferecer uma maior segurança aos passageiros.[531]

Inferimos assim que, cada um dos trabalhadores desse capitalismo digital de plataformas, ao contrário do propagandeado pelas plataformas, tem garantido seu poder de barganha. Para os trabalhadores geograficamente aderentes, como antes estudado, as ações coletivas mostram-se mais evidentes, como ocorrido no Reino Unido, recentemente, em que trabalhadores de serviços de entregas que decidiram entrar em greve, valeram-se dos próprios aplicativos para pedir comida e assim mobilizar outros trabalhadores.

Para os trabalhadores geograficamente não aderentes, as mesmas possibilidades lhes são garantidas. O trabalho realizado de modo cem por cento digital, pode mobilizar suas forças por meios digitais, como redes sociais, através de abordagens midiáticas, promovendo o bloqueio das plataformas, estratégias que atingem a imagem destas frente a clientes e consumidores.

À vista disto, os movimentos para regulamentação do trabalho digital passam pelo alargamento do objeto de proteção trabalhista, e pela busca de uma concepção moderna da justiça social, através da remodelação dos movimentos sociais coletivos, definindo os direitos desse novo trabalho segundo o "poder de força de aglutinação coletiva desses trabalhadores".[532]

De toda forma, podemos concluir que a ausência de regulamentação específica não vem se mostrando como fator impeditivo para a celebração de acordos coletivos em todo o mundo, como demonstra os estudos da OIT, da mesma forma, que não impede a criação de organizações sindicais que buscam garantir e resguardar direitos mínimos a quem necessita.

Assentada a ideia de "como proteger" passamos a estudar "até onde proteger".

---

[531] ASSÉ, Ralph. *Conheça a UP TRIP, novo aplicativo de transporte de BH e Região*. Disponível em: < https://www.em.com.br/app/noticia/gerais/2021/03/11/interna_gerais,1245792/conheca-a-up-trip-novo-aplicativo-de-transporte-em-bh-e-regiao.shtml>. Acesso em: 13 de março de 2023.

[532] ZIPPERER, André Gonçalves. *A intermediação de trabalho via plataformas digitais: repensando o direito do trabalho a partir das novas realidades do século XXI*. São Paulo: LTr, 2019, p. 225.

4.5. Tutela dos Trabalhadores de Plataformas Digitais

O trabalho mudou, as formas de organização empresarial também, apenas o Direito do Trabalho permanece o mesmo e insiste em enxergar com os mesmos olhos do passado os fenômenos atuais, sob a dicotomia que ou protege os trabalhadores ou relega-os ao Direito Civil.

Amauri Mascaro Nascimento, como estudamos, afirma ser necessário rever o campo de aplicação do direito, resolvendo os confins do Direito do Trabalho para que se possa dispensar proteção aos grupos vulneráveis, apesar das dificuldades que a ideia encontra.[533]

Em suma, dentro do Direito do Trabalho, encontramos doutrinadores que sustentam passar a tutela do trabalho digital necessariamente pelo elastecimento do conceito de subordinação,[534] outros defendem que essa proteção, não demanda o reconhecimento de novos elementos que o distanciaria do trabalho subordinado clássico, sendo perfeitamente possível enquadrá-los como empregados nos termos celetistas.[535]

Afastando-se deste entendimento, reconhecendo as peculiaridades dessa forma de trabalho, que apresenta elementos da subordinação imiscuídos com uma autonomia que permite ao trabalhador escolher quando e por quanto tempo irá trabalhar, sustentamos pelo necessário alargamento do objeto de proteção do Direito do Trabalho. Refutando-se a ideia da universalidade do trabalho subordinado e centrando na prevalência do trabalho, em todas as suas alternativas possíveis, compatíveis com a dignidade da pessoa humana, enquadrando o direito trabalhista no contexto dos Direitos Humanos Fundamentais, como vaticina Everaldo Andrade.[536]

Nessa conjuntura, em um sistema jurídico que se baseia em uma lógica dicotômica, que não deixa espaço para a proteção de uma nova

---

[533] NASCIMENTO, Amauri Mascaro; NASCIMENTO, Sônia Mascaro. *Curso de Direito do Trabalho: história e teoria geral do direito do trabalho: relações individuais e coletivas do trabalho*. 29ª ed. São Paulo: Saraiva, 2014, p. 338.

[534] Neste sentido: GAIA, Fausto Siqueira. *Uberização do trabalho: aspectos da subordinação jurídica/disruptiva*. 2ª ed. Rio de Janeiro: Lumen Juris, 2020.

[535] Neste sentido: Ricardo Antunes, Vitor Figueiras, Maurício Godinho Delgado – todos analisados em nosso trabalho.

[536] ANDRADE, Everaldo Gaspar de. *Teoria Geral do Direito do Trabalho: explicações científicas do método dialético discursivo e da crítica filosófica da modernidade*. 1ª ed. São Paulo: Tirant lo Blanch, 2022, p. 59-120.

categoria de trabalhadores, intermediária, entre o trabalho subordinado e o trabalho autônomo, apresentam-se teorias que sustentam pela necessidade de criação de normas que estruturem juridicamente as novas formas de trabalho.

Parte da doutrina reconhece essa condição em uma "área cinzenta", como uma fronteira entre o trabalho autônomo e o trabalho subordinado, reconhecendo a necessidade de criação de um terceiro gênero, com proteções específicas.

Analisando essa zona cinzenta, Amauri Mascaro Nascimento, apresenta um estudo realizado na *Università Degli Studi di Roma Tor Vergata*, de Roma, sobre as fronteiras do trabalho autônomo, no qual se concluiu que a concepção binária era insuficiente para abranger toda a multiplicidade de situações que se desenvolvem na sociedade pós-industrial.

O que leva à necessidade, no Direito do Trabalho, de uma construção teórica de classificação com três dimensões, discutindo-se a aceitação da teoria da parassubordinação, considerada capaz de explicar as modificações recentes da divisão jurídica do trabalho, tendo em mente sua amplitude que consegue reunir diversas formas de trabalho, nos mais diferentes setores econômicos do mundo atual.

Ressalta o autor:[537]

> Importante, também, é o desenvolvimento, pelos governos, de políticas de proteção para adequação das leis à realidade, a revisão das zonas limítrofes da subordinação, as regulamentações novas que não devem inserir-se como empregatícias de atividades como as temporárias, as de formação profissional e aprendizagem, a estacional ou sazonal, a dos profissionais liberais inscritos nos seus respectivos conselhos – o que basta, na Itália e na França, para evitar que sejam considerados empregados subordinados, tendo em vista a autonomia natural da sua profissão, tal como o representante comercial, o médico, o advogado, o psicólogo etc.

Ao parassubordinado, segundo o autor, trabalhadores que não se enquadram nem na autonomia plena, nem na subordinação total, devem ser assegurados alguns direitos, como os direitos fundamentais do trabalho decente, a proteção contra discriminações, proibição do trabalho forçado, a defesa das crianças e adolescentes que trabalham e a proteção da seguridade social.

---

[537] ANDRADE, Everaldo Gaspar de. *Teoria Geral do Direito do Trabalho: explicações científicas do método dialético discursivo e da crítica filosófica da modernidade*. 1ª ed. São Paulo: Tirant lo Blanch, 2022, p. 338.

André Zipperer, seguindo os estudos europeus de reformulação do direito trabalhista, também defende a criação de uma legislação que agasalharia uma relação de trabalho com características similares a de um trabalho subordinado, porém com distintivos próprios, tal como existe para o trabalhador avulso.

No caso do avulso, ressalta o autor, a justificativa para a criação de uma legislação específica foi a falta de ligação direita entre o prestador de serviços e o tomador da mão de obra e a presença de um intermediário entre ambos: o sindicato da categoria ou o órgão de gestão de mão de obra do trabalho portuário.

Nos lembrando que foi a "força da pressão coletiva da categoria, no entanto, que fez com que ela tivesse constitucionalmente garantidos direitos idênticos aos do trabalhador subordinado (art. 7º da CF/88, XXXIV)".[538]

Para o autor, os trabalhadores de plataformas encontram-se junto aos parassubordinados, na faixa intermediária, em uma nova categoria, a dos trabalhadores coordenados digital, devendo seus direitos serem definidos segundo o "poder de força de aglutinação coletiva desses trabalhadores".[539]

Esse enquadramento em uma terceira via, serviria também para permitir o agrupamento de seus trabalhadores para negociar benefícios em grupo, como seguros, empréstimos, a criação de proteções contra jornadas abusivas, preenchendo um vazio legislativo e melhorando a eficiência e equidade do mercado, para além de reduzir a incerteza jurídica.

Essa garantia dos direitos mínimos, já existe, considerando-se que, a proteção constitucional também é devida a todos os trabalhadores. Sendo necessário, no entanto, que o Direito do Trabalho alargue sua proteção, deixando de tutelar apenas o trabalhador subordinado, fortalecendo e reformulando as entidades sindicais, permitindo-se assim o surgimento de uma normatização mais específica, que conseguiria

---

[538] ZIPPERER, André Gonçalves. *A intermediação de trabalho via plataformas digitais: repensando o direito do trabalho a partir das novas realidades do século XXI*. São Paulo: LTr, 2019, p. 217.

[539] ZIPPERER, André Gonçalves. *A intermediação de trabalho via plataformas digitais: repensando o direito do trabalho a partir das novas realidades do século XXI*. São Paulo: LTr, 2019, p. 225.

chegar às mais diversas relações de trabalho, até mesmo ao trabalho desenvolvido no capitalismo digital de plataformas.

Consequentemente, os acordos coletivos se mostram como os instrumentos capazes de chancelar direitos sociais básicos aos trabalhadores dessa nova Era digital, resguardando quem necessita e permitindo o crescimento sustentável das plataformas, ainda que não se encontrem sob a chancela de uma relação de emprego.

Sendo essa a solução encontrada, passamos a analisar as reivindicações dos trabalhadores, como um passo antecedente para chegarmos a um estatuto mínimo de proteção ("até onde proteger"), mas sem deixar de lado os desafios que ainda precisam ser enfrentados nessa regulamentação.

4.5.1. Ponto de partida – reivindicações dos trabalhadores

Basta analisarmos, ainda que brevemente, os tribunais nacionais e estrangeiros para identificar centenas de ações ajuizadas por trabalhadores do capitalismo digital de plataformas, em busca da garantia de direitos. Dentre as ações ajuizadas nos tribunais trabalhistas, a discussão gira em torno do reconhecimento de um vínculo empregatício, que lhes garantiria o acesso a todos os direitos daí decorrentes, como férias, décimo terceiro, salário-mínimo, proteção contrata a dispensa imotivada, dentre outros. Contudo, temos ações ajuizadas nos tribunais comuns, em que se questionam outros direitos como a ausência de pagamentos de prêmios, o desligamento injustificado das plataformas, por exemplo.

Certo é que existe uma diversidade de interesses entre os trabalhadores que trabalham por intermédio de plataformas digitais, o que de algum modo dificulta sua proteção jurídica.

Segundo pesquisa realizada pelo IBGE, no ano de 2020, questionando um total de 1000 (mil) trabalhadores, 70% (setenta por cento) dos entrevistados responderam que prefeririam o modelo de trabalho atual, que permite escolher os dias da semana e os horários em que gostaria de trabalhar, podendo ainda trabalhar em vários aplicativos e definir a melhor forma de compor sua renda, frente a 30% (trinta por cento) que gostaria de ter sua carteira assinada.[540]

---

[540] SENA, Victor. *Ibope aponta que entregadores de aplicativos de apps não querem carteira assinada*. Disponível em: < https://exame.com/negocios/

Apesar da maioria ser contra o reconhecimento do emprego formal, os trabalhadores entrevistados apontaram desejarem mais benefícios.

De outro modo, em nova pesquisa realizada em dezembro de 2022, pela Fundação Getúlio Vargas (FGV-IBRE), quase 70% (setenta por cento) dos trabalhadores por conta própria, o que correspondem a 25% (vinte e cinco por cento) da população ocupada em nosso país, relataram que desejam se tornar empregados formais em uma empresa privada ou pública. Dos trabalhadores informais, 88% (oitenta e oito por cento) desejam uma formalização, seja como pessoa física contratada em uma empresa sobre o regime celetista, ou como pessoa jurídica, com um Cadastro Nacional da Pessoa Jurídica (CNPJ). A renda baixa e a falta de benefícios aparecem como motivação principal para esse desejo, sendo que 67,6% (sessenta e sete, seis por cento) dos brasileiros se dizem muito preocupados com a sua situação financeira ao longo prazo.[541]

Fernando do Amaral Pereira, realizando pesquisa para sua dissertação de mestrado, aponta que, muito embora seja necessário um estudo mais aprofundado:[542]

> (...) essa pesquisa identificou que a maioria dos entregadores afirma não desejar mudar de profissão e nem de tipo de vínculo com as empresas, não aspirando a ter carteira assinada. Isso se deve a alguns fatores, como o cenário econômico brasileiro, marcado por desemprego sistêmico e estrutural que, com a pandemia da COVID-19, se intensificou. Este cenário faz com que os entregadores enxerguem a sua condição como melhor do que as alternativas que se colocam para eles: trabalhar em empregos também precários, mas com carteira assinada e ganhando menos do que eles alegam ganhar. Pode-se dizer que eles se consideram uma "elite" entre os precarizados ao considerarem que estão em melhores condições que a média dos trabalhadores precários brasileiros em termos financeiros e de "liberdade". Eles chegam a identificar o trabalho com carteira assinada

---

pesquisa-indica-que-entregadores-nao-querem-carteira-assinada-sera/> Acesso em: 01 de maio de 2023.

[541] FUNDAÇÃO GETÚLIO VARGAS - BLOG IBRE. *Nova sondagem do FGV IBRE mostra lado menos róseo do atual mercado de trabalho no Brasil*. Disponível em: <https://portalibre.fgv.br/noticias/nova-sondagem-do-fgv-ibre-mostra-lado-menos-roseo-do-atual-mercado-de-trabalho-no-brasil>. Acesso em 01 de abril de 2023.

[542] PEREIRA, Fernando do Amaral. *Trabalho, controle e resistência: O caso dos trabalhadores de entrega por aplicativos*. Dissertação de Mestrado. Pontifícia Universidade Católica do Rio de Janeiro. Abril de 2022. Disponível em: < https://www.maxwell.vrac.puc-rio.br/58973/58973.PDF>. Acesso em 01 de abril de 2023.

como uma espécie de castigo para quem não quer trabalhar como entregador ou como forma de desqualificar as reclamações e denúncias de abuso e precarização.

Quando partimos para a análise das manifestações dos trabalhadores, por meio de paralisações ou greves, identificamos alguns direitos que, aparentemente, estão sempre em pauta.

Em nosso país, uma primeira manifestação que ganhou repercussão ocorreu em fevereiro de 2019 em São Paulo, durante a realização de uma audiência referente à ação Civil Pública movida pelo Ministério Público em face da empresa *Loggi,* processo n. 1001058-88.2018.5.02.0008, movimentando entregadores de aplicativos de entregas, em frente ao Fórum Trabalhista da Barra Funda. Os manifestantes declaravam sua discordância com o pleito do Ministério Público que buscava o vínculo empregatício.

Segundo os entregados que participaram da paralisação, eles não se sentiam representados pelo Ministério Público, pelo sindicato atuante na ação e gostariam de continuar trabalhando como autônomos.[543]

Situação semelhante aconteceu na Espanha, reunindo motoristas de aplicativos como Uber e Cabify, em protesto na frente do Ministério de Obras Públicas, contra o decreto que o governo pretendia publicar para regulamentar o setor. Os manifestantes pediam que a nova lei que regulamentasse o setor tivesse a participação de todas as partes envolvidas, informando que, em relação ao novo texto, eles sequer tinham conhecimento de seu conteúdo.

No Brasil o movimento que ficou conhecido como "breque dos apps" que ocorreu em 1º de julho de 2020, ganhou grande repercussão, sendo considerado "um marco histórico nas lutas por direitos da categoria". Segundo Gabriela Neves Delgado e Bruna de Carvalho, a manifestação, que engajou trabalhadores de diversos países da América Latina, possuiu uma agenda de reivindicações comum, impulsionada pelas condições de vulnerabilidade e precarização da categoria.[544]

---

[543] MISKULIN, Ana Paula. *Aplicativos e direito do trabalho: a era dos dados controlados por algoritmos.* 2ª ed. Campinas: Lacier Editora, 2022, p. 199.

[544] DELGADO, Gabriela Neves; CARVALHO, Bruna. *Breque dos Apps: direito da resistência na era digital.* Le diplomatique, 2020. Disponível em: < https://diplomatique.org.br/breque-apps-direito-de-resistencia-na-era-digital/>. Acesso em 20 de abril de 2023.

As autoras destacam que o primeiro item da pauta era a busca pela majoração do valor da remuneração, designada "frete", através do aumento da tarifa quilométrica e do valor mínimo pago ao trabalhador por entrega. Os trabalhadores também desejavam um amparo social em decorrência dos riscos da profissão, com demanda por seguro de vida, seguro contra roubo e acidente, o fornecimento de EPI e suporte financeiro em caso de afastamento por doença.[545]

Seguindo a pauta de reivindicações, os entregadores também reclamavam pela efetiva "flexibilidade pró-trabalhador", o que é amplamente alardeada pelos aplicativos, mas que nunca fora agregada ao trabalho prestado. Para tanto reclamavam pelo fim dos bloqueios injustos e injustificados, como forma de sancionamento e do sistema de pontuação e restrição dos locais de serviço. Por fim, pleiteavam a criação de pontos de apoio para descanso, alimentação e realização de suas necessidades fisiológicas.[546]

Não raro ainda aparecem notícias de mobilizações da categoria por melhores condições de trabalho, pleiteando, dentre outros pontos: o reajuste das tarifas defasadas, uma maior segurança nas corridas, seguros de vida, seguros contra roubos e acidentes, fornecimento de EPI e a abertura de negociações coletivas.

Um ponto importante que merece destaque é que o fato de muitas dessas manifestações reunir trabalhadores que se reconhecem e desejam se manter como autônomos ou ainda demonstrem satisfação com o modelo de trabalho, o não significa que estão contentes com as condições de trabalho. Em verdade, as pautas são muito parecidas, não só aqui no Brasil, mas no mundo, os trabalhadores buscam o reconhecimento de direitos que ensejam melhorias nas condições de trabalho, normalmente através de um reajuste de tarifas (ou ainda o reconhecimento ao direito a um salário-mínimo), segurança e saúde no trabalho, o fim dos bloqueios e desligamentos injustificados e o reconhecimento das negociações coletivas.

---

545 DELGADO, Gabriela Neves; CARVALHO, Bruna. *Breque dos Apps: direito da resistência na era digital*. Le diplomatique, 2020. Disponível em: < https://diplomatique.org.br/breque-apps-direito-de-resistencia-na-era-digital/>. Acesso em 20 de abril de 2023.

546 DELGADO, Gabriela Neves; CARVALHO, Bruna. *Breque dos Apps: direito da resistência na era digital*. *Le diplomatique,* 2020. Disponível em: < https://diplomatique.org.br/breque-apps-direito-de-resistencia-na-era-digital/>. Acesso em 20 de abril de 2023.

Neste cenário, parece inegável a necessidade que se apresenta de se atribuir uma proteção jurídico-laboral a esses trabalhadores, sendo que o fato de o trabalho ser realizado por intermédio de plataformas digitais não pode ser utilizado como justificativa para que essa relação seja inteiramente regulamentada conforme critérios unilaterais impostos pelas empresas.

Lembrando que, como Marx mesmo afirma, para o Capital sobreviver, certas condições mínimas devem ser asseguradas à classe trabalhadora,[547] sob pena de o sistema todo entrar em colapso. E, nesse sentido, que o Direito do Trabalho não atende somente às demandas dos trabalhadores, como também aos interesses dos detentores do capital, evitando grandes revoluções sociais de forma a alterar completamente o sistema de produção capitalista.

Evidentemente, como ressalta Ana Paula Miskulin, não existe, contudo, uma resposta pronta "sob medida" para essa nova realidade laboral. Da mesma maneira como ocorreu nas revoluções industriais anteriores, demandará um tempo para a construção de respostas efetivas diante dos novos desafios apresentados pelo capitalismo digital.[548]

Ciente da dificuldade em construir um arcabouço protetivo adequado para os trabalhadores sob demanda por meio de plataformas digitais, mas considerando que "a jurisprudência não passa da vontade das classes, transformada em lei para todos"[549], é que precisamos escutar as reivindicações dos trabalhadores, aprofundando nossos estudos nos termos dos normativos internacionais que regulamentam um trabalho digno e decente, nossa Constituição Federal, que já assegura um rol de direitos aos trabalhadores, para dessa forma, dar um primeiro passo rumo à proteção desse trabalhador.

---

547 Os autores esclarecem: "Mas, para oprimir uma classe, certas condições devem ser asseguradas, sob as quais ela poderá, ao menos continuar sua existência submissa". MARX, Karl. ENGELS, Friedrich. *O manifesto comunista*. Rio de Janeiro: Nova Fronteira, 2011. Trad. Maria Lucia Como, p. 23.

548 MISKULIN, Ana Paula. *Aplicativos e direito do trabalho: a era dos dados controlados por algoritmos*. 2ª ed. Campinas: Lacier Editora, 2022, p. 204.

549 MARX, Karl. ENGELS, Friedrich. *O manifesto comunista*. Rio de Janeiro: Nova Fronteira, 2011. Trad. Maria Lucia Como, p. 35.

4.5.2. Estatuto Mínimo

Com supracitado, os pilares para a construção de estatuto mínimo que confira uma proteção jurídico-laboral aos trabalhadores de plataformas digitais são de ordem nacional e internacional.

Internacionalmente temos que considerar as disposições da Organização Internacional do Trabalho, que propugna pela adoção do trabalho decente para todos os trabalhadores, em sentido amplo, garantindo um trabalho adequadamente remunerado, exercido em condições de igualdade, liberdade, segurança, capaz de promover uma vida digna, escoimado de toda forma de discriminação ou de exploração capaz de retornar à escravidão, pelo qual, o Direito do Trabalho por meio de sua proteção, mostra-se ferramenta eficaz, ao conferir certa civilidade ao sistema capitalista, eliminando as mais perversas formas de exploração do trabalho.

No mesmo sentido, a Declaração do Centenário da OIT para o Futuro do Trabalho, é expressa quanto aos direitos que devem ser garantidos a todos os trabalhadores, independentemente de sua modalidade contratual, apelando a todos os Estados-Membros a trabalharem individual e coletivamente, em uma base tripartida e de diálogo social e com o apoio da OIT, a continuarem a abordagem ao futuro do trabalho centrada no ser humano, adotando medidas como:[550]

> B. Reforçar as instituições do trabalho para assegurar a proteção adequada de todos os trabalhadores e trabalhadoras e reafirmar a pertinência da relação de trabalho como forma de providenciar segurança e proteção jurídica aos trabalhadores e trabalhadoras, reconhecendo a extensão da informalidade e a necessidade de adotar medidas eficazes para a transição para a formalidade. (i) o respeito pelos seus direitos fundamentais; (ii) um salário mínimo adequado, legalmente instituído ou negociado; (iii) limites à duração do trabalho; (iv) a segurança e saúde no trabalho; C. Promover o crescimento económico sustentado, inclusivo e sustentável, o pleno emprego produtivo e livremente escolhido e o trabalho digno para todos através de: (i) políticas macroeconómicas orientadas para o cumprimento destes objetivos; (ii) políticas comerciais, industriais e setoriais que promovam o trabalho digno e aumentem a produtividade; (iii) investimento em infraestruturas e setores estratégicos para abordar os fatores geradores da

---

[550] ORGANIZAÇÃO INTERNACIONAL DO TRABALHO (OIT). *Documento final do Centenário da OIT*. Conferência Internacional do Trabalho, 108ª Sessão, 2019. Disponível em: < https://www.ilo.org/wcmsp5/groups/public/---europe/---ro-geneva/----ilo-lisbon/documents/publication/wcms_706928.pdf>. Acesso em: 13 de março de 2023.

profunda transformação no mundo do trabalho; (iv) políticas e incentivos que promovam o crescimento económico sustentável e inclusivo, a criação e o desenvolvimento de empresas sustentáveis, a inovação e a transição da economia informal para a economia formal e que promovam o alinhamento das práticas empresariais com os objetivos desta Declaração; e (v) políticas e medidas que assegurem a privacidade adequada e a proteção de dados pessoais e respondam a desafios e oportunidades no mundo do trabalho decorrentes da transformação digital do trabalho, incluindo o trabalho em plataformas

Além disso, considerando as peculiaridades do formato das relações de trabalho que se desenvolvem em um ambiente virtual, é de se destacar as recomendações do documento *El mercado laboral digital a debate*, que vem ao encontro das ideias dos autores Jeremias Prassl e Renan Kalil, para a garantia de direitos que decorrem desse ambiente de trabalho como: a portabilidade de dados referentes à identidade e reputação do trabalhador; a limitação do controle algorítmico automatizado sobre os trabalhadores; a criação de mecanismos que minimizem eventuais atos discriminatórios; uma regulação da jornada e o direito à desconexão.[551]

Nessa direção, Renan Kalil destaca, ao elaborar um núcleo mínimo de direitos a ser garantido aos trabalhadores de plataformas digitais, a partir da garantia de um grupo de direitos aplicados a todo e qualquer trabalhador, como: a liberdade sindical e o reconhecimento efetivo da negociação coletiva, a erradicação de todas as formas de discriminação, a eliminação de todas as formas de trabalho forçado e a abolição de todo o trabalho infantil.

Somando a direitos característicos ao capitalismo de plataformas, como à portabilidade das avaliações entre plataformas, ao contraditório, à informação do preço e oferta de trabalho e à transparência quanto à importância das avaliações para a plataforma.[552]

---

[551] CAÑIGUERAL, Albert. *El mercado laboral digital a debate: Plataformas, Trabajadores, Derechos y Workertech*. Fundación COTEC para la innovación. Disponível em: <https://cotec.es/proyecto/el-mercado-digital-a-debate-plataformas/ba4b-224d-315e-4c60-ab7c-f19f2c295320>. Acesso em 03 de maio de 2023.

[552] KALIL, Renan Bernardi. *Capitalismo de plataforma e Direito do Trabalho: crodwork e o trabalho sob demanda por meio de aplicativos*. São Paulo, 2019. Tese (Doutorado) Universidade de São Paulo, USP, Programa de Pós-Graduação em Direito, Direito do Trabalho e da Seguridade Social, 2019, p. 292-298.

Sugerindo ainda regras específicas:[553]

> Em razão da dependência da plataforma, os trabalhadores tem direito (i) a escolher como, quando e quanto trabalhar; (ii) ao salário mínimo (ou piso salarial estabelecido em instrumento coletivo) proporcional à carga horária mensal; (iii) ao pagamento de salário com periodicidade máxima mensal; (iv) ao 13º salário e férias, proporcionais ou integrais, conforme a carga horária; (v) ao FGTS; (vi) ao regramento sobre término do contrato e remuneração de salário in natura e utilidade conforme as regras vigentes na CLT; (vii) à limitação da jornada de trabalho em 44 horas semanais e 8 diárias, podendo realizar até 2 horas extraordinárias por dia; (viii) ao descanso semanal remunerado; (ix) ao reembolso dos custos necessários para a prestação do trabalho, como combustível e manutenção de veículos para os casos das plataformas de transporte; (x) regras de segurança e saúde no trabalho.

Para Ana Paula Miskulin os direitos que devem constituir esse estatuto mínimo protetivo, sem prejuízo de outros decorrentes de negociações coletivas, ou pela via legislativa, devem ser: salário-mínimo com periodicidade mensal, limite de jornada, respeito às normas de saúde e segurança do trabalho, direito à informação e portabilidade de dados, direito à sindicalização e negociação coletiva e direito à proteção previdenciária.[554]

Sua opção por esses direitos, conforme justifica a autora, reside no fato de que, ao celebrar uma relação de trabalho, afora a definição do objeto deste, os fatores de maior importância tanto para o contratante quanto para o trabalhador residem no tempo que será destinado à atividade e na respectiva contraprestação. De forma que tais fatores são interdependentes, especialmente quando a regra é o trabalho ser remunerado por produção, considerando que quanto mais se excede, mais se coloca em risco a saúde e a segurança desse trabalhador.

Segundo a autora:[555]

> Sem salário justo e tempo de trabalho limitado, não se mantém o necessário equilíbrio entre a vida privada e profissional, o que pode desaguar em

---

[553] KALIL, Renan Bernardi. *Capitalismo de plataforma e Direito do Trabalho: crodwork e o trabalho sob demanda por meio de aplicativos*. São Paulo, 2019. Tese (Doutorado) Universidade de São Paulo, USP, Programa de Pós-Graduação em Direito, Direito do Trabalho e da Seguridade Social, 2019, p. 292-298, p. 295.

[554] MISKULIN, Ana Paula. *Aplicativos e direito do trabalho: a era dos dados controlados por algoritmos*. 2ª ed. Campinas: Lacier Editora, 202, p. 214 – 253.

[555] MISKULIN, Ana Paula. *Aplicativos e direito do trabalho: a era dos dados controlados por algoritmos*. 2ª ed. Campinas: Lacier Editora, 202, p. 214 – 253.

problemas de saúde, e os dois instrumentos aptos a reduzir tais défices de trabalho decente residem no direito à informação e à negociação coletiva, pois apenas com transparência e reequilíbrio das forças de uma relação desigual é que esse caminho pode ser construído.

Antonio Aloisi, Valerio de Stefano e Six Silberman também defendem a aplicação de parâmetros legais mínimos a todos os trabalhadores. Os autores sustentam que independentemente da forma como o trabalho é realizado, deve-se assegurar um piso de direitos.[556]

Com relação aos trabalhadores de plataformas digitais sob demanda de um aplicativo mencionam a criação de um Código de Conduta a fim de disciplinar os níveis mínimos de pagamento pelas plataformas, aumentar a transparência dos critérios aplicados no funcionamento dos sistemas de classificação e garantir a legitimidade dos conteúdos trocados entre a plataforma e o trabalhador. Devem ser estabelecidas regras claras de pagamento, as consequências da recusa de tarefas, a capacidade dos trabalhadores poderem contestar as rejeições que considerarem injustas ou fraudulentas, com um sistema independente de solução de controvérsias, através da criação de um painel de árbitros representando todas as partes envolvidas. Oportunidades de treinamento e propriedade sobre as informações de seu histórico de trabalho. Regulação do tempo mínimo de trabalho, portabilidade das avaliações e um aprimoramento dos sistemas de avaliações, tornando-os mais transparentes.[557]

Valerio de Stefano ainda destaca que, não obstante, seja importante o debate de novos direitos, que se encontrem em consonância com a nova realidade de uma sociedade de plataformas, deve-se ter como ponto de partida os Direitos Humanos Fundamentais, como a liberdade sindical, o direito à negociação coletiva, e todos os que garantem um trabalho decente.[558]

As propostas apresentadas, levando-se em conta as reivindicações dos trabalhadores sob demanda em plataformas digitais, nos parecem constituir um estatuto mínimo de proteção, que respeita as disposições

---

[556] ALOISI, Antonio; DE STEFANO, Valerio; SILBERMAN, Six. *"A manifesto to reform the gig economy"*, Página 99 (29 May).

[557] ALOISI, Antonio; DE STEFANO, Valerio; SILBERMAN, Six. *"A manifesto to reform the gig economy"*, Página 99 (29 May).

[558] DE STEFANO, Valerio. *Collective bargaining of platafom Workers: domestic work leads the way. Regulation for globalization,* 10 dec. 2018.

constitucionais sobre a regulação do trabalho, bem como os pilares internacionais para um trabalho decente.

Não nos parece uma tarefa fácil, considerando todas as peculiaridades do trabalhador de plataformas digitais, que, ao mesmo tempo, tem liberdade para trabalhar quando e o quanto quiser, mas que sofre forte ingerência da plataforma, não só como o trabalho é prestado, mas em relação à pessoa do trabalhador, a criação de uma terceira categoria para classificar essa nova forma de trabalho.

Além de compreendermos, assim como Valerio de Stefano pontua, que não há razões para acreditarmos na redução da litigiosidade a respeito dessa nova classificação. Como afirma o autor, o enquadramento dos trabalhadores não ocorrerá automaticamente e demandará o exercício de interpretação, notadamente, por quem contrata a mão-de-obra. Considerando-se ainda o risco de empregadores utilizarem da nova categoria intermediária para reclassificar seus atuais empregados, rebaixando-os, com o objetivo único de garantir menos direitos e reduzir custos trabalhistas.[559]

Ao mesmo tempo, não comungamos com a ideia ultrapassada do Direito do Trabalho em analisar todas as novas relações com o olhar do passado, do século XX, em que era possível enquadrar as relações de trabalho na dicotomia clássica que ou tudo protege, ou relega à desproteção do Direito Civil.

A ideia de trabalhar, como proposto por Alexandre Negromonte com as normas insculpidas no art. 7º da CF/88, que devem ser reconhecidas e aplicadas, como direitos de todos os trabalhadores, consoante a compatibilidade de cada categoria, como forma de democratização do Direito do Trabalho, alargando o objeto de aplicação do Direito do Trabalho, nos soa como interessante.

Além da proposta dos autores que trabalha com alguns direitos mínimos aos trabalhadores de plataformas digitais como a limitação da jornada de trabalho, garantia de um salário-mínimo com periodicidade mensal, respeito às normas de saúde e segurança do trabalho, o direito à informação e portabilidade dos dados, garantias de maior transparência da plataforma, na forma como os dados são tratados, nas classificações, no desligamento, promovendo um contraditório efetivo através da criação de um órgão composto de árbitros representando todas as

---

[559] DE STEFANO, Valerio. *Collective bargaining of platafom Workers: domestic work leads the way. Regulation for globalization,* 10 dec. 2018.

partes, o direto à sindicalização e negociação coletiva e o direito à proteção previdenciária, não nos parece irreal diante da realidade atual dos trabalhadores.

Com relação ao controle e limitação da jornada de trabalho, vale lembrar que o algoritmo já o faz atualmente. Os instrumentos tecnológicos das empresas, permitem calcular os períodos em que os trabalhadores estão conectados, prestando serviços ou a espera de um cliente. É de se dizer que os algoritmos conseguem estabelecer com exatidão o local em que cada trabalhador se encontra, e em qual horário, determinando os valores de tarifa que serão cobrados, de forma que não seria impossível, desta maneira, controlar a jornada destes trabalhadores.

A Constituição Federal assegura ao trabalhador o direito de ter um limite de jornada diária e semanal, em seu art. 7º, XIII, como ainda garante o direito a um repouso semanal remunerado, preferencialmente aos domingos, nos termos do art. 7º, inciso XV, bem como um repouso anual remunerado, com pelo menos um terço a mais que o salário normal, art. 7º, XVII.

A exigência voltada às plataformas para a garantia de um salário-mínimo, com periodicidade mensal, aos trabalhadores digitais, também não é fora de propósito. Além de medidas que tornem transparentes as suas fórmulas utilizadas para o cálculo das tarifas e eventuais alterações.

Importante lembrar que, mais de uma vez, em alguns países, as plataformas apresentaram propostas, que lhes eram convenientes, com relação a pagamentos mínimos a seus trabalhadores.

Como no caso emblemático do Estado da Califórnia, em que como incentivo à votação da Proposta 22 das empresas Uber, Lyft, DoorDash e Instacart, realizado em novembro de 2020, mais da metade dos californianos votaram pela queda da lei Assembly Bill 5 (AB5) após uma campanha milionária promovida pelas empresas de aplicativo, que prometeram oferecer 120% (cento e vinte por cento) do salário mínimo aos parceiros, uma escala de cobertura de seguro saúde e reembolso de despesas, a depender do tempo de engajamento de cada prestador, para além de outros benefícios.

O mesmo ocorreu após a decisão da Suprema Corte Britânica, que determinou que a Uber deveria tratar os motoristas como *workers*, desde o momento em que se conectam ao aplicativo até o momento de sua desconexão, garantindo proteção aos motoristas mesmo nos longos períodos em que se encontram esperando que um passageiro solicite viagem pelo aplicativo.

Acatando a decisão, a Uber indicou que ofertaria para seus motoristas o pagamento de um salário-mínimo, férias com base em percentuais de seus ganhos, plano de pensão privada com contribuições mistas, manutenção do seguro em casos de doença ou lesão, o pagamento de licença-maternidade ou paternidade, bem como a manutenção da liberdade do motorista em escolher se deseja ou não dirigir.

Garantias ligadas à saúde e segurança no trabalho também se encontram em pauta nas reivindicações. Sem saúde o homem não trabalha, e sem trabalho não há movimentação do sistema capitalista e sua manutenção.

Ana Paula Miskulin nos lembra que o direito à saúde se encontra assegurado como direito social, no art. 6º da CF/88, bem como ao longo de todo nosso ordenamento jurídico, ressaltando:[560]

> Se o homem não goza de boa saúde e não consegue trabalhar, necessariamente precisa acionar o Estado em busca dos direitos relativos à previdência social ou assistência social, os quais oneram o ente público quanto toda a sociedade, em razão da diversidade da base de financiamento da seguridade social prevista no art. 195, *caput* da CF, que diz que o financiamento da seguridade será feito por toda a sociedade.

O mesmo com relação ao meio ambiente de trabalho saudável, que encontra garantia ao longo de toda a nossa Constituição Cidadã, como exemplos dos artigos 5º, XXII e 200, VIII da CF/88.

A saúde e o meio ambiente saudável são direitos fundamentais de todos os trabalhadores, perpassando pela garantia de uma vida digna, a integridade psicossomática, a correção de riscos ambientais, denúncias de trabalho em condições de riscos graves e iminentes, ao direito à informação e aos direitos à resistência.[561]

De forma mais específica, para os trabalhadores em plataformas digitais, Sacha Garben no estudo *Protecting Workers in the online platform economy: na overview of regulatory and policy developments in the EU*, divide os riscos de saúde e segurança em três espécies: os riscos gerais,

---

[560] MISKULIN, Ana Paula. *Aplicativos e direito do trabalho: a era dos dados controlados por algoritmos*. 2ª ed. Campinas: Lacier Editora, 2022, p. 231 - 232.

[561] MISKULIN, Ana Paula. *Aplicativos e direito do trabalho: a era dos dados controlados por algoritmos*. 2ª ed. Campinas: Lacier Editora, 2022, p. 234.

os riscos específicos para os trabalhadores sob demanda via plataformas digitais e riscos para trabalhadores que prestam serviços *online*.[562]

Com relação aos riscos gerais, o autor afirma que os trabalhadores digitais apresentam os mesmos riscos que os trabalhadores temporários e de agências, considerando-se que demonstram os estudos, que para os temporários há mais riscos que para os trabalhadores normais.[563]

Com relação aos riscos específicos dos trabalhadores sob demanda via plataformas digitais, o autor destaca que se espera que sejam piores considerando que perdem o efeito protetor do trabalho em um local público, uma vez que esses trabalhos são normalmente realizados na residência ou no carro particular. Além disso, os trabalhadores de plataformas online tendem a ser mais jovens, o que é um fator de risco independente bem conhecido para acidente de trabalho. Somado, ao fato que, o trabalho em plataforma incentiva um ritmo rápido de trabalho sem pausas, o que pode induzir acidentes, o efeito da competição, incentivada pelas plataformas, o fato de o pagamento não ser contínuo e previsível, aumentando a pressão.

Por fim, destaca o autor, que aos trabalhadores de plataformas geralmente serão negados o direito à licença médica remunerada, auxílio por incapacidade temporária, aumenta a morbidade por doença. Acarretando ainda riscos psicossociais, pois o trabalhador tem a sensação constante de que "não pode cair", da mesma forma a sensação de estar sendo vigiado constantemente, o que pode induzir comportamentos antissociais e prejudiciais à saúde, como a dependência por álcool e drogas para combater o estresse.

Ressalta o autor:[564]

> Além disso, o trabalhador deve estar sempre em prontidão para aceitar qualquer possível emprego futuro, o que ainda desfoca limites entre vida profissional e pessoal. Em outras palavras: «[o] modelo de trabalho amigável e flexível «a qualquer hora e em qualquer lugar» pode facilmente se

---

562 GARBEN, Sacha. *Protecting Workers in the Online Platform Economy: An overview of regulatory and policy developments in the EU*. European Agency for Safety and Health at Work (EU-OSHA).

563 GARBEN, Sacha. *Protecting Workers in the Online Platform Economy: An overview of regulatory and policy developments in the EU*. European Agency for Safety and Health at Work (EU-OSHA).

564 GARBEN, Sacha. *Protecting Workers in the Online Platform Economy: An overview of regulatory and policy developments in the EU*. European Agency for Safety and Health at Work (EU-OSHA).

transformar em uma armadilha "sempre e em todos os lugares" para alguns trabalhadores – com efeitos negativos sobre saúde psicológica'

Deste modo, é certo que o direito à saúde e a segurança do trabalhador de plataforma não pode ficar condicionado a um reconhecimento de vínculo empregatício, estando ligada ao direito à vida, e mais, uma vida digna.

Quanto ao direito à informação e a portabilidade dos dados, em uma Era digital, em que somos caracterizados como uma sociedade de plataformas, nosso sistema capitalista, da mesma forma, utiliza como matéria-prima os dados coletados pelas grandes empresas, transformando-os em valor, não há que se contradizer essa garantia.

Como explica Renan Kalil:[565]

> Na linha do exposto acima, quando tratamos dos limites da ampliação subjetiva do Direito do Trabalho, entendemos que o trabalhador autônomo deve ter direito à portabilidade das avaliações entre plataformas. Como mencionado, as notas recebidas ocupam papel central na conformação da relação de trabalho, influenciando desde a distribuição de trabalho pela plataforma até a facilitação na contratação dos trabalhadores por um cliente da empresa. Além disso, caso o trabalho sob demanda por meio de aplicativos ou o crowdwork seja o principal meio de subsistência do trabalhador, o sistema de avaliações ganha maior importância. Portanto, as avaliações devem ser propriedade dos trabalhadores e não das plataformas para as quais prestam serviços.
> (...)
> Além disso, a portabilidade, o contraditório, a informação e a transparência são elementos que gravitam em torno do sistema de avaliações, característica das formas de trabalho no capitalismo de plataforma que é determinante independentemente da classificação do trabalhador. Ou seja, caso o trabalhador decida executar atividades em outra modalidade contratual que não a da autonomia, o histórico de avaliações do trabalhador continua a ser relevante em termos profissionais e pode influenciar decisivamente o seu desempenho.

Por fim, mas claro que não de forma exaustiva, que fugiria aos limites de nosso estudo, o direito à negociação coletiva e a liberdade sindical. "O ser humano é um ser gregário por natureza", como nos ensina Evaristo Morais Filho.

---

[565] KALIL, Renan Bernardi. *Capitalismo de plataforma e Direito do Trabalho: crodwork e o trabalho sob demanda por meio de aplicativos*. São Paulo, 2019. Tese (Doutorado) Universidade de São Paulo, USP, Programa de Pós-Graduação em Direito, Direito do Trabalho e da Seguridade Social, 2019, p. 293.

Passamos, em nosso último capítulo, analisando "como proteger" essa nova forma de trabalho, fruto do capitalismo digital em nossa sociedade pós-moderna, concluindo em diversos momentos que a negociação coletiva se mostra como o instrumento capaz de chancelar direitos sociais básicos aos trabalhadores dessa nova Era digital, resguardando quem necessita e permitindo o crescimento sustentável das plataformas, ainda que não se encontrem sob a chancela de uma relação de emprego.

De modo que não seria diferente nosso entendimento neste momento de conclusão.

Pedimos vênia para trazer, novamente, os ensinamentos de Valerio de Stefano que destaca na negociação um incrível potencial na regulação das relações de trabalho entabuladas nas plataformas digitais, atuando de diferentes formas:[566]

> (i) na qualificação dos trabalhadores, prevendo capacitações de longo prazo, para que a introdução de novas máquinas nas empresas não enfrente dificuldades em sua implementação, e para manter os empregados atualizados profissionalmente; (ii) na regulação do uso de novas tecnologias no local de trabalho, como a inteligência artificial, o big data e o monitoramento eletrônico da performance dos trabalhadores, com enfoque na vedação de coleta de informações que extrapolem os limites da relação de trabalho; (iii) na adaptação das condições de trabalho, uma vez que a negociação coletiva é o modo mais rápido e flexível para se dar respostas às mudanças que ocorrem no mundo do trabalho, visto que não aguarda medidas legislativas que podem demorar para serem aprovadas e as soluções são determinadas pelas partes diretamente do diálogo social e beneficiar trabalhadores e empregadores com os aspectos positivos que a tecnologia pode proporcionar.

Tendo em vista todos os argumentos apresentados em nosso estudo, podemos fechar afirmando que dentre todos os direitos que devem ser concedidos aos trabalhadores sob demanda por meio de plataformas digitais, e mais, extrapolando, para todos os trabalhadores do capitalismo digital, não há dúvida que a liberdade de associação e a negociação coletiva são o mais importante deles.

Somente através da união coletiva dos trabalhadores, é que conseguirão o reconhecimento que precisam, a fuga da invisibilidade social que estão submetidos, e o reconhecimento de seus direitos mínimos, que lhes permitiram se afastar da escravidão digital que hoje estão relegados.

---

[566] DE STEFANO, Valerio. *Negotiating the algorithm"*: automation, artificial intelligence and labour protection. Geneva: International Labour Organization, 2018, p. 21-24.

CONCLUSÃO

É inegável que estamos vivenciando profundas alterações nos modos de produção capitalista e na economia contemporânea. E inegável também que, enquanto nossas políticas públicas e jurídicas continuarem seguindo os mesmos paradigmas, continuaremos a vivenciar o crescimento dos marginalizados e dos excluídos.

Mas, ao mesmo tempo, em que concluímos que, muito embora o capital e o trabalho tenham passado por mudanças significativas nas últimas décadas do Século XX, em que vivenciamos uma explosão de desempregados, passamos a entender que o maior desafio que teremos que enfrentar é justamente a retomada dos valores de nossa sociedade.

Por mais que tenha mudado, o trabalho não perdeu seu significado e muito menos foi esvaziado deste. Como Marx afirma em sua obra O Capital, por diversas vezes citado ao longo do trabalho, e diferentemente daqueles que afirmam que o trabalho se encontra em crise, não existe capital sem trabalho, muito embora os trabalhadores estejam relegados ao papel de meros figurantes.

As novas tecnologias influenciam diretamente como enxergamos o trabalho, reorganizando o processo produtivo e forçando uma nova compreensão das relações de trabalho, do salário, dos patrões e empregados, do próprio ambiente de trabalho, que não mais confina seus trabalhadores em empresas hierarquicamente estruturadas. O mundo tornou-se virtual, do mesmo modo que o trabalho.

Mas nem por isso, o trabalho realizado digitalmente deixou de ser uma forma de trabalho humano, merecendo uma regulamentação capaz de estender a todos os seus trabalhadores, hoje precarizados, a tutela efetiva dos direitos constitucionalmente previstos.

Por isso é que se torna cada vez mais importante a reafirmação do valor social do trabalho, conforme previsto em nossa Constituição. Devemos lembrar que o trabalho constitui um verdadeiro fundamento estruturante do Estado Democrático de Direito, e que todas as nossas ações devem se pautar pela valorização deste.

Devemos compreender ainda que não será com a mitigação dos direitos trabalhistas que conseguiremos mudar a realidade até então imposta. Aderir à flexibilização, em sua face mais extrema, da desregulamentação, como um modo de superar crises econômicas e de retomar o crescimento do país é uma falácia que nos vem sendo vendida principalmente pelas classes dominantes.

Ao contrário, deve-se entender que o Direito do Trabalho não só regulamenta os direitos dos trabalhadores, mas também é a forma encontrada para regular o capital. Como relembrado, mais uma vez, por Marx, se o desejo é continuar com a sociedade capitalista, é necessário oferecer um mínimo de condições e garantias, com as quais é possível manter as classes submissas.

Logo, acabar com o Direito do Trabalho comprometeria a própria subsistência do modelo econômico e social que adotamos.

Ainda, por mais que a flexibilização encontre previsão na Constituição Federal, nossa Constituição Cidadã se mostrou sábia em eleger a negociação coletiva como seu instrumento. Sendo assim, é que precisamos reforçar o poder de nossos sindicatos, reestruturando-os para a nova realidade, para uma fiscalização efetiva dos acordos e convenções coletivas entabulados que podem prever direitos a todos os trabalhadores, de forma mais específica.

O Direito do Trabalho é a principal peça de transformação social, pois somente por meio dele conseguimos conquistar uma sociedade realmente justa. Mas nosso direito trabalhista vem enfrentando inúmeras questões, de forma que teremos que adotar um posicionamento claro nos próximos anos.

O Direito terá que compreender que o verdadeiro valor social do trabalho passa pela valorização humana. Afirmar que o trabalho tem valor social implica dizer que, como direito social fundamental, deverá seguir as diretrizes da dignidade da pessoa humana, e que somente juntos poderão movimentar o Estado.

Devemos retomar as diretrizes tão bem estabelecidas em nossa Constituição, para salvar a realidade em que nem sequer os direitos básicos trabalhistas são cumpridos.

E nesse contexto turbulento é que passamos a analisar o crescimento do trabalho informal em nosso país, e ainda, fechando um pouco mais o enfoque, o crescimento dos trabalhadores plataformizados, filhos de uma mudança social inevitável e irreversível, desprotegidos e em situação de grande insegurança jurídica, promovida por um Direito do Trabalho que insiste em analisar um fenômeno novo, sob os vieses do passado.

Válido lembrar que esses trabalhadores se encontram inseridos na divisão social do trabalho, contribuindo para a efetiva circulação e consumo de mercadorias, muito embora caracterizados por condições precárias de trabalho, rendas baixas, jornadas extensas, além de não terem acesso a nenhum direito trabalhista, como férias, aposentadoria, seguro-desemprego ou acidentário.

De toda sorte, encontramos, doutrinadores e magistrados que, apegados à dicotomia clássica do direito trabalhista, ampliam o conceito de subordinação, até mesmo fugindo dos preceitos que a caracterizariam, interpretando as novas relações de trabalho pós-modernas em suas mais diferentes teorias, como se a efetivação dos direitos trabalhistas fundamentais dos trabalhadores, em especial destacamos os trabalhadores desta era digital, dependesse de um perfeito enquadramento no conceito de "empregado", sob o viés celetista, para sua proteção.

Em contraposição, há a ideia da criação de um terceiro gênero de relação de trabalho, intermediário, entre a subordinação e o trabalho autônomo, tal qual o conceito de trabalhador parassubordinado, no qual classificaríamos esses trabalhadores.

O trabalho coordenado, termo apresentado por André Zipperer, prestado por uma pessoa física, individualmente, de forma virtual ou presencial, de natureza onerosa, descontínua, de forma intermediada por uma plataforma virtual, não se enquadraria na clássica divisão que ou, tudo protege, conferindo todos os direitos trabalhistas, sob o contrato de emprego subordinado, ou que permite que as novas modalidades sejam resolvidas pelo Direito Civil.

Não nos parece uma tarefa fácil, considerando todas as peculiaridades do trabalhador de plataformas digitais, que, ao mesmo tempo, tem liberdade para trabalhar quando e o quanto quiser, mas que sofre forte ingerência da plataforma, não só como o trabalho é prestado, mas em relação à pessoa do trabalhador, a criação de uma terceira categoria para classificar essa nova forma de trabalho.

Além de compreendermos não haver razões para acreditarmos na redução da litigiosidade a respeito dessa nova classificação. O enquadramento desses trabalhadores, como amplamente discutido, não será automático e livre de subjetividades de quem os contrata.

Considerando-se ainda o risco de empregadores utilizarem da nova categoria intermediária para reclassificar seus atuais empregados, rebaixando-os, com o objetivo único de garantir menos direitos e reduzir custos trabalhistas.

Ao mesmo tempo, não comungamos com a ideia ultrapassada do Direito do Trabalho em analisar todas as novas relações com o olhar do passado, do século XX, em que era possível enquadrar as relações de trabalho na dicotomia clássica que ou tudo protege, ou relega à desproteção do Direito Civil.

A ideia de trabalhar, como proposto por Alexandre Negromonte com as normas insculpidas no art. 7º da CF/88, que devem ser reconhecidas e aplicadas, como direitos de todos os trabalhadores, conforme a compatibilidade de cada categoria, como forma de democratização do Direito do Trabalho, alargando o objeto de aplicação do Direito do Trabalho, nos soa como interessante.

Em nossa compreensão, às novas modalidades de trabalho devem ser assegurados direitos, como os direitos fundamentais do trabalho decente, proteções contra discriminações, proibição de jornadas extenuantes, defesa contra exploração do trabalho infantil e de adolescentes, garantia de uma remuneração que lhes proveja o mínimo existencial, por fim, evitando uma "escravidão digital".

Por fim, sustentamos pelo necessário alargamento do objeto de proteção do Direito do Trabalho, refutando-se a ideia da universalidade do trabalho subordinado, e centrando na prevalência do trabalho, em todas as suas alternativas possíveis, compatíveis com a dignidade da pessoa humana, enquadrando o direito trabalhista no contexto dos Direitos Humanos Fundamentais, como vaticina Everaldo Andrade. Buscando uma concepção mais moderna, que passaria pela reconstrução dos movimentos sociais coletivos.

Entendemos que, um dos desafios à autonomia privada coletiva, capaz de apresentar uma regulamentação mais clara e específica à cada uma das novas identidades do trabalho, encontra-se em nossa sociedade, que valoriza sobremaneira o indivíduo em detrimento à própria sociedade.

No caso dos trabalhadores digitais, mais do que nunca, enxergamos trabalhadores que, comprando a ideia de ser "patrões de si", empresários, encaram o outro como competidor, e não alguém com a mesma identidade, com os mesmos interesses, mitigando o espírito de associativismo.

Fácil seria culparmos a biologia, por essa falta de cooperativismo, uma vez que evolutivamente o bem do indivíduo é o que nos faz adaptados. Os nossos genes nos ensinam a sermos egoístas, mas, por mais que não devamos esperar uma grande ajuda biológica, não somos forçados a obedecer ao controle genético. Podemos ensinar a generosidade e o altruísmo. Devemos lembrar que a cultura é tão importante quanto nossa genética, somos influenciados geração após geração, sendo que alguns geneticistas já até vaticinaram que a cultura consegue influenciar tão fortemente o ser humano que seria capaz de superar essa herança biológica.

Por outro lado, temos a estrutura sindical, que para atender a todo esse novo quadro de trabalho, precisa estabelecer uma nova concepção sindical, afastando-se do tradicionalismo adaptado ao sistema sindical.

O paradoxo que se apresenta, no entanto, não é insuperável, já que encontramos exemplos de união entre os trabalhadores digitais, por meio de realizações de fóruns, sindicatos em formatos tradicionais ou fora deles, cooperativas, e movimentos paredistas, realizados dentro de ambientes virtuais ou presencialmente.

A capacidade de resistência, o poder de barganha dos novos profissionais, que enquanto escrevemos esse trabalho, mostra-se como maioria dentre nossa população, já se apresenta como um elemento decisivo para a conquista de formas protetivas de trabalho, capaz de afugentar a figura da "escravidão digital".

Devemos considerar que essas "novas profissões" ainda tão desprezadas pela sociedade, que não as regulariza, são as que crescem a cada dia, vez que o emprego formal e reconhecido se encontra cada vez mais e mais escasso. E assim sendo, será que não conseguimos enxergar que talvez amanhã ou depois qualquer classe social será obrigada a realizá-las e que regulamentá-las, garantindo proteção e direitos fundamentais a qualquer trabalhador, será o melhor caminho a seguir?

Assim é que o mais difícil nessa sociedade tão egoísta, e o primeiro desafio que colocamos para o próprio Direito do Trabalho será justamente a retomada dos direitos fundamentais, passando pela valorização do ser humano, bem como de toda forma de trabalho.

Como visto, a valorização do trabalho humano importa não apenas em manter a tutela oferecida pelo Estado, e muito menos na flexibilização das leis trabalhistas, que como dito e reforçado, vem de encontro com a solução das crises atuais, mas também em admitir que o trabalho, digno, bem remunerado, é o principal agente de transformação social.

Valorizar o trabalho passa, ainda, como supracitado, por oferecer ao ser humano formas dignas de exercer a atividade laboral, como remuneração condigna, que além de promover a subsistência do trabalhador e de sua família, ainda lhe possibilite lazer, e, claro, o consumo.

Devemos concluir, então, de todo o exposto, que o trabalho como forma de coesão social, como instrumento capaz de criar identidade, e ainda como fórmula de modificação social, só será possível se conseguirmos resgatar o princípio da dignidade humana, de onde quer que o tenhamos abandonado.

E como já nos disse Bobbio: "o importante não é fundamentar os direitos humanos, mas protegê-los".

REFERÊNCIAS

OBRAS FÍSICAS

ABILIO, Luciana Costek. *Uberização: Do empreendedorismo para o autogerenciamento subordinado*. Revista: Psicoperspectivas, v. 18, nº 3, 15 de novembro de 2019.

———. *Uberização: gerenciamento e controle do trabalhador just-in-time*. In ANTUNES, Ricardo (org). *Uberização, trabalho digital e indústria 4.0*. 1ª ed. São Paulo: Boitempo, 2020, p. 111-124.

ALOISI, Antonio; DE STEFANO, Valerio; SILBERMAN, SIx. *"A manifesto to reform the gig economy"*, Página 99 (29 May).

ANDRADE, Everaldo Gaspar de. *Teoria Geral do Direito do Trabalho: explicações científicas do método dialético discursivo e da crítica filosófica da modernidade*. 1ª ed. São Paulo: Tirant lo Blanch, 2022.

ANDRADE, Tatiana Guimarães Ferraz; FORGANES, Emmerson Ornelas. *O novo papel do sindicalismo na Gig Economy*. In MANRICH, Nelson (org.). *Relações de Trabalho e desafios da tecnologia em um ambiente pós-pandemia*. São Paulo: Mizuno, 2021.

ANTUNES, Ricardo. *Adeus ao trabalho? Ensaio sobre as metamorfoses e a centralidade do mundo do trabalho*. São Paulo: Cortez, 2002.

———. *O caracol e sua concha: ensaios sobre a nova morfologia do trabalho*, São Paulo: Boitempo, 2005.

———. *Trabalho intermitente e uberização do trabalho no limiar da indústria 4.0*. In ANTUNES, Ricardo (org). Uberização, trabalho digital e indústria 4.0. 1ª ed. São Paulo: Boitempo, 2020, p. 59-78.

ANTUNES, Ricardo (org). *Uberização, trabalho digital e indústria 4.0*. 1ªed. São Paulo: Boitempo, 2020.

BARROS, Alice Monteiro de. *Curso de Direito do Trabalho*. 10.ed. São Paulo: LTR, 2016.

BAUMAN, Zygmunt. *Modernidade Líquida*. 1ª ed. Rio de Janeiro: Zahar, 2021.

BENTHAM, Jeremy. *O panóptico*. Org e trad. Tomaz Tadeu. São Paulo: Editora Autêntica, 1º ed, 2019.

BÍBLIA. *Gênesis*. Português. Bíblia: de referência Thompson, com versículos em cadeia. São Paulo: Editora Vida do Brasil, 2002. Trad. Editora Vida.

BOSKOVIC, Alessandra Barichello, et. al. *Trabalho sob demanda via aplicativos e o problema da anomia em relação ao trabalho nas plataformas digitais.* In MANRICH, Nelson (org.) Relações de trabalho e os desafios da tecnologia em um ambiente pós-pandemia. Leme, São Paulo: Mizuno, 2021, p. 35-54.

BOSTMAN, Rachel; ROGERS, Roo. *O que é meu é seu: como o consumo colaborativo vai mudar nosso mundo.* Porto Alegre: Bookman, 2011.

BRANQUINHO, Carmen Lucia. *Crowdsourcing: uma forma de inovação aberta.* Rio de Janeiro: CETEM/MCTI, 2016.

CALVO, Adriana e ZIPPERER, André Gonçalves. *Trabalho em plataformas, no chile e na Califórnia, experiências legislativas.* In MANRICH, Nelson (org.). 80 anos da CLT: passado, presente e futuro das relações de trabalho no Brasil. Londrina: Thoth, 2023, p. 329-342.

CAÑIGUERAL, Albert. *El mercado laboral digital a debate: Plataformas, trabajadores, derechos y workertech.* COTEC, Fundación COTEC para la inovación. 2019.

CARELLI, Rodrigo de Lacerda. *O caso Uber e o controle por programação: de carona para o século XIX.* In CHAVES JÚNIOR, José Eduardo de Resende (Org.). Tecnologias Disruptivas e a Exploração do Trabalho Humano. São Paulo: Ltr, 2017, p. 141-142.

CARELLI, Rodrigo de Lacerda. *O trabalho em plataformas e o vínculo de emprego: desfazendo mitos e mostrando a nudez do rei.* In CARELLI, Rodrigo de Lacerda, et. all. Futuro do Trabalho: os efeitos da revolução digital na sociedade. Brasília: ESMPU, 2020, p. 66-83.

CASAGRANDE, Cássio. *Litigância trabalhista nos Estados Unidos da América em perspectiva comparada.* In MOREIRA, Aline Lorena Mourão et. al. Direito Comparado do Trabalho, no mundo globalizado. Fortaleza: Escola Social, 2020, p. 62.

CASTELLS, Manuel. *A sociedade em Rede.* São Paulo: Paz e Terra, 2016.

CASTILHO, Paulo Cesar Baria de. *Subordinação por algoritmo.* Revista Themis, Ano 01, vol. 01, jan./jun. 2020, p. 31-59.

CHAVES JÚNIOR, José Eduardo de Resende (Org.). *Tecnologias Disruptivas e a Exploração do Trabalho Humano.* São Paulo: Ltr, 2017.

CHERRY, Miriam A. *People Analytics and Invisible Labor The Law and Business of People Analytics.* Saint Louis University Law Journal, v. 61, p. 4, 2016.

CHERRY, Miriam; ALOISI, Antonio. *"Dependent Contractors" In the gig economy: a comparitive approach.* American University Law Review: Vol. 66.

———. *A critical examination of a third employment category for on-demand work (in comparative perspective).* In DAVIDSON, Nestor; INFRANCA, John; FINCK, Michèle. (Eds.). The Cambridge handbook of law and regulation of the sharing economy. New York: Cambridge University Press, 2018.

COMISSÃO DAS COMUNIDADES EUROPEIAS. *Livro Verde: modernizar o direito do trabalho para enfrentar os desafios do século XXI.* Bruxelas, 2006.

CRAIN, Marion; POSTER, Winifred; CHERRY, Miriam. *Introduction: conceptualizing invisible labor.* In CRAIN, Marion; POSTER, Winifred;

CHERRY, Miriam. (Eds.). *Invisible labor: hidden work in the contemporary world*. Oakland, California: University of California Press, 2016, p. 6.

DE STEFANO, Valerio. *The rise of the "just-in-time-work-force": on demand work, crowdwork, and labour protetcion in the "gig-economy". Conditions of work and employment series*, n. 71, 2016.

———. *Collective bargaining of platafom Workers: domestic work leads the way. Regulation for globalization*, 10 dec. 2018.

———. *Negotiating the algorithm": automation, artificial intelligence and labour protection*. Geneva: International Labour Organization, 2018, p. 21-24.

———. *Automação, inteligência artificial e proteção laboral: patrões algorítimicos e o que fazer com eles*. In CARELLI, Rodrigo de Lacerda, et. all. Futuro do Trabalho: os efeitos da revolução digital na sociedade. Brasília: ESMPU, 2020, p. 22 - 61.

DE STEFANO, Valerio; ALOISI, Antonio. *Fundamental labour rights, plataforma work and human-rights protection of non-standard Workers*. Bocconi Legal Studies Research paper series. Number 1, February, 2018.

DELGADO, Maurício Godinho. *Direitos Fundamentais na relação de trabalho*. Revista LTr, São Paulo, v. 70, n. 06, p. 667, jun. 2006.

———. *Curso de Direito do Trabalho*. 17. ed. rev. atual. ampl. São Paulo: LTr, 2018.

DELGADO, Maurício Godinho; DELGADO, Gabriela Neves. *O Direito do Trabalho na contemporaneidade: clássicas funções e novos desafios*. In LEME, Ana Carolina Paes; RODRIGUES, Bruno Alves; CHAVES JÚNIOR, José Eduardo de Resende (Coords.). *Tecnologias disruptivas e a exploração do trabalho humano: a intermediação de mão de obra a partir das plataformas eletrônicas e seus efeitos jurídicos e sociais*. São Paulo: LTr, 2017, p. 17-21.

DUPAS, Gilberto. *Ética e poder na sociedade da informação*. São Paulo: Unesp, 2020.

EUROFOUND (2020). *New forms of employment: 2020 update. New forms of employment series*, Publications Office of the European Union, Luxembourg.

FELICIANO, Guilherme Guimarães. *Curso Crítico de Direito do Trabalho: Teoria Geral do Direito do Trabalho*. São Paulo: Saraiva, 2013.

FILHO, Alexandre Gonçalves. *As relações de trabalho pós-modernidade e a necessidade de tutela à luz dos novos princípios do direito do trabalho*. Revista LTr, vol. 82, n° 03, março de 2018.

FONSECA, Vanessa Patriota da. *O crowdsourcing e os desafios do sindicalismo em meio à crise civilizatória*. In CARELLI, Rodrigo de Lacerda, et. all. Futuro do Trabalho: os efeitos da revolução digital na sociedade. Brasília: ESMPU, 2020, p. 357-372.

FRASER, Nancy. *From progressive neoliberalismo to Trupm - and beyond*. American Affairs, v. 1, n.4, 2017.

FREITAS JÚNIOR, Antonio Rodrigues de. *On demand: trabalho sob demanda em plataformas digitais*. Belo Horizonte: Arraes Editores, 2020.

GAIA, Fausto Siqueira. *Uberização do trabalho: aspectos da subordinação jurídica/disruptiva*. 2ª ed. Rio de Janeiro: Lumen Juris, 2020.

GARBEN, Sacha. *Protecting Workers in the Online Platform Economy: An overview of regulatory and policy developments in the EU.* European Agency for Safety and Health at Work (EU-OSHA).

GASPAR, Danilo Gonçalves. *Subordinação potencial: encontrando o verdadeiro sentido da subordinação jurídica.* São Paulo: LTr, 2016.

GEORGES, Abboud. *Direito constitucional pós-moderno.* São Paulo: Thomson Reuters Brasil, 2021.

GORZ, André. *Adeus ao Proletariado para além do Socialismo.* Rio de Janeiro: Forense Universitária, 1982.

GOULART, Rodrigo. *O trabalhador autônomo hipossuficiente e a necessidade de reclassificação do contrato de emprego: paradigma da essencialidade e valorização do trabalho na ordem econômica.* 2011. Tese (Doutorado em Direito) - Pontifícia Universidade Católica do Paraná, Curitiba, 2011.

GRAHAM, Mark; ANWAR, Mohammad Amir. *Trabalho Digital.* In ANTUNES, Ricardo (org). Uberização, trabalho digital e indústria 4.0. 1ª ed. São Paulo: Boitempo, 2020, p. 47-58.

GRAU. Eros Roberto. *Direito, conceitos e normas jurídicas.* São Paulo: RT, 1988.

GROHMANN, Rafael. *Trabalho plataformizado e luta de classes.* Revista Boitempo, nº 36, 1º semestre de 2021, p. 40 - 46.

HARARI, Yuval Noah. *Homo Deus.* São Paulo: Companhia das Letras, 2016.

HARVEY, David. *Condição pós-moderna: uma pesquisa sobre as origens da mudança cultural.* Trad. Adail Ubirajara Sobral e Maria Stela Gonçalvez. São Paulo: Loyola, 1992.

HEGEL, Georg Wilhelm Friedrich. *O sistema da vida ética.* Lisboa: Edições 70, 1991.

HESÍODO. *O trabalho e os dias.* Curitiba: Segesta, 2012. Trad. Alessandro Rolim de Moura.

HOMERO. *Odisséia.* São Paulo: Editora Abril. 2010. Trad. Jaime Bruns.

HOUAISS, Antônio; VILLAR, Mauro Salles. *Dicionário da Língua Portuguesa.* Rio de Janeiro: Objetiva LTDA, 2001.

JOHNSTON, Hannah; LAND-KAZLAUSKAS, Chris. *Organizing on-demand: Representation, voice, and collective bargaining in the gig economy.* Geneva: International Labour Organization, 2018.

JURNO, Amanda Chevtchouk. *Plataformas, algoritmos e moldagem de interesses.* Revista Boitempo, nº 36, 1º semestre de 2021.

KALIL, Renan Bernardi. *Capitalismo de plataforma e Direito do Trabalho: crodwork e o trabalho sob demanda por meio de aplicativos.* São Paulo, 2019. Tese (Doutorado) Universidade de São Paulo, USP, Programa de Pós-Graduação em Direito, Direito do Trabalho e da Seguridade Social, 2019.

LANGLEY, Paul; LEYSHON, Andrew. *Platform capitalism: The intermediation and capitalisation of digital economic circulation.* Finance and Society, 2016.

LESSIG, Lawrence. *Code.* New York: Basic Books, 1999.

LIMA, Francisco Gérson Marques. *Tecnologias e o futuro dos sindicatos.* In CARELLI, Rodrigo de Lacerda, et. all. Futuro do Trabalho: os efeitos da revolução digital na sociedade. Brasília: ESMPU, 2020.

LUHMANN, Niklas. *A realidade dos meios de comunicação.* São Paulo: Paulus, 2005.

MACHADO, Sidnei. *Representação coletiva dos trabalhadores em plataformas digitais.* In CARELLI, Rodrigo de Lacerda, et. all. *Futuro do Trabalho: os efeitos da revolução digital na sociedade.* Brasília: ESMPU, 2020, p. 431 - 439.

MAIOR, Jorge Luiz Souto. *Curso de Direito do Trabalho.* São Paulo: LTr, 2008.

_____. *O direito do trabalho como instrumento de justiça social.* São Paulo: LTr, 2000.

MANNRICH, Nelson. *Reiventando o direito do trabalho: novas dimensões do trabalho autônomo.* In FREDIANI, Yone (coord.). A valorização do trabalho autônomo e a livre iniciativa. Porto Alegre: Lex Magister, 2015.

MANRICH, Nelson (org.). *Relações de Trabalho e desafios da tecnologia em um ambiente pós-pandemia.* São Paulo: Mizuno, 20201.

MARTINS, Ildélio. *Greves atípicas.* Revista do Tribunal Superior do Trabalho, São Paulo, v. 55, p. 18-35, 1986.

MARTINS, Sérgio Pinto. *Direito do Trabalho.* 30. ed. São Paulo: Atlas, 2014.

MARX, Karl. ENGELS, Friedrich. *O manifesto comunista.* Rio de Janeiro: Nova Fronteira, 2011. Trad. Maria Lucia Como.

MARX, Karl. *O Capital.* São Paulo: Saraiva, 2012. Trad. Steve Shipside.

MAZZOTTI, Massimo. *Algorithmic life.* In PRIDMORE-BROWN, Michele; CROCKETT, Julien. *The digital revolution: debating the promises and perils of the Internet, automation, and algorithmic lives in the last years of the Obama Administration.* Los Angeles: Los Angeles Review of Books: 2017, p. 33.

MENDES, Marcus Menezes Barberino; CHAVES JÚNIOR, José Eduardo de Resende. *Subordinação estrutural-reticular: uma perspectiva sobre a segurança jurídica.* Revista do Tribunal Regional do Trabalho da 3ª Região, Belo Horizonte, v. 46, n. 76, p. 208, jul./dez. 2007.

MERÇON, Paulo Gustavo de Amarante. *Direito do Trabalho Novo.* Revista do Tribunal Regional do Trabalho da 3ª Região, Belo Horizonte, v.51, n.81, p.137-154, jan./jun.2010.

MISKULIN, Ana Paula. *Aplicativos e direito do trabalho: a era dos dados controlados por algoritmos.* 2ª ed. Campinas: Lacier Editora, 2022.

NASCIMENTO, Amauri Mascaro; NASCIMENTO, Sônia Mascaro. *Curso de Direito do Trabalho: história e teoria geral do direito do trabalho: relações individuais e coletivas do trabalho.* 29ª ed. São Paulo: Saraiva, 2014.

NUNES, Rizzatto. *Manual de Monografia Jurídica: como se faz uma monografia, uma dissertação e uma tese* – 11ª ed. rev. atual. São Paulo: Saraiva, 2015.

OITAVEN, Juliana Carreiro Corbal. *Empresas de transporte, plataformas digitais e a relação de emprego: um estudo do trabalho subordinado sob aplicativos.* Brasília: Ministério Público do Trabalho (MPT), 2018.

OLIVEIRA, Murilo Carvalho Sampaio. *O Direito do Trabalho (des)conectado das plataformas digitais*. Teoria Jurídica Contemporânea. Jan. - junho de 2019. PPGD/UFRJ - ISSN 2526-0464, p. 246-266.

PALOMEQUE LOPEZ. Manuel Carlos. *Direito do Trabalho e Ideologia*. Tradução de António Moreira. Coimbra: Almedina, 2001.

PÁRRAGA, Francisco Trillo. *Economia digitalizada y rellaciones de trabajo*. Revista de derecho social, n° 76, 2016.

PASQUALE, Frank. *Two Narratives of Platform Capitalism Feature: Essays from the Law and Inequality Conference*. Yale Law & Policy Review, New Haven, v. 35, 2016.

PEREIRA, Caio Mário da Silva. *Direito Comparado e o seu Estudo*. Universidade de Minas Gerais, Revista da Faculdade de Direito, v.7, out/1955.

PIÑERO-ROYO, Miguel Rodriguez. *La agenda reguladora de la economia colaborativa: aspectos laborales y de seguridade social*. Temas laborales. 2017.

PIOVESAN, Flávia. *Direitos humanos e o direito constitucional internacional*. 12. ed. São Paulo: Saraiva, 2011.

PLÁ RODRIGUEZ, Américo. *Princípios do Direito do Trabalho*. 3 ed. São Paulo: Ltr, 2000.

POCHMANN, Marcio. *Terceirização, competitividade e uberização do trabalho no Brasil*. In TEIXEIRA, Precarização e terceirização: faces da mesma realidade. São Paulo: Sindicato dos químicos, 2016, p. 61-62.

PORTO, Lorena Vasconcelos. *A necessidade de uma releitura do conceito de subordinação*. Revista de Direito do Trabalho, São Paulo, ano 34, n. 130, p. 136, abr./jun.2008.

———. *A subordinação no contrato de trabalho: uma releitura necessária*. São Paulo: LTr, 2009.

PRASSL-ADAMS, Jeremias. *Gestão algorítmica e o futuro do trabalho*. In CARELLI, Rodrigo de Lacerda, et. all. Futuro do Trabalho: os efeitos da revolução digital na sociedade. Brasília: ESMPU, 2020, p. 85-100.

———. *Humans as a services: The Promise and Perils of Work in the Gig Economy*. Oxford Press, 2019.

PRASSL, Jeremias.; RISAK, Martin. *Uber, Taskrabbit, and Co.: Platforms as Employers - Rethinking the Legal Analysis of Crowdwork. Comparative*. Labor Law & Policy Journal, v. 37, 2016.

PRATA, Marcelo Rodrigues. *Uberização nas relações de trabalho: trabalho sob demanda via aplicativos*. Curitiba: Juruá, 2021.

PUGLISI, Maria Lucia Ciampa Benhame. *A estrutura sindical brasileira e a 4ª revolução industrial e a representatividade dos trabalhadores e empresas*. Revista do Direito do Trabalho, vol.202/2019, p. 67 - 91/jun/2019 DTR/2019/27766.

REALE, Miguel. *Lições Preliminares de Direito*. São Paulo: Saraiva, 2002.

REIS, Daniela Muradas; CORASSA, Eugênio Demaestro. *Aplicativos de Transporte e Plataforma de Controle: o mito de tecnologia disruptiva do emprego e a subordinação por algoritmos*. In CHAVES JÚNIOR, José Eduardo de Resende (Org.). *Tecnologias Disruptivas e a Exploração do Trabalho Humano*. São Paulo: Ltr, 2017.

RIFKIN, Jeremy. *O fim dos empregos*. Trad. Ruth Gabriela Bahr. São Paulo: Makron Books. 1996.

ROMITA, Arion Sayão. *O impacto da globalização no contrato de trabalho*. Revista do TST, Brasília, v. 66., n. 4, p. 88, out/dez. 2000.

──────. *O princípio da proteção em xeque*. São Paulo: LTr, 2003.

ROSENBLAT, Alex; STARK, Luke. *Algorithmic labor and information asymmetries: a case study of Uber´s Drivers*. International Journal of Communication, v. 10, p. 3762, 2016.

SANTOS, Vinícius Oliveira. *Trabalho imaterial e teoria do valor em Marx: semelhanças ocultas e nexos necessários*. São Paulo: Expressão Popular, 2013.

SCHIAVI, Mauro. *Manual de Direito do Trabalho*. Salvador: Editora JusPodvim, 2021.

SCHOLZ, Trebor. *Uberworked and underpaid: how workers are disrupting the digital economy*. Malden: Polity Press, 2017.

SCHWAB, Klaus. *A Quarta Revolução Industrial*. São Paulo: Edipro, 2019.

SEMERARO, Giovanni. *A concepção de "trabalho" na filosofia de Hegel e de Marx*. Educação e Filosofia, Uberlândia, v. 27, n.53, p. 87-104, jan./jun. 2013.

SEVERO, Valdete Souto. *Crise de paradigma no Direito do Trabalho Moderno: a jornada*. Porto Alegre: Sérgio Antônio Fabris, 2009.

SIGNES, Adrian Todolí. *The end of the subordinate worker: collaborative economy, on-demand economy, gig economy, and the crowdworkers need for protection*. International Jounarl of Compative Labour Law and Industrial Relations, v. 33, n.2, 14 de jan. 2017.

SILVA, Alessandro da. *Duração do trabalho: reconstrução à luz dos direitos humanos*. In SILVA, Alessandro da; MAIOR, Jorge Luiz Souto; FELIPPE, Kenarik Boujikian; SEMER, Marcelo (Coord.). Direitos humanos: essência do Direito do trabalho. São Paulo: LTr, 2007;

SILVA, Otavio Pinto. *O trabalho parassubordinado*. Revista da Faculdade de Direito da Universidade de São Paulo, São Paulo, v. 97, p. 198, jan. 2002.

SILVEIRA, Lisilene Mello; PETRINI, Maira; SANTOS, Ana Clarissa Matte Zanardo. *Economia Compartilhada e Consumo Colaborativo: o que estamos pesquisando?* Revista de Gestão, São Paulo, vol. 23, n. 3, p. 298-305, jul./set. 2016.

SILVEIRA, Sérgio Amadeu. *O mercado de dados e o intelecto geral*. Revista Boitempo, n° 36, 1° semestre de 2021.

STONE, Brad. *As startups com a UBER, o Airbnb e as killer companies do novo Vale do Silício estão mudando o mundo*. Tradução de Berilo Vargas. Rio de Janeiro: Intrínseca, 2017, p. 69-71.

SUNDARARAJAN, Arun. *The sharing economy: the end of employment and the rise of crowd-based capitalism*. Cambridge, Massachusetts: The MIT Press, 2016.

———. "Crowd-Based Capitalism, Digital Automation, and the Future of Work," University of Chicago Legal Forum: Vol. 2017, Article 19.

TAKAHASHI, Tadao (coord.). *Livro Verde da Sociedade da Informação no Brasil*. Brasília: Ministério da Ciência e Tecnologia, 2000.

TODOLÍ-SIGNES, Adrián. *The end of the subordinate worker? The on-demand economy, the gig-economy, and the need for protection for crowdworkers*. International journal of comparative labour law and industrial relations, v. 33, n. 2, p. 245, 2017.

TOMASSETTI, Julia. *Does Uber Redefine the Firm: The Postindustrial Corporation and Advanced Information Technology*. Hofstra Labor & Employment Law Journal, v. 34, 2016.

VAN DIJCK, J. *Datafication, dataism and dataveillance: Big Data between scientific paradigm and ideology*. Surveillance & Society, v. 12, n. 2, 2014, p. 197-208.

VITOR, Figueiras; ANTUNES, Ricardo. *Plataformas Digitais, uberização do trabalho e regulação no capitalismo contemporâneo*. In ANTUNES, Ricardo (org). Uberização, trabalho digital e indústria 4.0. 1ª ed. São Paulo: Boitempo, 2020, p. 59-78.

WEBER, Max. *A ética protestante e o espírito do capitalismo*. São Paulo: Martin Claret, 2013. Trad. Mário Moraes.

WEIL, David. *Fissured Workplace: why work became so bad for many and what can be done to improve it*. Havard: University, 2017.

WILLAIME, Jean-Paul. *As reformas e a valorização religiosa do trabalho*. In MERCURE; SPURK, James. O trabalho na história do pensamento ocidental. Rio de Janeiro: Vozes, 2005.

WOODCOCK, Jamie. *O panóptico algorítmico da Deliveroo: mensuração, precariedade e a ilusão do controle*. In ANTUNES, Ricardo (org). Uberização, trabalho digital e indústria 4.0. 1ª ed. São Paulo: Boitempo, 2020, p. 23-45.

ZIPPERER, André Gonçalves. *A intermediação de trabalho via plataformas digitais: repensando o direito do trabalho a partir das novas realidades do século XXI*. São Paulo: LTr, 2019.

OBRAS DIGITAIS

ABILIO, Luciana Costek. *Uberização do trabalho: subsunção real da viração*. Passa Palavra, São Paulo, 19 fev. 2017. Disponível em: <http://passapalavra.info/2017/02/110685>. Acesso em: 03 de abril de 2023.

ALOISI, Antonio. *Commoditized Workers. Case Study Research on Labour Law Issues Arising from a Set of 'On-Demand/Gig Economy' Platforms* (May 1, 2016). Comparative Labor Law&Policy Journal, Vol. 37, No. 3, 2016. Disponível em: <https://ssrn.com/abstract=2637485 or http://dx.doi.org/10.2139/ssrn.2637485> Acesso em 22 de março de 2023.

AMAZON MECHANICAL TURK. Disponível em: < https://www.mturk.com/> Acesso em 22 de jan. de 2023.

ANAMATRA. *3ª Jornada de Direito Material e Processual do Trabalho* (2023). Disponível em: < https://www.anamatra.org.br/attachments/article/27175/livreto_RT_Jornada_19_Conamat_site.pdf>. Acesso em 20 de abril de 2023.

ANDRADE, Everaldo Gaspar de. *O Direito do Trabalho na Filosofia e na Teoria Social Crítica. Os sentidos do trabalho subordinado na cultura e no poder das organizações.* Revista TST, Brasília, vol. 78, nº 3, jul/set. 2012. Disponível em: <https://juslaboris.tst.jus.br/bitstream/handle/20.500.12178/34299/002_andrade.pdf?sequence=3>. Acesso em: 12 de março de 2023.

AQUINO, Gabriela; BÍCEGO, Bruno. *Caso Uber na Suprema Corte do reino Unido: possíveis repercussões no cenário brasileiro, 15 de maio de 2021.* Disponível em: <https://medium.com/o-centro-de-ensino-e-pesquisa-em-inova%C3%A7%C3%A3o-est%C3%A1/caso-uber-na-suprema-corte-do-reino-unido-fe751689957e.> Acesso em: 28 de fev. de 2023.

ASSÉ, Ralph. *Conheça a UP TRIP, novo aplicativo de transporte de BH e Região.* Disponível em: < https://www.em.com.br/app/noticia/gerais/2021/03/11/interna_gerais,1245792/conheca-a-up-trip-novo-aplicativo-de-transporte-em-bh-e-regiao.shtml>. Acesso em: 13 de março de 2023.

BOLOGNA, Sergio. *Lavoro autônomo e capitalismo dele piattaforme. Sinistrainrete.* Disponível em: < https://img.ibs.it/pdf/9788813365745.pdf> Acesso em: 18 de out. de 2022.

BOSTMAN, Rachel. *The sharing economy lacks a shared definition.* Disponível em: < https://www.fastcompany.com/3022028/the-sharing-economy-lacks-a-shared-definition#8> Acesso em: 22 de março de 2023.

CHERRY, Miriam A. *Beyond Misclassification: The Digital Transformation of Work. Comparative Labor Law & Policy Journal*, Forthcoming, Saint Louis U. Legal Studies Research Paper nº. 2016-2. Disponível em:< https://ssrn.com/abstract=2734288> Acesso em 22 de março de 2023.

———. *Plataformização do trabalho: entre dataficação, financeirização e racionalidade neoliberal.* Revista Eletrônica Internacional de Economia Política da Informação, da Comunicação e da Cultura, v. 22, n. 1, p. 106-122, 2020. Disponível em: <http://hdl.handle.net/20.500.11959/brapci/155390.> Acesso em 06 fev. 2023.

COLCLOUGH, Christina. *"When Algorithms Hire and Fire". International Union Rights*, vol. 25 no. 3, 2018, p. 6-7. Project MUSE. Disponível em: <muse.jhu.edu/article/838277> Acesso em: 22 de março de 2023.

CUOFANO, Gennaro. *O negócio.* Disponível em: <https://slack.com/intl/pt-br/customer-stories/deliveroofooddeliverydatadriveninterprise#:~:text=S%C3%A3o%20informa%C3%A7%C3%B5es%20baseadas%20em%20dados%20como%20esses%20que,est%C3%A1%20cotada%20em%20mais%20de%20US%24%204%20milh%C3%B5es.> Acesso em 20 de out. de 2022.

DE STEFANO, Valerio; ALOISI, Antonio. *European Legal Framework for 'Digital Labour Platforms'. European Commission,* Luxembourg, 2018, ISBN

978-92-79-94131-3, doi:10.2760/78590, JRC112243. Disponpivel em: <https://ssrn.com/abstract=3281184>. Acesso em 22 de março de 2023

DELGADO, Gabriela Neves; CARVALHO, Bruna. *Breque dos Apps: direito da resistência na era digital.* Le diplomatique, 2020. Disponível em: < https://diplomatique.org.br/breque-apps-direito-de-resistencia-na-era-digital/>. Acesso em 20 de abril de 2023.

ECKHARDT, Giana M.; BARDHI, Fleura. *The sharing economy isnt about sharing at all.* Harvard Business Review, Cambridge, 28 jan. 2015. Disponível em: <https://hbr.org/2015/01/the-sharing-economyisnt-about-sharing-at-all>. Acesso em: 26 abril 2023.

ESPAÑA. Tribunal Supremo. Processo n° 4746/2019. Recurso de casación para la unificación de doctrina. Disponível em: < https://www.poderjudicial.es/search/openDocument/05986cd385feff03>. Acesso em: 1 de março de 2023.

ESTADOS UNIDOS DA AMÉRICA. Court of appeal of the State of California. PEOPLE OF THE STATE OF CALIFORNIA v. UBER TECHNOLOGIES, INC. et al, Los Angeles County. Decisão 22/10/2020. Disponível em: < https://law.justia.com/cases/california/court-of-appeal/2020/a160701.html> Acesso em: 26 de fev. de 2023.

FREITAS JUNIOR, Antonio Rodrigues; SILVA, Victor Raduan. *The uberization of workand the legal regulation: the challenge of labor protection in semi-peripheral economies.* Sept. 2017. Disponível em: <http://www.labourlawresearch.net/sites/default/files/papers/FINAL%20LLRN3-1.02-Freitas-Junior-Silva%20copy.pdf>. Acesso em 10 de abril de 2023.

FREY, Carl Benedikt; OSBORNE, Michael A. *The future of employment: how susceptible are jobs to computerisation?* Oxford: Oxford Martin School, 2013. Disponível em: <https://www.oxfordmartin.ox.ac.uk/downloads/academic/The_Future_of_Employment.pdf>. Aceso em: 20 de março de 2023.

FUNDAÇÃO GETÚLIO VARGAS - BLOG IBRE. *Nova sondagem do FGV IBRE mostra lado menos róseo do atual mercado de trabalho no Brasil.* Disponível em: <https://portalibre.fgv.br/noticias/nova-sondagem-do-fgv-ibre-mostra-lado-menos-roseo-do-atual-mercado-de-trabalho-no-brasil>. Acesso em 01 de abril de 2023.

GASPAR, Danilo Gonçalves. *A crise da subordinação jurídica clássica enquanto elemento definidor da relação de emprego e a proposta da subordinação potencial.* Dissertação de mestrado. Disponível em: <https://repositorio.ufba.br/bitstream/ri/12378/1/Disserta%c3%a7%c3%a3o%20de%20Mestrado%%20A%20Crise%20da%20Subordina%c3%a7%c3%a3o%20Jur%c3%addica%20Enquanto%20Elemento%20Definidor%20da%20Rela%c3%a7%c3%a3o_0.pdf> Acesso em: 23 de fev. de 2023.

GOMES, Orlando. *O destino do direito do trabalho.* Disponível em: < https://core.ac.uk/download/pdf/328059428.pdf>. Acesso em: 10 de março de 2023.

GONSE-BOURGERY THÉO. *Eu Parliament adopts positions on plataforma worker directive.* Euroactiv.com, 2 fev. de 2023. Disponível em: < https://www.euractiv.com/section/

gig-economy/news/eu-parliament-adopts-position-on-platform-workers-directive/> Acesso em 1 de março de 2023.

HARRIS, Seth; KRUEGER, Alan. *A Proposal for Modernizing Labor Laws for Twenty-First-Century Work: The "Independent Worker"*. The Hamilton Project. Disponível em:< https://www.hamiltonproject.org/assets/files/modernizing_labor_laws_for_twenty_first_century_work_krueger_harris.pdf>. Acesso em 10 de março de 2023.

IANNI, Octavio. *Globalização: novo paradigma das ciências sociais*. Estudos Avançados, São Paulo, v. 8, n. 21, p. 151, ago. 1994. Disponível em: < https://doi.org/10.1590/S0103-40141994000200009>. Acesso em: 22 de março de 2023.

INFOMONEY. *UBER e Lyft tentam derrubar lei na Califórnia que torna motoristas em empregados*. Disponível em: < https://www.infomoney.com.br/negocios/uber-e-lyft-tentam-derrubar-lei-na-california-que-torna-motoristas-em-empregados/> Acesso em: 01 de fev. de 2023.

INSTITUTO LOCOMOTIVA. Disponível em: < https://ilocomotiva.com.br/clipping/msn-66-dos-entregadores-de-aplicativo-gostam-do-trabalho-aponta-pesquisa/>

LOBO, Sascha. *Die Mensch-Maschine: Auf dem Weg in die Dumpinghölle. Der Spiegel,* Hamburg, 03 set. 2014. Disponível em: <http://www.spiegel.de/netzwelt/netzpolitik/sascha-lobo-sharing-economy-wie-bei-uberist-plattform-kapitalismus-a-989584.html>. Acesso em 20 de outubro de 2022.

MAIA, Marta de Campos; FLAMMIA, Italo. *Um caminho aberto à inovação*. Disponível em:< https://www.researchgate.net/publication/317160243_Um_caminho_aberto_a_inovacao#fullTextFileContent> Acesso em: 22 de abril de 2023.

MARQUES, Rafael da Silva. Aplicativo de transporte – relação de emprego: decisão 374 da Corte de Cassação, Sala Social da França. Disponível em: https://revisaotrabalhista.net.br/2020/08/05/aplicativo-de-transporte-relacao-de-emprego-decisao-374-da-corte-de-cassacao-sala-social-franca/. Acesso em: 25 de março de 2023.

ORGANIZAÇÃO INTERNACIONAL DO TRABALHO (OIT). *Convenções/Recomendações*. Disponível em: < http://www.ilo.org/brasilia/convencoes/lang--pt/index.htm>. Acesso em: 13 de março de 2023.

——. *Documento final do Centenário da OIT*. Conferência Internacional do Trabalho, 108ª Sessão, 2019. Disponível em: < https://www.ilo.org/wcmsp5/groups/public/---europe/---ro-geneva/---ilo-lisbon/documents/publication/wcms_706928.pdf>. Acesso em: 13 de março de 2023.

——. *Social Dialogue - Colletive bargaining for na inclusive, sustainable and resiliente recovery,* 2022. Disponível em: < https://www.ilo.org/global/publications/books/WCMS_842807/lang--en/index.htm >. Acesso em: 13 de março de 2023.

——. *As plataformas digitais e o futuro do trabalho. Promover o trabalho digno no mundo digital*. Geneva: ILO, 2020.

———. *Futuro do Trabalho no Brasil: perspectivas e diálogos tripartites.* Disponível em: <https://www.ilo.org/brasilia/publicacoes/WCMS_626908/lang--pt/index.htm.> Acesso em 22 de jan. de 2023.

———. *World Employment and Social Outlook 2021: The role of digital labour platforms in transforming the world of work* International Labour Office. Geneva: ILO, 2021, p. 47.

O´DRISCOLL, Emma. *Direitos dos trabalhadores das plataformas: Conselho define a sua posição.* Conselho Europeu da União Europeia. Disponível em: <https://www.consilium.europa.eu/pt/press/press-releases/2023/06/12/rights-for-platform-workers-council-agrees-its-position/>. Acesso em: 18 de junho de 2023.

PASTORE, José. *Evolução tecnológica: repercussões nas relações de trabalho.* Disponível em: <https://bdjur.stj.jus.br/jspui/bitstream/2011/89124/evolucao_tecnologica_repercussoes_pastore.pdf>.Acesso em: 02 de março de 2023.

PEREIRA, Fernando do Amaral. *Trabalho, controle e resistência: O caso dos trabalhadores de entrega por aplicativos.* Dissertação de Mestrado. Pontifícia Universidade Católica do Rio de Janeiro. Abril de 2022. Disponível em: < https://www.maxwell.vrac.puc-rio.br/58973/58973.PDF>. Acesso em 01 de abril de 2023.

PLASTINO, Eduardo. ZUPPOLINI, Mariana. GOVIER, Matthew. *América Latina: competências para o trabalho na era das máquinas inteligentes.* Accenture, 2018. Disponível em: < https://blog.burh.com.br/wpcontent/uploads/2018/10/BURH_Tendencias_para_o_RH_2020_Artigo_Accenture.pdf> Acesso em 20 de março de 2023.

SALOMÃO, Karin. *Chinesa Didi compra a 99, o primeiro unicórnio brasileiro.* Revista Exame Negócios, 2 de jan. de 2018. Disponível em: < https://exame.com/negocios/rival-da-uber-compra-a-99-1-unicornio-brasileiro/> Acesso em 22 de jan. 2022.

SÁNCHEZ, Alfonso Rosalía. *Economía colaborativa: un nuevo mercado para la economía social. CIRIEC-España,* Revista de Economía Pública, Social y Cooperativa [en linea]. 2016, (88), 230-258. ISSN: 0213-8093. Disponible en: <https://www.redalyc.org/articulo.oa?id=17449696008> Acesso em: 04 de abril de 2023.

SENA, Victor. *Ibope aponta que entregadores de aplicativos de apps não querem carteira assinada.* Disponível em: < https://exame.com/negocios/pesquisa-indica-que-entregadores-nao-querem-carteira-assinada-sera/> Acesso em: 01 de maio de 2023.

SUPERIOR TRIBUNAL DE JUSTIÇA. CONFLITO DE COMPETÊNCIA Nº 164.544 - MG (2019/0079952-0). CC n. 164.544/MG, relator Ministro Moura Ribeiro, Segunda Seção, julgado em 28/8/2019, DJe de 4/9/2019.

SUPREMO TRIBUNAL FEDERAL. RECLAMAÇÃO 59.795 MINAS GERAIS. (STF – Número Único: 00756748920231000000, Relator: Ministro Alexandre de Moraes, Data de Julgamento: 19/05/2023).

TODOLÍ-SIGNES, Adrián. *The 'gig economy': employee, self-employed or the need for a special employment regulation?* Disponível em: < https://deliverypdf.ssrn.com/delivery.php > Acesso em: 10 de março de 2023.

TRIBUNAL SUPERIOR DO TRABALHO. Agravo de Instrumento em Recurso de Revista nº 0010575-88.2019.5.03.0003. (TST- AIRR: 0010575-88.2019.5.03.0003, Relator: Ministro Alexandre Luiz Ramos, Data de Julgamento: 09/09/2020, 4ª Turma, Data de Publicação: DEJT 11/09/2020).

TRIBUNAL SUPERIOR DO TRABALHO. Recurso de Revista nº 1000123-89.2017.5.02.0038. (TST- RR 1000123-89.2017.5.02.0038, 5ª Turma, Relator Ministro Breno Medeiros, DEJT 07/02/2020).

TRIBUNAL SUPERIOR DO TRABALHO. Recurso de Revista nº 100353-02.2017.5.01.0066. (TST- RR: 100353-02.2017.5.01.0066, Relator: Maurício Godinho Delgado, Data de Julgamento: 19/11/2020, 3ª Turma, Data de Publicação: DEJT 20/11/2020).

TRIBUNAL SUPERIOR DO TRABALHO. Recurso de Revista nº 10555-54.2019.5.03.0179. (TST- RR: 10555-54.2019.5.03.0179, Relator: Ives Gandra Martins Filho, Data de Julgamento: 02/02/2021, 4ª Turma, Data de Publicação: DEJT 04/03/2021).

TRIBUNAL SUPERIOR DO TRABALHO. Recurso de Revista nº 100853-94.2019.5.01.0067. (TST - RRAg-100853-94.2019.5.01.0067, 8ª Turma, Relator Ministro Alexandre de Souza Agra Belmonte, DEJT 03/02/2023).

TRIBUNAL SUPERIOR DO TRABALHO. Recurso de Revista nº 271-74.2022.5.13.0026. (TST- RR: 271-74.2022.5.13.0026, Relator: Amaury Rodrigues Pinto Júnior, Data de Julgamento: 19/04/2023, 1ª Turma)

UBER DO BRASIL TECNOLOGIA LTDA. *Código de Conduta.* Uber, 27 de agosto de 2020. Disponível em: Código de Conduta. Acesso em 29 de jan. de 2022.

———. *Conta e pagamento.* Uber, 27 de agosto de 2020. Disponível em: Conta e Pagamento. Acesso em 29 de jan. de 2022.

———. *Dirigir.* Como funcionam os repasses de ganhos. Uber, 27 de agosto de 2020. Disponível em: Dirigir. Acesso em 29 de jan. de 2022.

———. *Fatos e dados sobre Uber.* Uber, 27 de agosto de 2020. Disponível em: Fatos e Dados sobre a Uber Últimas notícias | Uber Newsroom. Acesso em 29 de jan. de 2022.

UNGER, Roberto Mangabeira. *The knowledge economy.* 2018. Disponível em: <https://www.oecd.org/naec/THE-KNOWLEDGE-ECONOMY.pdf>. Acesso em: 22 de março de 2023.

UNIÃO EUROPEIA. Tribunal de Justiça. Processo nº C-434/2015. Associación Profisional Elite Taxi contra Uber Systems Spain, SL., 20 de dezembro de 2017. Disponível em: < https://www.uc.pt/site/assets/files/475840/20171220_acordao_tribunal_justica_ue_c_434_15.pdf> Acesso em: 28 de fev. de 2023.

UNION, International Telecommunication. World Summit on the Information Society. Geneva 2003 - Tunis 2005.